CHRIS LUBKEMANN

KLEINE SCHNITZEREIEN 2

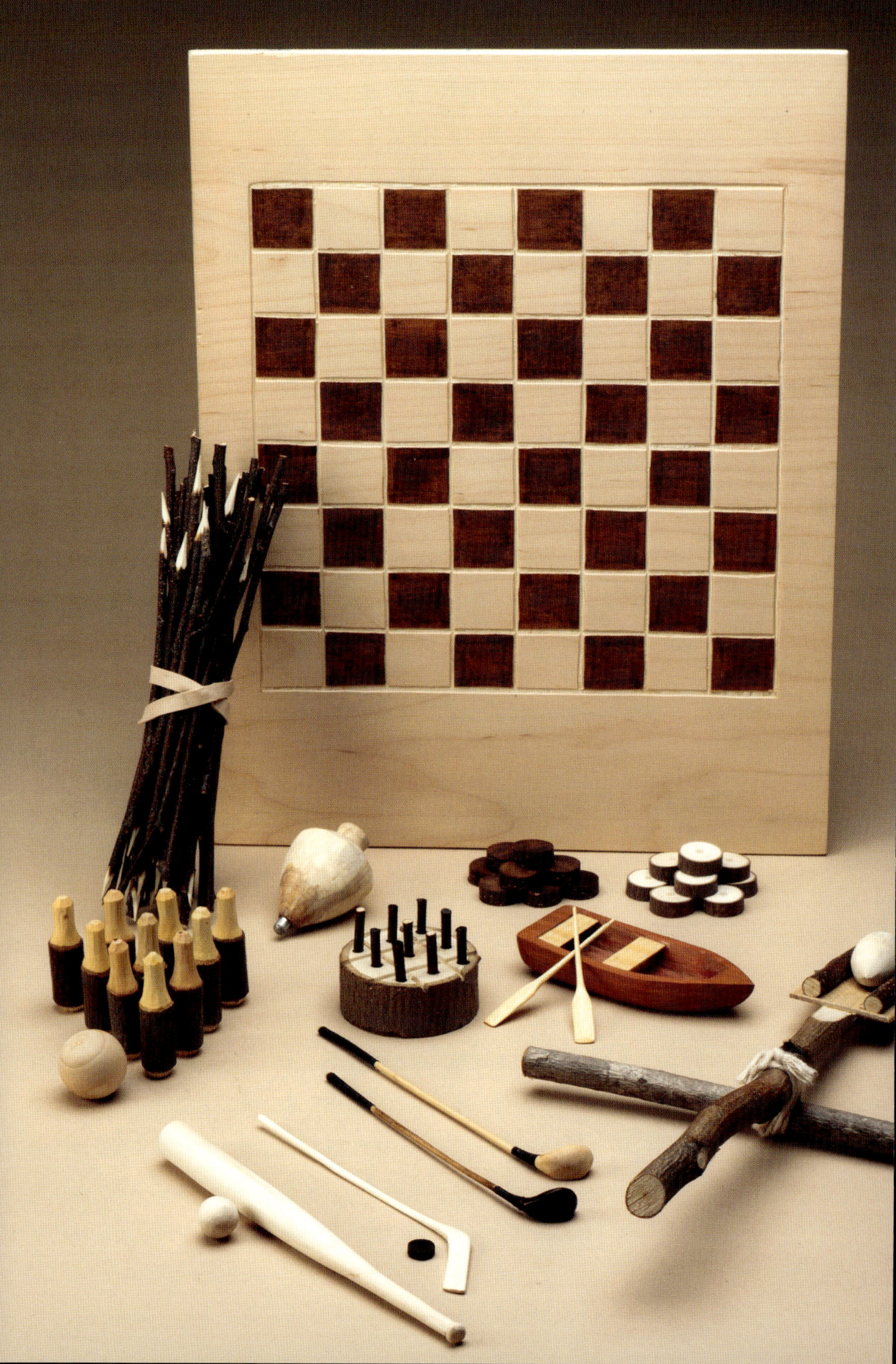

CHRIS LUBKEMANN

KLEINE SCHNITZEREIEN 2

NOCH MEHR GRÜNHOLZ SCHNITZEN – UNTERWEGS UND ÜBERALL

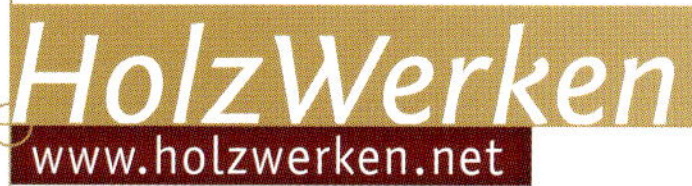

Impressum

Übersetzung: Waltraud Kuhlmann, Bad Münstereifel
Produktion: PrintMediaNetwork, Oldenburg
Druck und Bindung: BO TISK d.o.o., Slowenien

ISBN 978-3-86630-964-7
Best.-Nr. 9162

HolzWerken
Ein Imprint von Vincentz Network GmbH & Co. KG
Plathnerstr. 4c, 30175 Hannover
www.holzwerken.net

Das Schnitzen von Holz und anderen Materialien bringt schon von der Sache her das Risiko von Verletzungen und Schäden mit sich. Autor und Verlag können nicht garantieren, dass die in diesem Buch beschriebenen Arbeitsvorhaben von jedermann sicher auszuführen sind. Autor und Verlag übernehmen keine Verantwortung für eventuell entstehende Verletzungen, Schäden oder Verlust, seien sie direkt oder indirekt durch den Inhalt des Buches oder den Einsatz der darin zur Realisierung der Projekte genannten Werkzeuge entstanden. Der Verlag weist ausdrücklich darauf hin, dass vor Inangriffnahme der Projekte diese sorgfältig zu prüfen sind, ebenso muss sichergestellt werden, dass vom Ausführenden die Handhabung der jeweiligen Werkzeuge beherrscht wird.

NICHT AUF MENSCHEN ODER TIERE SCHIESSEN
Bei einigen der Projekte in diesem Buch entstehen Vorrichtungen, mit denen man Objekte durch die Luft katapultieren oder mit Wucht treffen kann. Zielen Sie keinesfalls auf Menschen oder Tiere. Wollen Sie auf ein Ziel schießen, stellen Sie Figuren oder Dosen und Flaschen auf. Wenn Sie möchten, können Sie mithilfe der hier erlernten Fertigkeiten für das Zielschießen ein Holzobjekt sogar selbst schnitzen.

Widmung und Dank

Dieses Buch widme ich in Liebe meinen sechs Enkelkindern – Sophia, Ava, Katarina, Isaac, Kennedy und Riley – von denen jedes über die Jahre bereits die eine oder andere Schnitzerei von mir geschenkt bekommen hat und sie anscheinend auch durchaus zu schätzen wusste. Nun gut, vielleicht bis auf Riley. Als ich diese Zeilen schrieb, war sie gerade einmal vier Tage alt! Mach Dir nichts draus, Riley, auch Du wirst nicht zu kurz kommen!

Zwar halte ich mich für ziemlich professionell hinsichtlich meiner Kenntnisse und Erfahrungen zu allem, was in diesem Buch mit Holz und dem Einsatz eines Taschenmessers zu tun hat, doch kann ich das gleiche Expertenwissen nicht für mich in Anspruch nehmen, wenn es um Geschichtliches, Spiele und Kochrezepte für die Campingküche geht. Für diese hochinteressanten kleinen Tipps und Tricks, die Sie als Randbemerkungen eingestreut finden und die dieses Buch abrunden, danke ich Katie Weeber und dem Redaktionsteam von Fox Chapel.

Über den Autor

Chris Lubkemann wuchs als Kind von Missionaren in den Wäldern Brasiliens und Perus auf, wo Sägen, Hobeln, Hämmern und Bauen zum täglichen Leben gehörte. Schon bald entwickelte er eine echte Begeisterung für Holz und vertrieb sich – und anderen – die Zeit, indem er Flöße, Baumhäuser, Fallen und Schleudern aus Resten baute. Seit dieser Zeit sind seine Kenntnisse in der Holzbearbeitung immer eng mit der Freude verbunden, die diese beschauliche Tätigkeit in der „guten alten Zeit" ausmachte.

1972 erschien eine erste Veröffentlichung zum Schnitzen als Sammlung von Notizen, die seither kontinuierlich in englischer und portugiesischer Sprache niedergeschrieben werden. Seitdem hat Chris Lubkemann drei Bücher veröffentlicht: Whittling Twigs and Branches, The Little Book of Whittling (Kleine Schnitzereien) und Tree Craft: 35 Rustic Wood Projects That Bring the Outdoors In (Homedeko mit Naturholz; Über 40 pfiffige Projektideen fürs ganze Haus). Der Autor schrieb regelmäßig für die Zeitschrift Chip Chats und seine Arbeiten sind in Wood Carving Illustrated sowie im Internet in diversen Hobbywerker-Seiten zu sehen. Er hat aus Zweigen einige der kleinsten Schnitzereien der Welt geschnitzt; 1981 wurde er für seinen winzigen Miniaturgockel im Guinness-Buch der Rekorde ausgezeichnet.

Zur Zeit demonstriert Chris Lubkemann als Gast-Holzschnitzer sein Können auf der Amish Farm and House, einem Freilichtmuseum in Lancaster, Pennsylvania.

Ein Hinweis des Verlages

Dem Buch merkt man stellenweise deutlich die amerikanische Herkunft des Autors an. Wir haben unserer Übersetzung bewusst die Hinweise auf die lokale Geografie sowie Flora und Fauna belassen. Gleiches gilt auch für die Kochrezepte und die folkloristischen Elemente im Buch. Hochinteressant für den deutschen Naturfreund sind sicher die Tipps zum Aufenthalt in der (in den USA wirklich) freien Natur.

Vorwort

Vor einiger Zeit unterhielt ich mich mit Alan Giagnocavo im Verlagshaus von Fox Chapel. In dem Gespräch sagte er etwa folgenden Satz: „Chris, warum machst Du nicht noch einmal so eine Reihe von Projekten, damit wir einen Folgeband zu *Kleine Schnitzereien* herausgeben können?“

Wenn ich mich recht erinnere, antwortete ich ziemlich schnell: „Alan, ich glaube wirklich, dass mein Vorrat an Ideen zur Zeit ziemlich aufgebraucht ist!“

„Nun, denk darüber nach.“

Zu Hause angekommen erzählte ich meiner Frau Sheri von Alans Frage und meiner Antwort. Ihre Reaktion war: „Ha! Dir fällt noch jede Menge ein. Das gibt es doch gar nicht, dass Dir nichts einfällt!“ (So etwa war Ihre sinngemäße Antwort.)

Kurz gesagt: In jener Nacht, halb wach, halb schlafend, begannen Ideen rechts und links – und auch in der Mitte – in meinem Kopf zu entstehen. Am Morgen standen bereits über 20 Projekte auf meiner Projektliste, und es entstanden immer noch weitere. Ich rief bei Fox Chapel an, machte einen Vorschlag mit einigen Beispielen und überraschenderweise (zumindest für mich) – hier ist das Buch.

Ich hoffe, die auf den folgenden Seiten beschriebenen und illustrierten Ideen machen allen, die sie umsetzen, eine Menge Spaß und inspirieren zu vielen Weiteren.

Chris Lubkemann

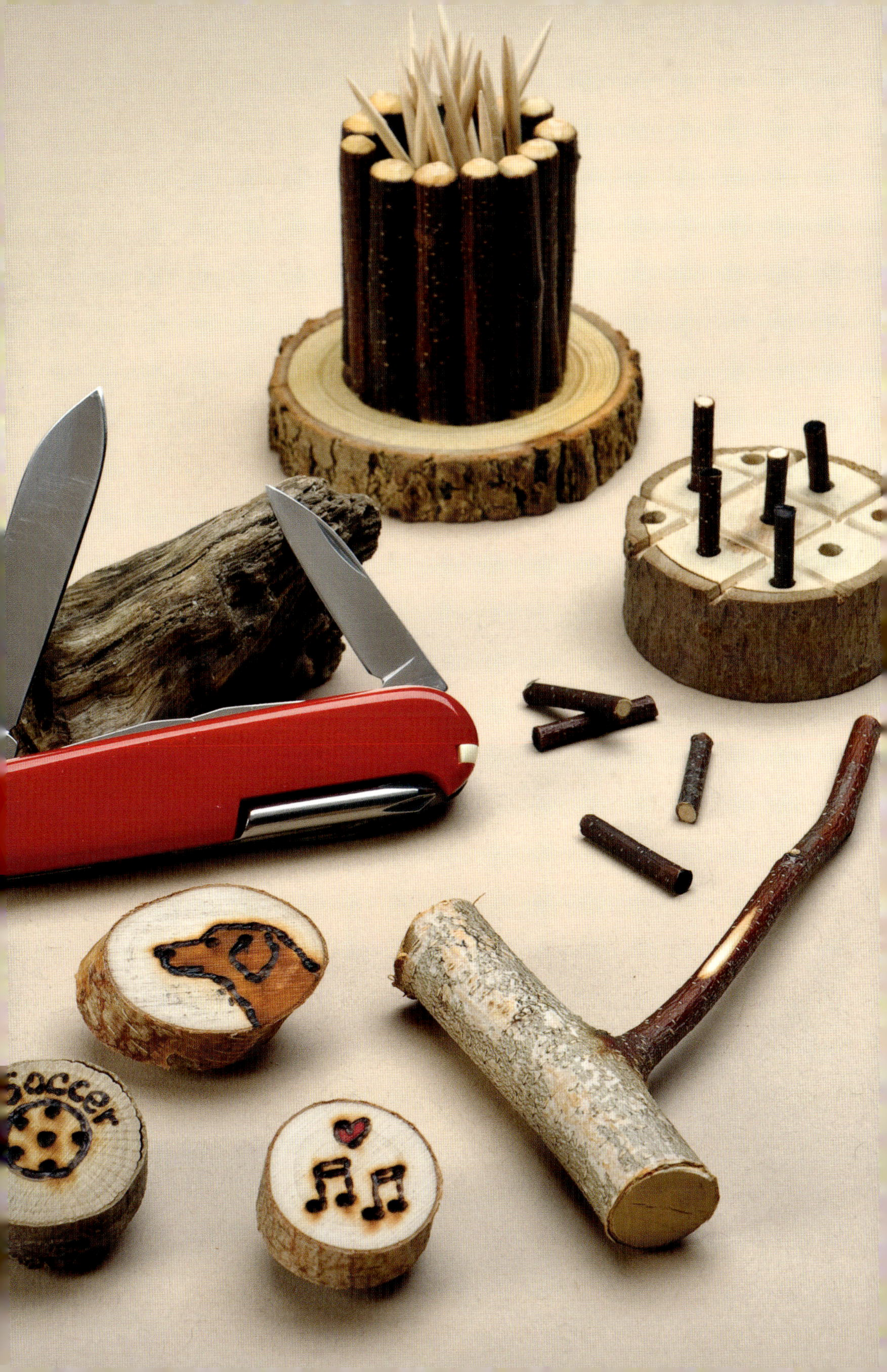
Soccer

Entdecken Sie die Freude am Schnitzen!

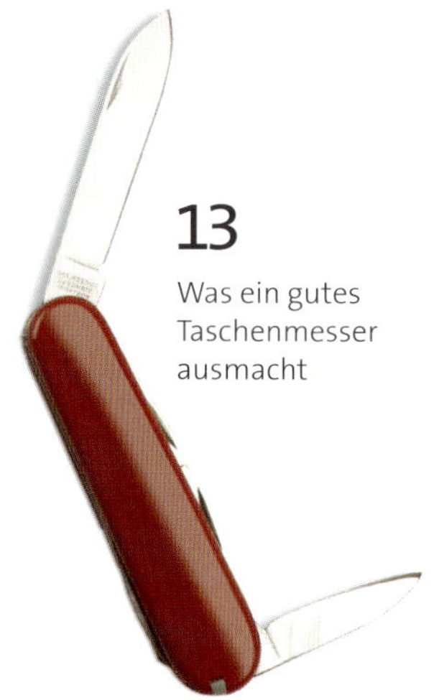

13 Was ein gutes Taschenmesser ausmacht

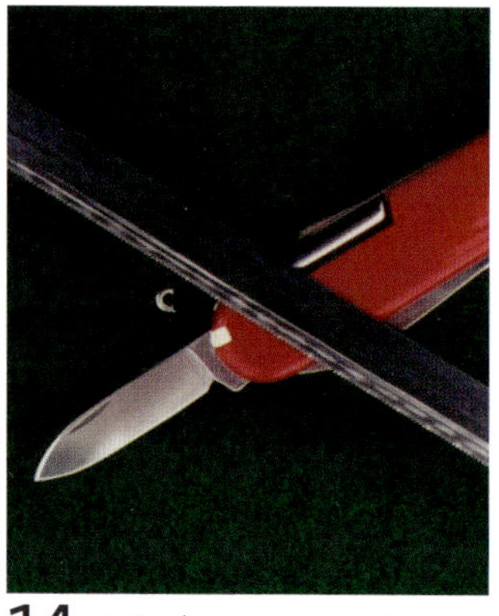

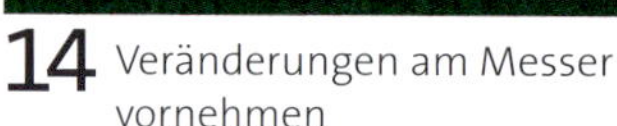

14 Veränderungen am Messer vornehmen

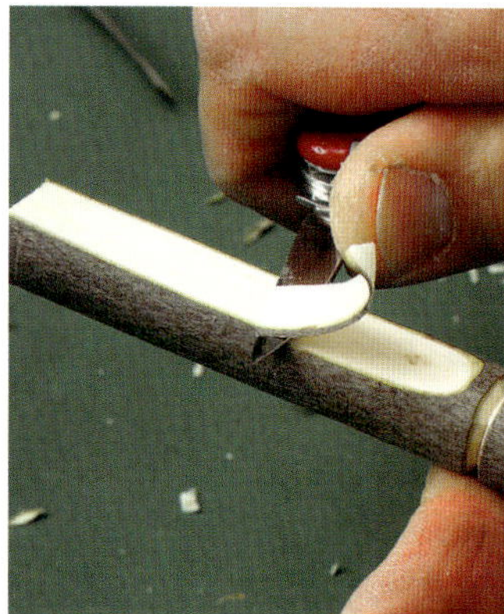

17 Drei grundlegende Schnitte

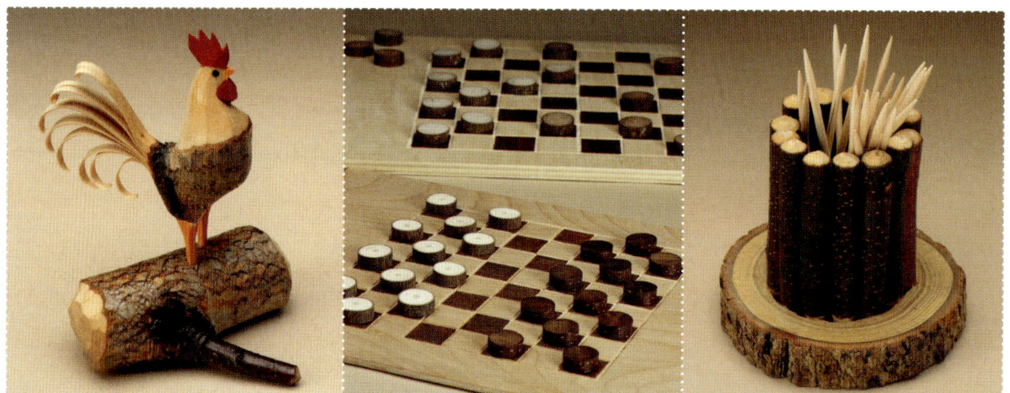

20 Kreative und dekorative Projekte

Hilfreiche Tipps und humorvolle Randbemerkungen.

In *Kleine Schnitzereien* fanden Sie viele Campingtipps, humorvolle Randbemerkungen und interessante Informationen. Dieses Buch führt diese Tradition fort. Sie stoßen auf köstliche Kochrezepte, neue Spiele und lernen manches Zusätzliche zu den Projekten, die Sie gerade schnitzen. Blättern Sie auch nicht zur nächsten Seite weiter, ohne unten auf der Seite die Hinweise und Tipps gelesen zu haben. Diese kurzen Infos sollen Sie daran erinnern, dass Schnitzen Freude machen und entspannend sein soll. Geben Sie die besten ruhig an Ihre Freunde und Ihre Familie weiter.

Inhalt

Zum Grünholzschnitzen benötigen Sie nur ein gutes Taschenmesser. Das Material für Ihre Projekte finden Sie praktisch überall.

Jetzt geht's los

In *Kleine Schnitzereien* – übrigens ein Buch mit einem kleineren Format als ein normales Holzschnitzbuch (man kann es daher einfacher mitnehmen und in einem Rucksack verstauen) – habe ich neunzehn Projekte erläutert und illustriert. Die meisten waren von eher kleinem Format.

In *Kleine Schnitzereien 2* bleibe ich im gleichen Buchformat und im gleichen Thema – es ist ein kleines Buch mit durchgängig kleinen und schnell umzusetzenden Projekten. (Wir haben sogar einige neue lustige Hinweise und Campingtipps ergänzt.) Zwar gibt es einige Projekte, die man in anderen Größen bereits aus früheren Büchern von mir kennt, doch die meisten sind neu und anders.

Nun arbeiten wir auch diesmal mit Holz, Taschenmessern und einigen anderen Werkzeugen. Der eine oder andere, der dieses Buch liest, kennt vielleicht die früheren nicht. Daher möchte ich einige grundlegende Informationen, Empfehlungen und vielleicht auch Anleitungen wiederholen, die übergreifend beim Grünholzschnitzen, Schnitzen und allgemein beim Holzwerken gelten.

In meine Werkstatt in Lancaster, Pennsylvania, kommen Besucher aus aller Welt. Nur zum Spaß wiederhole ich hier in einigen Sprachen, die mir dort begegnen, meine allererste und wichtigste Grundregel für das Handschnitzen, die ich ihnen zu vermitteln versuche:

Make sure your knife is really sharp. (Englisch)

Assurez-vous que votre canif est bien aiguisé. (Französisch)

Achten Sie darauf, dass das Messer scharf ist. (Deutsch)

Asegúrese de que la navaja esté afilada. (Spanisch)

确保你的刀锋利 (Chinesisch)

Убедитесь, что ваш нож острый. (Russisch)

O seu canivete tem que estar mesmo bem afiado! (Portugiesisch)

Hãy nhớ lưỡi dao phải thật bén! (Vietnamesisch)

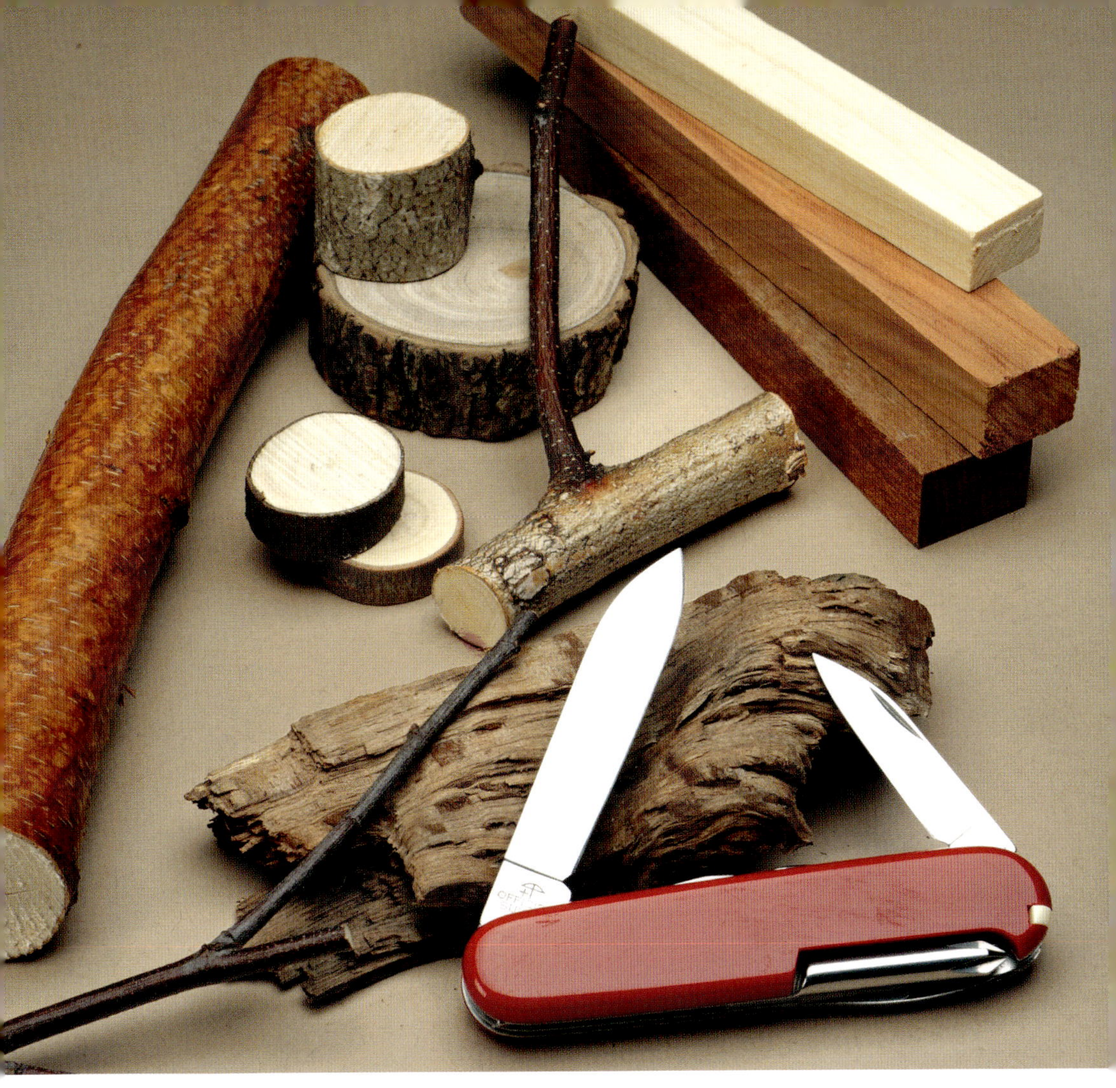

Und damit auch wirklich alle Leser verstehen, was ich meine, lassen Sie mich die Grundregel noch auf einige weitere Arten erläutern:

- Achten Sie darauf, dass das Messer ordentlich scharf ist!
- Schnitzen Sie nicht mit einem Messer, das nicht scharf ist!
- Sie werden beim Schnitzen wesentlich erfolgreicher sein und mehr Freude haben, wenn Ihr Messer scharf ist!

Jenseits dieser Grundregel möchte ich noch darauf hinweisen, dass die Schritt-für-Schritt-Anleitungen stets in einer logischen Reihenfolge erläutert sind. Wenn Sie sich an diese Reihenfolge halten, wird bei der Projektarbeit wahrscheinlich etwas Gutes herauskommen, und Sie werden sich beim Schnitzen nicht plötzlich in einer Ecke wiederfinden, aus der Sie – ohne etwas zu verderben – nicht wieder herauskommen.

Über Messer und wie man sie schärft

Seit jenem Sommertag 1966 in Glendale Springs, North Carolina, als ich meinen ersten Hahn aus einem Ast schnitzte, ist mein Hauptwerkzeug für die meisten Schnitzprojekte das Taschenmesser mit zwei Klingen. Wenn ich zurückdenke, war mein erstes Messer ein zweiklingiges Barlow mit braunem Griff von Imperial, aus Providence, Rhode Island. Dieses Messer, für 2,95 US$ (oder vielleicht noch weniger) beim örtlichen Landhandel in Ashe County gekauft, hat mich bei der Finanzierung des Abschlussjahres auf der Hochschule über Wasser gehalten und, wenn ich mich recht erinnere, auch noch mehrere Jahre danach dafür gesorgt, dass ich meine Rechnungen bezahlen konnte.

Seit dieser Zeit habe ich eine Menge anderer Taschenmesser benutzt. In den letzten zehn Jahren ist mein Favorit allerdings das Schweizer Offiziersmesser Tinker von Victorinox. Ich bin eher zufällig auf dieses Messer gestoßen. Mein Messer, mit dem ich etliche Jahre gearbeitet hatte, bekam einen irreparablen Schaden und da ich beim Geldausgeben besonders vorsichtig bin (ich glaube, Geizhals wäre ein zu hartes Wort), entschloss ich mich, ein geschenktes Tinker-Offiziersmesser auszuprobieren, statt gleich ein neues Messer zu kaufen. Ich passte es etwas an und fing an zu schnitzen. Nun, so viele Jahre später, verwende ich es immer noch. Gerade hole ich es aus meiner Tasche. Zugegeben, nach etlichen tausend Projekten fand es sich eine Zeit lang auf der Versehrtenliste wieder, allerdings nicht aus eigener Schuld. Dummerweise versuchte ich den Phillips-Schraubendreher* an einer zu stark angezogenen Schraube, wobei ich die Feder im Messer abbrach. Man riet mir, das Messer zur US-amerikanischen Vertretung von Victorinox zur Reparatur zu schicken. Sehr freundlich warnte ich die Verantwortliche für Reparaturen, mir nicht einfach für mein altes Messer ein neues zu schicken. (Ich ließ sie wissen, dass es kein Problem wäre, meine riesige „Aufschlagmaschine“, mit der ich präzise Baseballschläge von 209 km/h machen und 152-Meter-Home-Runs starten kann, bis nach Connecticut zu fahren.) Allerdings schickte ich ihr und den anderen MitarbeiterInnen von Victorinox auch ein Exemplar meines Buches *Whittling Twigs and Branches*, bei dem mein Tinker zum Einsatz gekommen war.

Wie auch immer, die Reaktion konnte nicht freundlicher sein. Man reparierte die gebrochene Feder, erneuerte die Griffschalen und gab mir sogar einen neuen Zahnstocher (den ursprünglichen hatte ich verloren). Die vielgenutzten Klingen und sonstigen Messerteile waren noch die gleichen und selbst die alten abgenutzten Griffschalen haben sie mir zurückgeschickt. Ich brauche nicht zu betonen, wie froh ich war, mein sehr spezielles, vielgereistes und hochproduktives Messer wieder in meiner Tasche ... und in meinen Händen zu haben!

** Kreuzschlitzschraubendreher*

Was ein gutes Taschenmesser ausmacht

Verschiedene Dinge kann man von einem guten Taschenmesser erwarten. Zunächst benötigt man ein Messer mit zwei Klingen: eine kleine etwa 25 – 38 mm lange und eine große etwa 51 – 57 mm lange Klinge. Die meiste Arbeit erledigen Sie mit der kleinen Klinge. Als Zweites muss das Messer aus gutem Stahl sein. Es lässt sich dann gut schärfen und die Klinge bleibt länger scharf. Manche Schnitzer mögen keinen rostfreien Stahl, doch ich habe auch schon viele sehr gute Klingen aus rostfreiem Stahl kennengelernt. Ein Grund, warum ich das Tinker von Victorinox empfehle (auch das Recruit und das Hiker sind gut) ist, dass ich mit dem Stahl so zufrieden bin. Man erhält es zudem überall, und der Preis ist akzeptabel.

Schließlich ist bei einem Messer noch ein stabiler Griff mit einer festen Verbindung zwischen Griff und Klingen ein wichtiges Qualitätsmerkmal.

Vielleicht haben Sie bereits ein Messer mit diesen Eigenschaften. Prima! Benutzen Sie es. Sind Sie ein Holzschnitzer, haben Sie bestimmt einige Schnitzmesser mit fester Klinge. Auch diese sind natürlich gut geeignet. Sie sollten Sie nur nicht in die Tasche stecken.

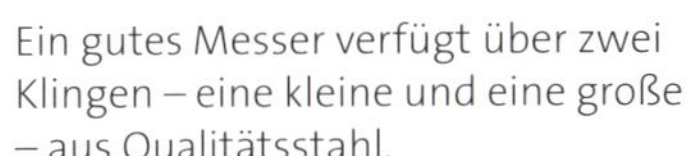

Ein gutes Messer verfügt über zwei Klingen – eine kleine und eine große – aus Qualitätsstahl.

Veränderungen am Messer

Ehe ich mein zwar recht primitives, aber effektives Schärfsystem erläutere, möchte ich Ihnen noch zwei Veränderungen erläutern, die ich an meinem Tinker-Messer vorgenommen habe, um es optimal an die Bedürfnisse meiner Art zu Schnitzen anzupassen. Im Folgenden gehe ich auf die Schritte ein, mit denen ich ein Schweizer Tinker-Offiziersmesser zu einem idealen Taschenmesser für das Handschnitzen umarbeite.

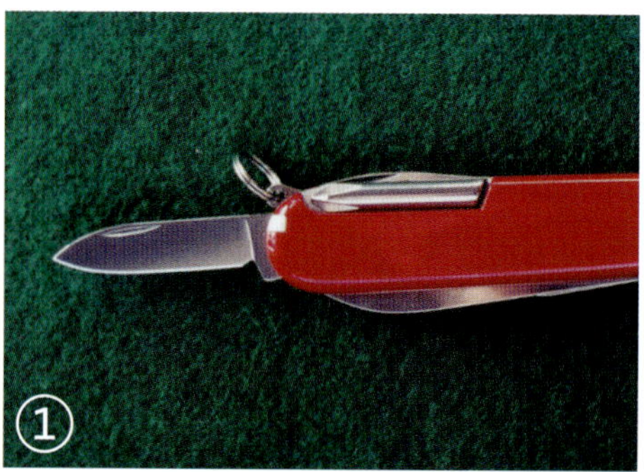

So sieht ein neues Tinker-Messer aus.

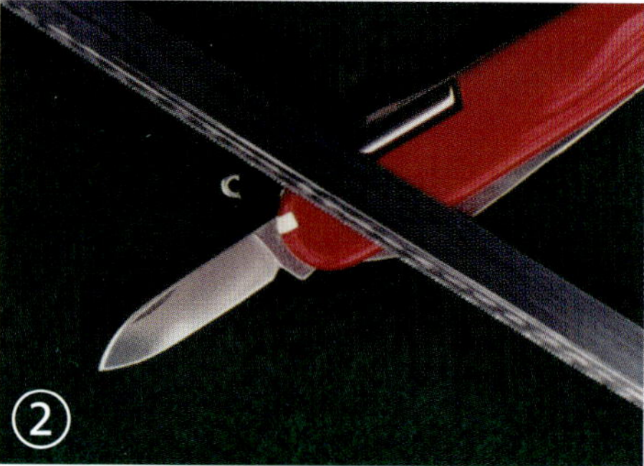

Entfernen Sie den Schlüsselring, und sägen Sie den kleinen Aufhänger ab, der ihn hält. Scharfe Kanten wegfeilen. (Ich entferne den Aufhänger, da er genau im Weg liegt, wenn man das kleine Messer häufig verwendet. Das gilt vor allem beim Schnitzen.)

Ich sollte noch erwähnen, dass Schweizer Offiziersmesser von Victorinox zu den wenigen Taschenmessern gehören, die bereits ziemlich scharf geschliffen geliefert werden. Allerdings gehe ich davon aus, dass die meisten Holzschnitzer beide Klingen zusätzlich nachschärfen wollen, um die für sie ideale Schneide zu erhalten.

Ein weiterer Hinweis: Ich würde kein Messer mit Korkenzieher empfehlen, da es bei der Arbeit mit der kleinen Klinge sehr unbequem in der Hand liegt. Der Phillips-Schraubendreher* am Tinker schmiegt sich sehr gut in den Griff und stört im Gegensatz zu einem Korkenzieher nicht.

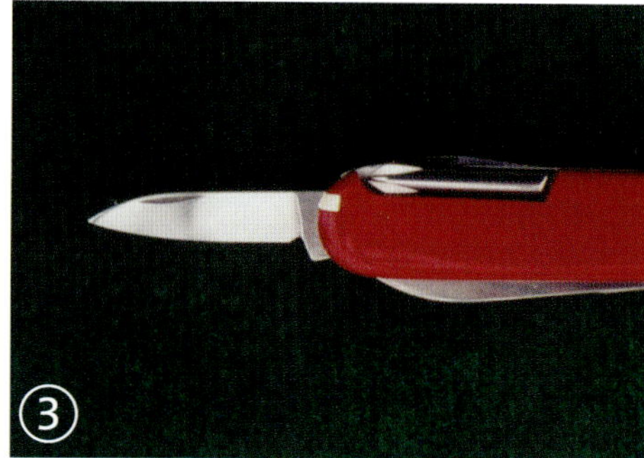

Nun die kleine Klinge an Ober- und Unterseite zu einer schmaleren Spitze verjüngen. Sie eignet sich dann wesentlich besser für Schnitte in engen Kurven. Man beachte den Unterschied zwischen den kleinen Klingen in Schritt 1 und 3. Danach müssen Sie die kleine Klinge schärfen und abziehen.

* *Kreuzschlitzschraubendreher*

Schärfen und Abziehen

Wenn Sie mein Buch Kleine Schnitzereien bereits gelesen haben, werden Sie vielleicht den einen oder anderen Tipp wiedererkennen. Ich arbeite immer noch mit der gleichen Methode und, ob Sie es glauben oder nicht, mit einigen der gleichen kleinen Streifen Nass-Trocken-Schleifpapier, über die ich bereits im ersten Buch berichtet habe. Ich glaube, mit einem der kleinen Streifen (oder was von ihm übrig geblieben ist) ziehe ich bereits seit zwölf Jahren meine Messer ab. Welche Körnung es zu Anfang hatte? Ich kann mich wirklich nicht daran erinnern. Heute haben die verbliebenen kleinen grauen Punkte wahrscheinlich etwa Körnung 10 000!

Zum Schärfen der Messer gibt es verschiedenste Methoden und Vorrichtungen. Ich verrate Ihnen, wie ich mein Messer auf sehr einfache Weise schärfe. Seien Sie allerdings so frei, zu Ihrer eigenen Methode zu finden. Wie jede Methode erfordert auch meine eine gewisse Praxis. Sie funktioniert, und ich bin seit etlichen Jahren damit zufrieden. Auch der Preis ist recht akzeptabel, nämlich praktisch Null nach einer geringen Anfangsinvestition.

Ist das Messer absolut stumpf (selbst neue Klingen können stumpf sein), beginne ich in der Regel mit meinem Kombinationsschärfstein, und zwar zunächst mit der groben Körnung und dann mit der feinen. (Die meisten Schärfsteine haben zwei Oberflächen.) Ich halte die Klinge nicht ganz plan auf den Stein und bewege sie zunächst kreisend und dann mehrmals in gleitenden Zügen. Danach ist die Klinge angeschärft, jedoch zum Schnitzen noch nicht scharf genug. Anschließend verwende ich nacheinander einige kleine Nass-Trocken-Schleifpapierstreifen oder Schleifgewebe, wie man es in der Autowerkstatt verwendet. In der Regel verwende ich Körnung 320, 400 und 600 (je größer die Zahl, desto feiner die Körnung). Einige meiner abgenutzten Blättchen habe ich seit acht oder zehn Jahren und arbeite immer noch damit. Sie sind praktisch so glatt wie Papier, doch immer noch zum Polieren der Schneiden gut.

Zum Schluss streiche ich meine Klinge mit etwas Schärfpaste über ein Lederstück. Jahrelang benutzte ich nur die raue Rückseite eines alten Ledergürtels.

Muss die Klinge lediglich geringfügig nachgeschärft werden, beginne ich mit Nass-Trocken-Schleifpapier der feinsten Körnung und ziehe zum Schluss einige Male auf dem Leder ab.

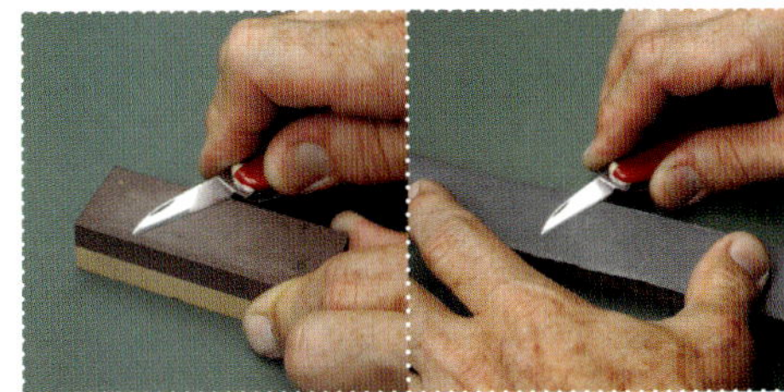

Halten Sie die Klinge nicht ganz plan auf die grobe Seite des Schärfsteins (links) und bewegen Sie sie kreisend und danach in einigen gleitenden Zügen darüber. Die Klinge weder heben noch wenden. Drehen Sie die feine (gelbe) Seite des Steins nach oben und wiederholen Sie den Vorgang. Danach den Vorgang auf einem mit Nass-Trocken-Schleifpapier belegten Holzklotz (rechts) wiederholen. Dabei mit der groben Körnung beginnen und nacheinander bis zur feinsten Körnung schleifen.

Weiteres Werkzeug und Zubehör

Außer einem guten Messer werden Sie für die Bearbeitung der Projekte in diesem Buch noch einige weitere Werkzeuge und Zubehör benötigen. Bestimmt verfügen Sie über das eine oder andere bereits.

Handsäge: Eine kleine ist bestens geeignet. Ich persönlich bevorzuge eine aggressive Säge mit zwölf oder fünfzehn TPI (Zähne pro Zoll) auf 2,5 cm. Daneben schätze ich auch eine japanische Zugsäge sehr. Sie eignet sich besonders zur Herstellung der kleinen Scheiben, die für manche Projekte benötigt werden. Ich kannte diese kleine Säge gar nicht, bis mein Sohn Steve mir vor Jahren eine schenkte. Zunächst lag sie eine Zeit lang unbenutzt herum, doch als ich sie dann einmal einsetzte, wow, war ich begeistert. Ein tolles kleines Werkzeug. Sowohl Eisenwarenläden als auch Baumärkte führen sie, Sie sollten also keine Probleme haben, eine zu finden.

Elektrische Bohrmaschine und Bohrer: Nichts besonderes, einfach nur eine Bohrmaschine und verschiedene Holzbohrer.

Rotationswerkzeug: Sie benötigen es für das Salzlöffelprojekt (Seite 25). Wahrscheinlich finden Sie jedoch zusätzlich weitere Verwendungsmöglichkeiten.

Holzbrandgerät oder Brandmalkolben: Dies gehört zu meinen Lieblingswerkzeugen und ich verwende es ständig. Bei etwa der Hälfte meiner Arbeiten muss ich die Namen von Menschen auf kleine Stämmchen oder zugeschnittenes Holz brennen. Mit den kleinen Geräten aus dem normalen Hobbyladen kann man zwar auf Weichholz arbeiten, doch sind sie nicht sehr nützlich für ernsthaftere Brandmalerei. Meiner Meinung nach ist ein leistungsfähiger Brandmalkolben definitiv eine lohnende Investition. Die beste Brennspitze für die in diesem Buch beschriebenen Arbeiten ist eine Schreibspitze.

Schleifpapier: Feine bis mittlere Körnung.

Bleistift oder Permanentmarker: Für gelegentliches Zeichnen und Anreißen benötigen Sie einen Bleistift. Verschiedenfarbige Permanentmarker dienen zum Kolorieren kleinerer Brandmalereimotive.

Farben: Acrylfarben sind für die Projekte in diesem Buch gut geeignet.

Pinsel: Verwenden Sie mehrere kleine Pinsel etwa der Größe 00 bis 2. Vielleicht zusätzlich weitere, die etwas größer sind.

Klares Finish: Einige Werkstücke erfordern zwar keine Oberflächenbehandlung, bei anderen ist jedoch eine Schicht Polyurethanlack oder transparentes Acrylspray als Schutz angebracht. Seien Sie sehr vorsichtig bei der Auswahl des Oberflächenmittels für den Hahn! Die Gründe erläutere ich im Projekt.

Drei grundlegende Schnitte

Es gibt mehrere Möglichkeiten, mit dem Messer einzuschneiden. Die hier beschriebenen drei Schnitttechniken demonstrieren wir für Rechtshänder. Als Linkshänder arbeiten Sie spiegelbildlich.

Gerades Schneiden: Müssen Sie große Holzmengen oder Rinde rasch entfernen, eignet sich diese Art zu Schneiden am besten. Halten Sie das Holz in der linken Hand, und schneiden Sie in langen, kräftigen Schnitten mit der rechten Hand vom Körper weg. Bei dieser Technik habe ich das Gefühl, dass mein rechtes Handgelenk recht stabil ist und sich beim Schnitzen nicht verdreht.

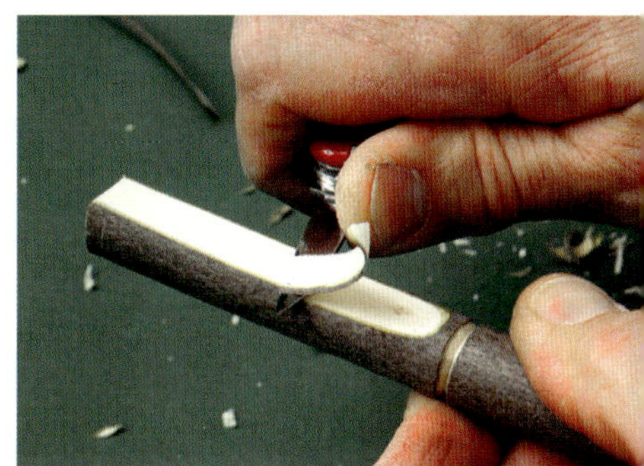

Ziehendes Schneiden: Bei dieser Technik halten Sie das Holz in der linken Hand und das Messer in der rechten. Schneiden Sie in kurzen Schnitten auf den Körper zu (etwa wie beim Schälen einer Orange), und drücken Sie den rechten Daumen fest gegen das Holz. Ich finde es hilfreich (und wesentlich sicherer), den rechten Daumen auf dem linken Daumen und nicht oben auf dem Holz abzustützen. So kann die Klinge zum Schluss, wenn sie das letzte Holz abschneidet, nicht im rechten Daumen landen.

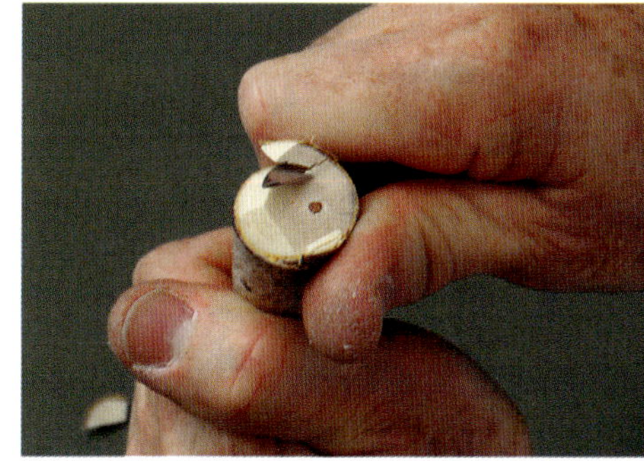

Anpressdruck mit dem Daumen ausüben: Diese besondere Technik ist bei kleinen Schnitten, die Präzision erfordern und bei denen Sie nicht zu weit schneiden wollen, äußerst praktisch. Halten Sie das Holz mit vier Fingern der linken Hand, ohne den linken Daumen einzusetzen. Halten Sie das Messer mit der rechten Hand, und drücken Sie den rechten Daumen auf den Messerrücken. Drücken Sie mit dem linken Daumen entweder auf den Messerrücken oder auf den rechten Daumen.

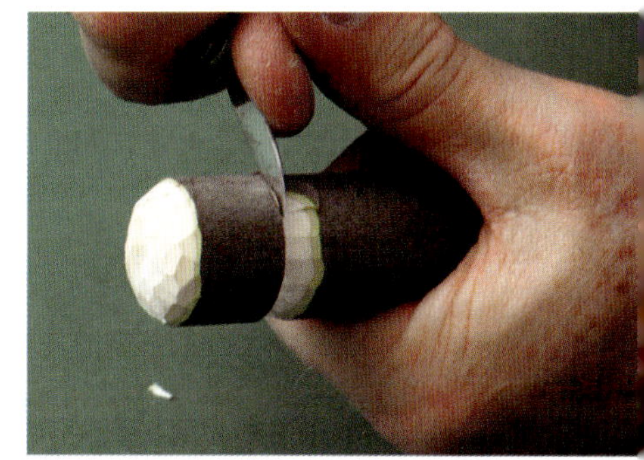

Holz

Zwar kann man manche Projekte aus diesem Buch aus Weichholz wie luftgetrockneter Weymouthskiefer oder gar aus Lindenholz herstellen, ich empfehle jedoch im Allgemeinen die Verwendung von Hartholz wie Birke, Ahorn, Kirsche, Stechpalme, Buche, diverse Obsthölzerarten und sogar Eisenholz. Besonders beim Hahn-Projekt (Seite 73) werden Sie feststellen, dass Hartholz wirklich besser geeignet ist. Bei den meisten Projekten aus Zweigen oder Ästen benötigt man ein Holz mit möglichst wenig Mark (die weiche, schwammartige Mitte). Wenn Sie sich nicht ständig mit einem verklebten Messer und klebrigen Händen herumschlagen wollen, sollten Sie zudem frische Kiefer oder andere stark saftführende Hölzer vermeiden.

Bei manchen Projekten ist die verwendete Holzart nicht entscheidend, bei anderen wiederum macht die Holzart schon einen Unterschied. Ist das der Fall, werde ich darauf hinweisen.

Natürlich legt man mit Ausprobieren und Experimentieren am besten fest, mit welcher Holzart man arbeiten möchte. In der folgenden Auflistung finden Sie einige meiner Lieblingshölzer.

Ahorn: Es gibt auch etliche Ahornarten. Während die einen sehr dünnes Mark haben, haben die anderen dickeres Mark. Für die meisten Schnitzprojekte eignen sich eher die Arten mit dünnem Mark. Aber versuchen Sie selbst. Es lohnt sich, mit jeder Art zu experimentieren. Roter Ahorn ist einer meiner Favoriten.

Apfel, Pfirsich, Quitte, Guave: Weitere Obstbäume mit gut geeigneten Ästen.

Birke: Jede Birkenart ist ausgezeichnet. Mir ist noch nie schlechtes Birkenholz untergekommen! Birke gehört zu meinen bisher unerreichten Lieblingshölzern.

Buche: Ich habe festgestellt, dass Buche etwas spröde sein kann, doch wenn Sie vorsichtig arbeiten, verhält sie sich gut.

Eiche: Es gibt zahlreiche Eichenarten, von denen die einen für bestimmte Projekte besser geeignet sind als die anderen. Ich habe einige schöne Teile aus Sumpfeiche, Steineiche und Wassereiche gefertigt. Westafrikanische Eiche ist für die meisten Projekte nicht besonders gut, da sie dazu neigt, sehr grobporig zu sein und einen welligen Faserverlauf zu haben.

Kirsche: Ich habe unterschiedliche sowohl kultivierte als auch wildwachsende Kirschholzarten geschnitzt. Sie eignen sich alle recht gut.

Myrte: Ich glaube, Wachsmyrte verwendet zu haben, doch es lohnt sich, auch andere Myrtenarten auszuprobieren.

Orange, Zitrone, Tangerine, Grapefruit: Sämtliche Zitrushölzer eignen sich gut (mit Ausnahme der neuen schnellwüchsigen Triebe, die sehr viel Mark enthalten). Ich bekam einmal einige große Zitrusäste, als in Sarasota (Florida) eine Zitruspflanzung einer Schule weichen musste. In Plantagen wird immer ausgeästet, und die Äste liegen auf dem Boden.

Stechpalme oder Ilex: Ein sehr hartes, feinporiges Holz, mit dem man schöne Stücke fertigen kann.

Zeder: Zeder gehört zu den wenigen Immergrünen, die ich verwendet habe. Sie enthält etwas Saft, aber das ist nichts im Vergleich zu saftfrischen Kiefernzweigen!

Zierapfel, Zierpflaume: Zierbäume mit guten Ästen.

Zylinderputzer, Indian Rosewood, Schneeball: Das sind einige gut geeignete Florida-Hölzer. Eine meiner Lieblingsschleudern besteht aus einer Astgabel aus Schneeball; sie ist sehr, sehr stark und wunderbar symmetrisch.

Brennholz

Laubhölzer wie Birke, Ahorn und Eiche eignen sich hervorragend für das beim Grillen erforderliche heiße Glutbett, um darauf Marshmallows, Maiskolben oder Folienkartoffeln zu grillen. Sollten Sie nach Beendigung aller Schnitzprojekte noch Holzreste zur Verfügung haben, haben Sie vielleicht Lust auf ein kleines Fest mit einem Feuer und etwas Gutem zu Essen.

Projekte für Küche und Esszimmer

Durch dieses Buch werden Sie hoffentlich entdecken, dass Schnitzen ein schöner Zeitvertreib ist, den man praktisch überall betreiben kann. Es kann wunderbar entspannend sein und alle Sorgen aus dem Kopf verbannen. Glauben Sie jedoch nicht, dass man, bloß weil es so einfach ist und Spaß macht, nur Spielsachen und Spiele schnitzen kann. Natürlich können Sie diese Sachen machen, wie Sie auch in einem späteren Kapitel sehen werden, doch man kann auch nützliche Dinge herstellen, die man im ganzen Haus gut gebrauchen kann.

Bei jedem Projekt in diesem Kapitel entsteht ein nützliches Objekt, das auch in Ihrem Haushalt seinen Dienst leisten kann. Besonders hilfreich sind die Dinge für Küche und Esszimmer. Führt man sich die Art des verwendeten Rohmaterials vor Augen, kommt wahrscheinlich nicht die Ausstattung zustande, die man bei einem formalen Dinnerempfang im Weißen Haus für den Präsidenten Frankreichs und seine Gattin wählen würde, doch bei vielen anderen Anlässen passen sie recht gut.

Einige Projekte wie die Hors d'œuvre-Stäbchen und Stäbchenhalter (Seite 22) und die Salzlöffel (Seite 25) passen leicht in einen Rucksack für Ihren nächsten Campingausflug. Dann haben Sie auch draußen den Komfort, den Sie von zu Hause gewohnt sind!

Verleihen Sie Ihrer Küche oder dem Esszimmer mit diesen Utensilien eine persönliche Note. Manche eignen sich perfekt für ein Treffen mit Freunden, andere kann man einfach mit Namen beschriften und verschenken.

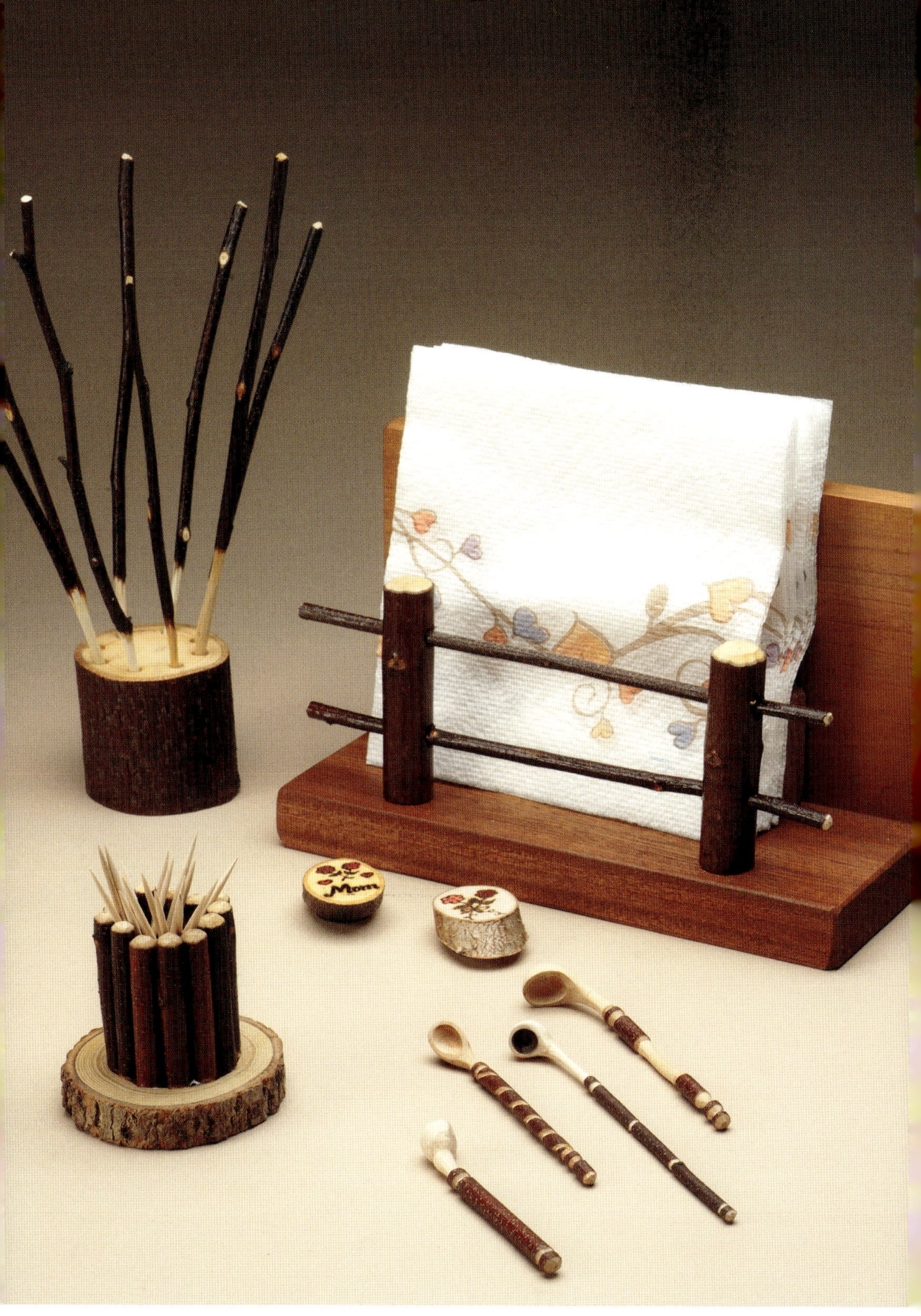
Mom

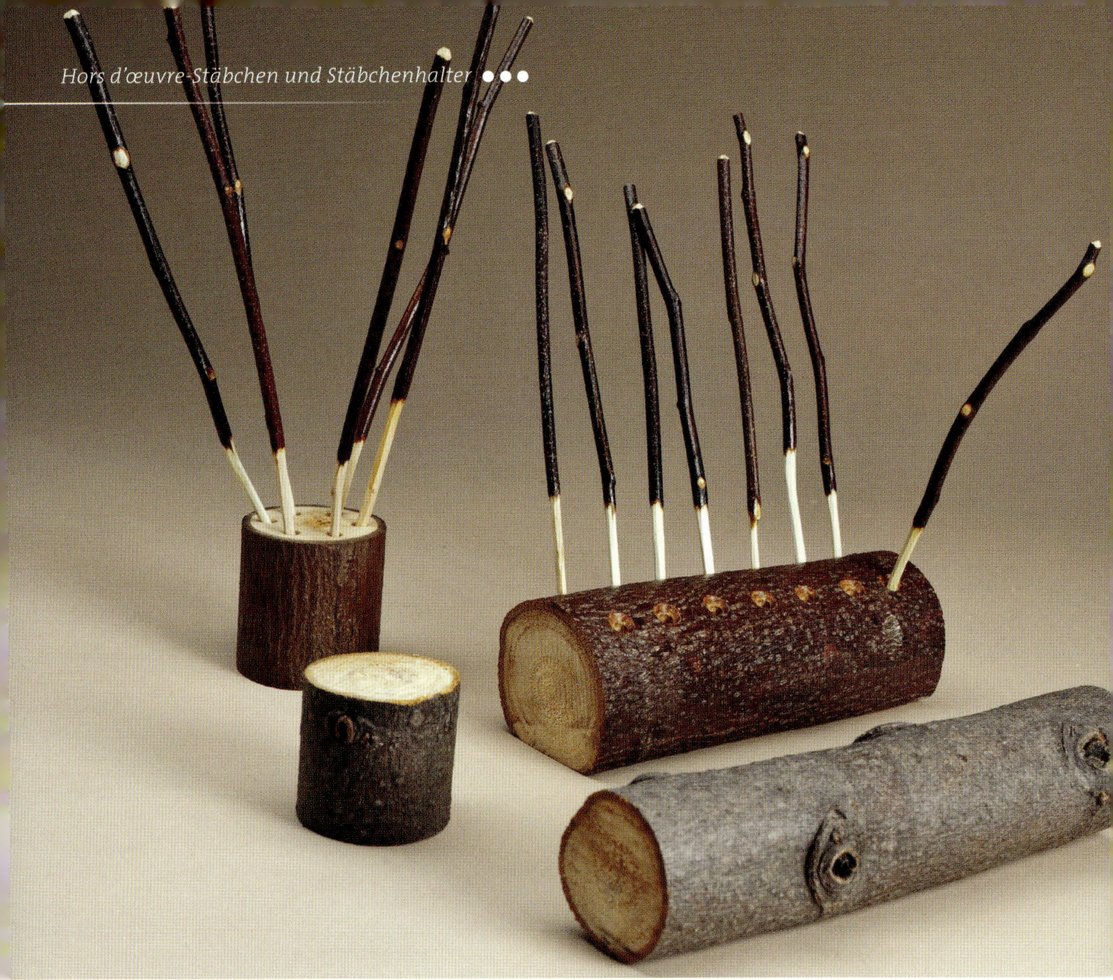

Hors d'œuvre-Stäbchen und Stäbchenhalter

Hier kommen wir zu einem Projekt, mit dem Sie Ihre Fremdsprachenkenntnisse trainieren und Ihre Gäste beim gemeinsamen Essen beeindrucken können. Es ist eines der schnellsten und einfachsten Projekte, macht aber Spaß und das Ergebnis ist überaus praktisch. Eine begeisterte Resonanz Ihrer Gäste oder Ihrer Gesellschaft ist nahezu garantiert. Das gilt vor allem, wenn jeder Gast ein Stäbchen erhält, in das am Griffende sein eigener Namen eingebrannt ist.

MATERIALLISTE

- *Taschenmesser*
- *Einige Laubholzstöckchen*
- *Größere Äste für die Stäbchenhalter*
- *Bohrmaschine und Bohrer*
- *Handsäge oder Zugsäge*
- *Gartenschere*

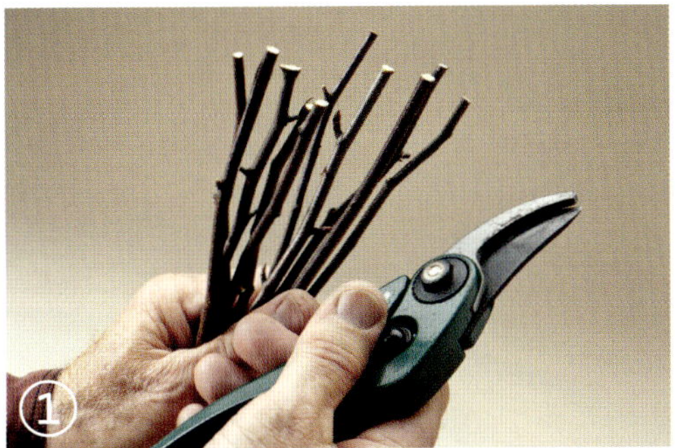

Suchen Sie sich einige relativ gerade und ähnlich dicke Zweige oder Äste. (Birke, Ahorn oder vergleichbares Laubholz ist wahrscheinlich am besten geeignet.)

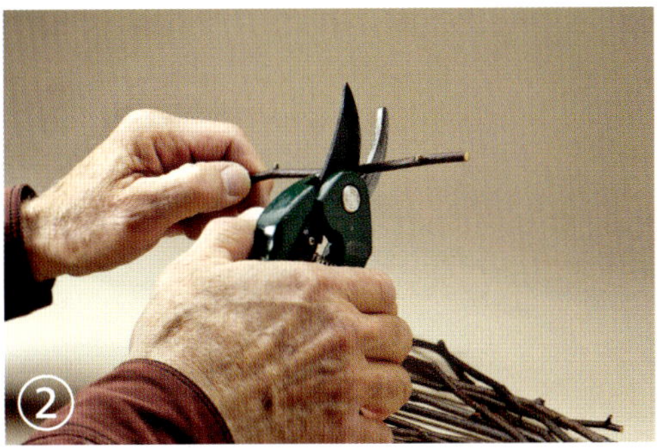

Die Zweige auf die gleiche Länge schneiden. Sie müssen nicht exakt gleich lang sein, aber es sieht besser aus, wenn sie einheitlich sind.

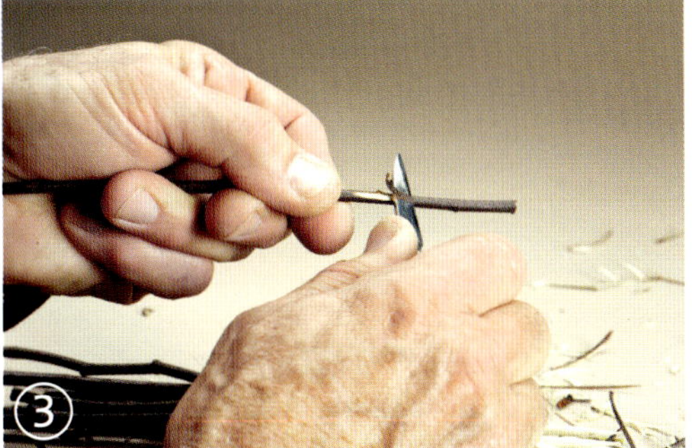

Jedes Stöckchen an einem Ende so weit entrinden, dass ein Marshmallow, eine Gemüsescheibe oder etwas anderes aufgespießt darauf passt. Die Spitze konusförmig anspitzen.

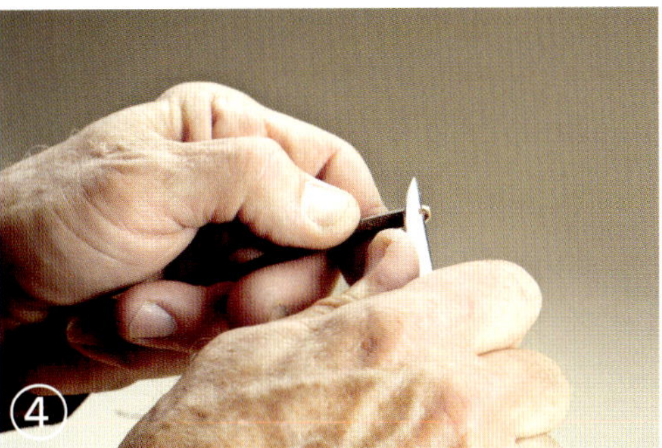

Das gegenüberliegende Ende jedes Stäbchens zum Griff abrunden.

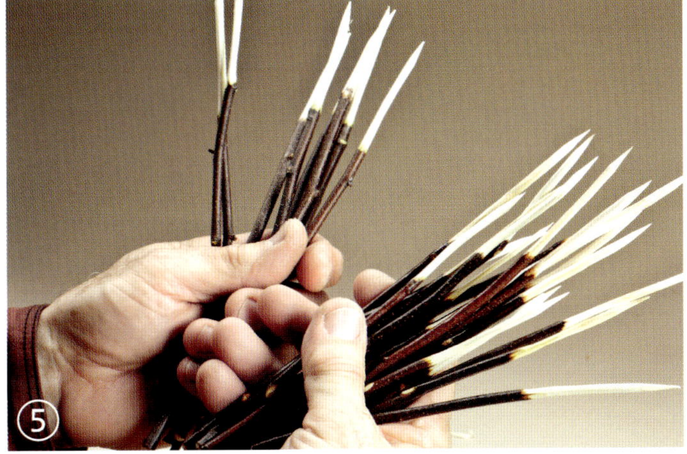

So sollten Ihre Stäbchen in etwa aussehen. Sie müssen in Länge und Dicke nicht identisch sein, es sei denn, Sie legen Wert darauf. Man kann auch verschiedene Stäbchenformate machen und sie dann für unterschiedliche Speisen verwenden.

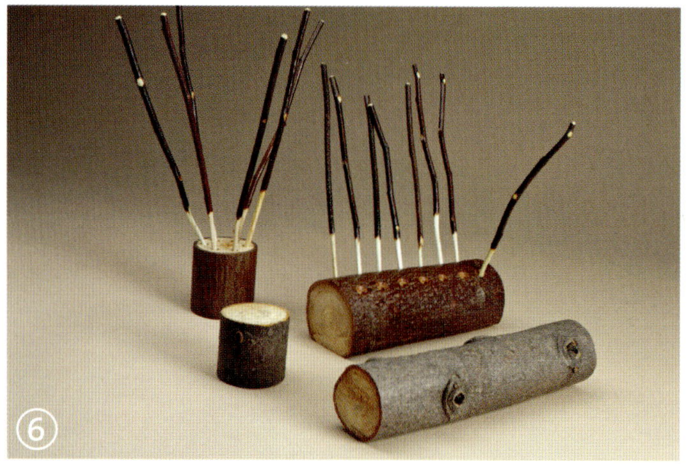

Aus größeren, an Baumstümpfe oder Stammabschnitte erinnernde Äste können Sie Stäbchenhalter herstellen. Sie müssen nur Löcher für die Stäbchen hineinbohren und darauf achten, dass der Boden des Stäbchenhalters eben und breit genug ist. Er muss aufrecht stehen, wenn er alle Stäbchen hält.

Zwei Fonduerezepte fürs Lagerfeuer

Lagerfeuer-Fondue

Zutaten:

1 ½ Tassen geriebener Cheddarkäse
2 EL Mehl
¼ TL Paprika
1 Dose Cheddarkäsesuppe
½ Tasse Bier, Weißwein oder Wasser

Mehl und Paprika mischen. Das Bier in die Suppe geben, dann die Mehlmischung hinzufügen. Über dem Feuer oder auf dem Ofen erhitzen, geriebenen Käse hinzufügen und schmelzen lassen. Mit Brot servieren.

Tipp: Eine stärker gewürzte Variante erhalten Sie, wenn Sie den Paprika durch Cayennepfeffer ersetzen.

S'mores-Fondue

Zutaten:

4 Riegel Schokolade
2 Zimtstangen
¼ TL Paprika
¾ Tasse Kahlúa (Kaffeelikör)
Vollkornkekskrümel

Alle Zutaten in eine Pfanne oder einen Topf geben, erhitzen, bis die Schokolade geschmolzen ist. Unterdessen Marshmallows toasten oder in der Mikrowelle erhitzen. Die Marshmallows in die Schokoladenmischung dippen und genießen. Man kann die Marshmallows auch zwischen zwei Vollkornkekse geben. Mit Erdbeerscheiben wird diese süße Versuchung noch verführerischer.

Übrigens: Hors d'œuvre kommt aus dem Französischen und heißt „Vorspeise". Wörtlich übersetzt bedeutet es: „außerhalb der Arbeit".

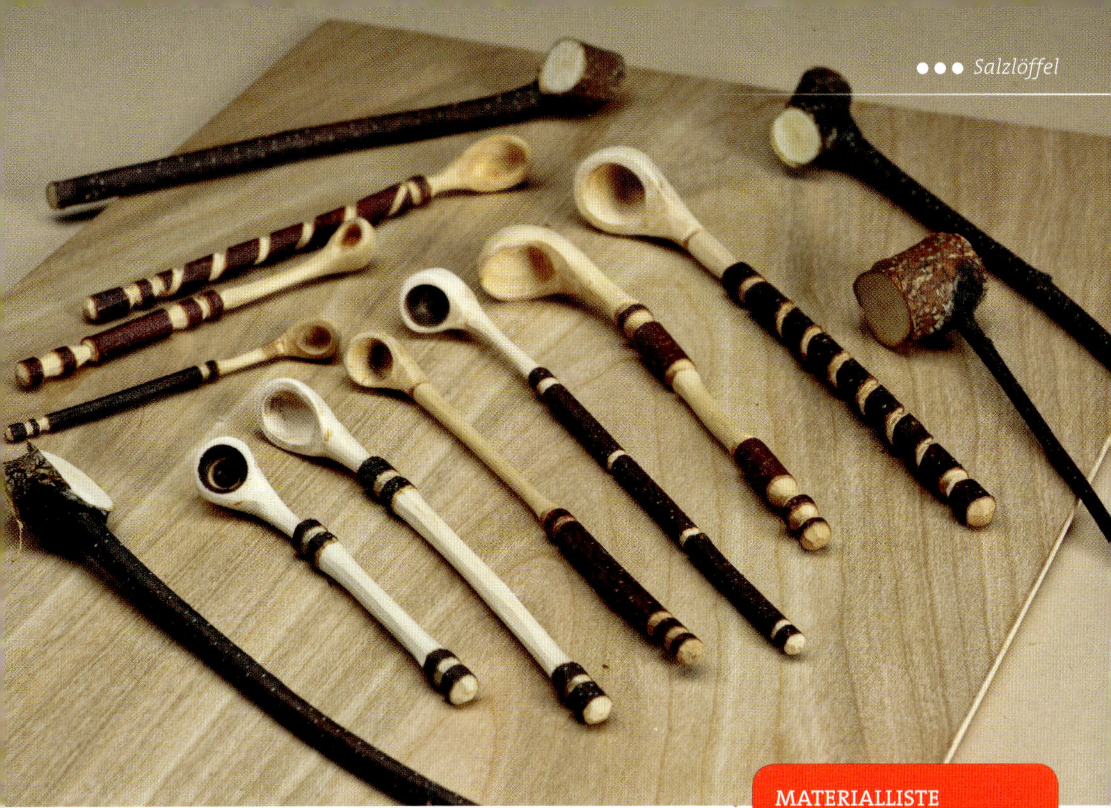

MATERIALLISTE

- *Taschenmesser*
- *Astgabeln*
- *Schleifpapier*
- *Rotationswerkzeug*

Salzlöffel

Ich kann mich nicht daran erinnern, wann ich das letzte Mal ein echtes kleines Salzschälchen mit dem zugehörigen Löffel gesehen habe, bin mir aber sicher, dass es so etwas noch gibt. Wenn wir versprechen, vernünftig damit umzugehen und unser Essen nicht versalzen, kommt es vielleicht wieder in Mode.

Holz vs. Kunststoff

Ein Holzlöffel ist nicht nur natürlicher als ein Kunststofflöffel; es gibt Studien, die besagen, dass er als Küchenutensil auch sauberer ist. Holz trocknet wesentlich schneller als Kunststoff und verkürzt so die Überlebensdauer von Bakterien auf seiner Oberfläche. Darüber hinaus verfügt es über eine natürliche Resistenz gegenüber Bakterienwachstum und trägt damit dazu bei, Ihre Küche keimfrei zu halten.

Übrigens: Harthölzer wie Kirsche, Eiche und Buche eignen sich am besten für hölzerne Löffel.

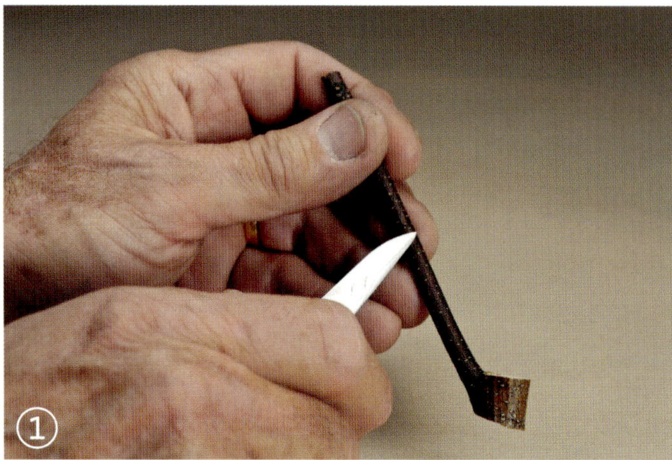

Als „Rohling“ für dieses Projekt verwenden wir ein Stück Holz, bei dem aus einem dickeren Ast ein dünnerer Ast gewachsen ist. Der dünne Ast wird zum Griff, ein kurzer Abschnitt des dicken Astes wird zur Laffe oder Löffelschale.

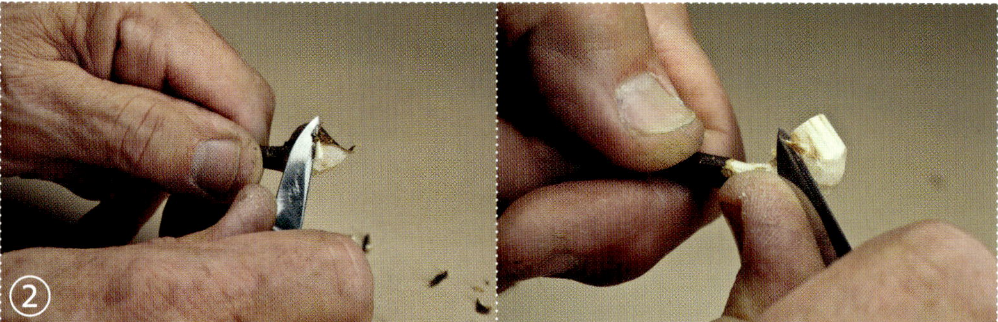

Zunächst die Rinde vom Laffenteil entfernen. Diesen abrunden, bis er in etwa die gewünschte Form aufweist.

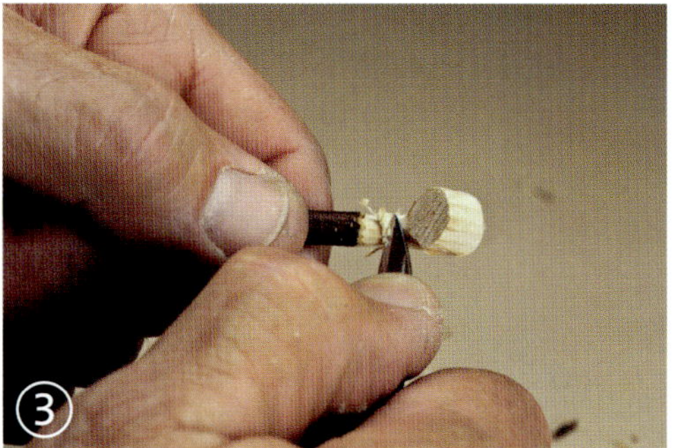

Ein wenig Rinde vom Griffteil entfernen und den Griff in den Laffenteil übergehen lassen.

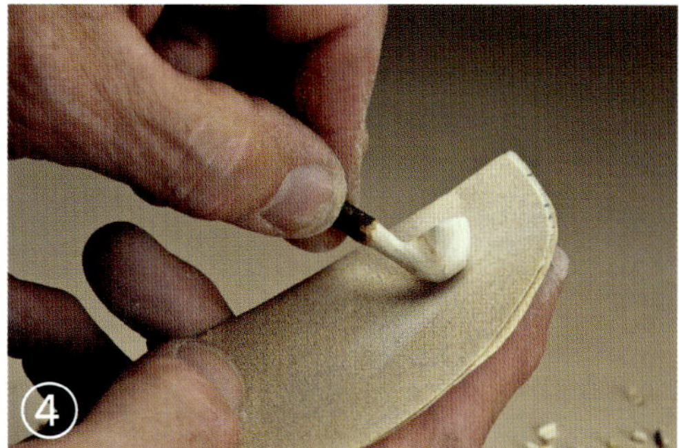

Den Laffenteil glatt schleifen.

Kleiner Tipp: Holzgegenstände bleiben wie neu, wenn man sie mit Walnussöl einreibt.

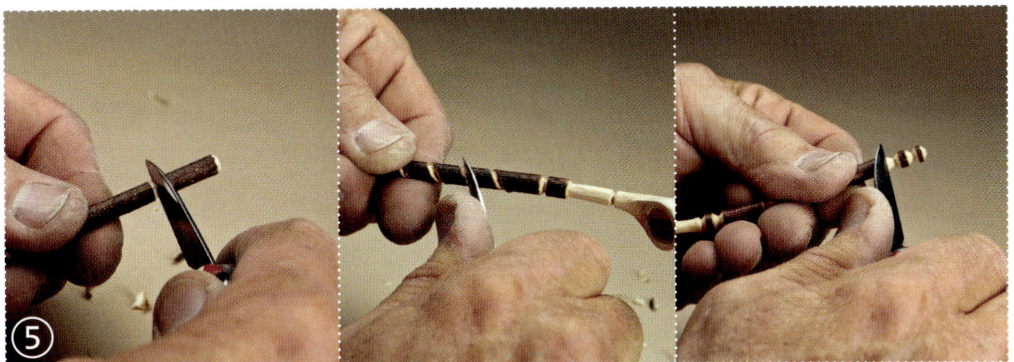

Die dunkle Rinde kontrastiert schön mit dem hellen Holz darunter. Sie können den Löffel mit verschiedenen Kerbschnitten oder spiralförmigen Schnitten um den Griff herum verzieren. Alle Möglichkeiten stehen Ihnen offen.

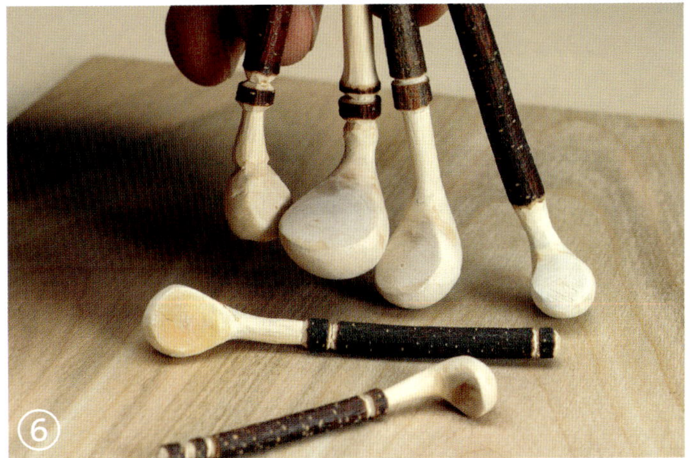

Natürlich können Sie die Größe Ihres Löffels durch die Wahl verschieden großer „Rohlinge" variieren.

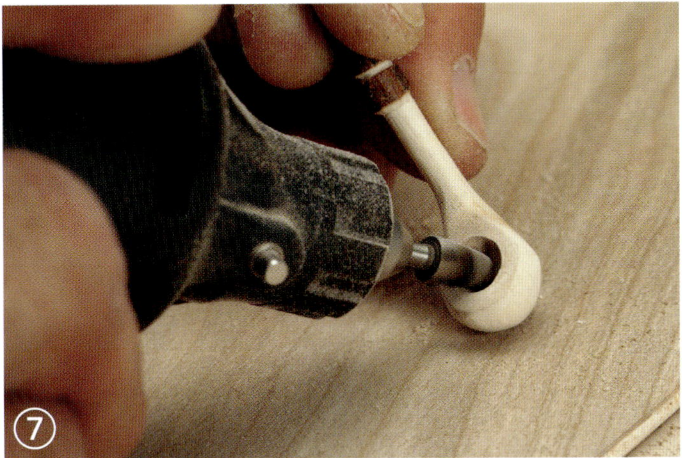

Die Laffe mit einem Rotationswerkzeug aushöhlen. Ist Ihr Werkzeug scharf, entspricht die Farbe der Laffe nach dem Aushöhlen der des Holzes, ist es stumpf, sieht sie verbrannt aus. Bei einer dunklen Laffe sehen Sie besser, wie viel Salz im Löffel ist.

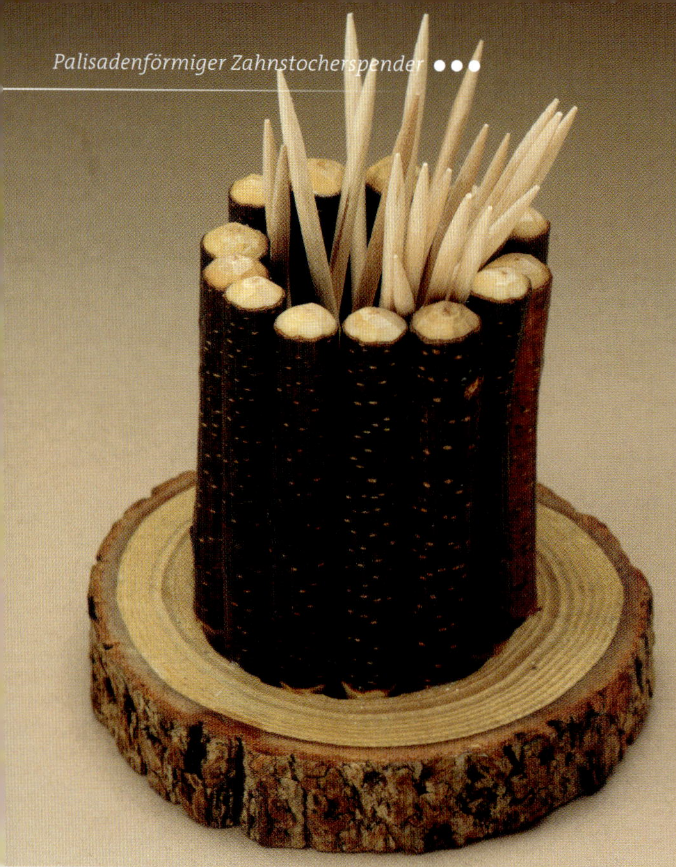

MATERIALLISTE

- *Taschenmesser*
- *Großer Ast mit mindestens 75 mm Durchmesser*
- *Kleine, gerade Äste oder Zweige*
- *Bohrmaschine und Bohrer*
- *Holzleim*
- *Gummibänder*
- *Kleiner, mit Wachspapier umwickelter Zylinder (z.B. eine kleine Papprolle)*
- *Bleistift*
- *Gartenschere*

Palisadenförmiger Zahnstocherspender

Diesen einfachen Spender kann man vergrößern oder verkleinern, sodass darin praktisch alle möglichen Dinge aufbewahrt werden können. Er eignet sich für Büroutensilien wie Bleistifte, Kugelschreiber und Scheren oder als Löffelhalter in der Küche. Beim Grillen oder Picknick kann es als Besteckhalter dienen. Lassen Sie Ihrer Vorstellungskraft freien Lauf!

Zahnstocher „mit Geschmack"

Legen Sie Ihre Zahnstocher in Backaromen ein, wie man sie zur Herstellung von Süßigkeiten verwendet. Nach gut acht Stunden haben Sie Zahnstocher mit Pfefferminz- oder Zimtgeschmack. Probieren Sie verschiedene Geschmacksrichtungen aus, bis Sie Ihr Lieblingsaroma gefunden haben.

Übrigens: In Amerika kommen 90 Prozent der Zahnstocher aus dem Bundesstaat Maine.

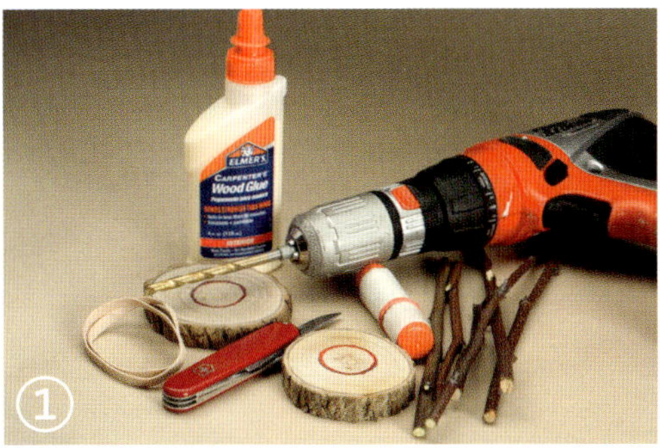

Stellen Sie das Material zusammen. Zunächst eine etwa 13 mm starke Scheibe von dem großen Ast abschneiden. Für einen größeren Zahnstocherspender eine dickere Scheibe abschneiden.

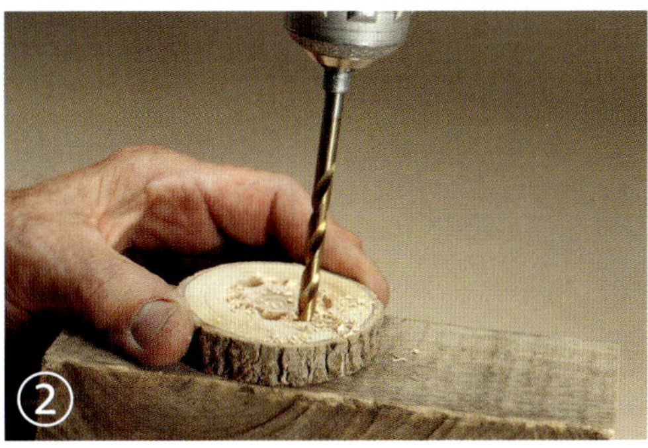

In die Mitte der großen Scheibe einen Kreis zeichnen und um die Kreiskontur eine 6 mm tiefe Nut bohren oder fräsen.

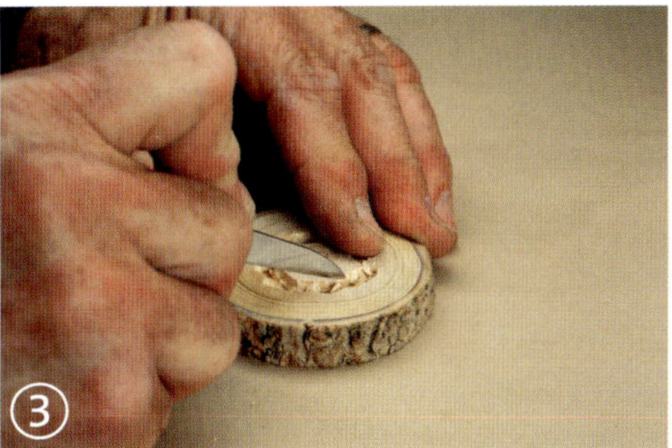

Ich bohre die Löcher um die Kreiskontur so dicht wie möglich nebeneinander. Danach arbeite ich die Nut nach, indem ich das verbliebene Holz mit dem Taschenmesser wegschneide.

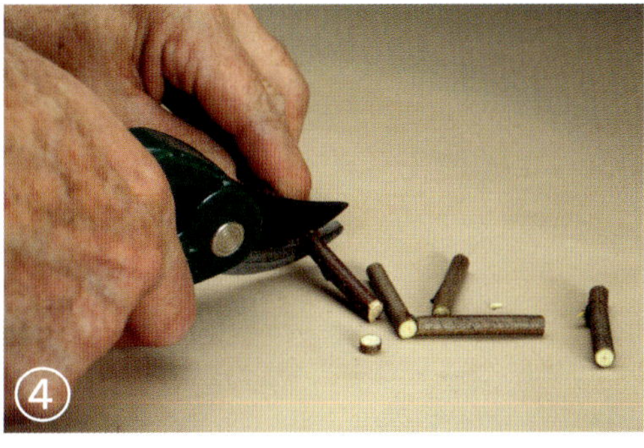

Die dünnen Zweige zu kleinen Palisaden schneiden. Sie werden in die kreisförmige Nut geklebt. Wenn Sie möchten, können Sie sie oben etwas abrunden oder anspitzen, damit sie wie die Palisaden eines alten Forts aussehen. Angespitzte Palisaden hindern kleine Fingerchen eventuell daran, Ihre Zahnstochervorräte anzugreifen.

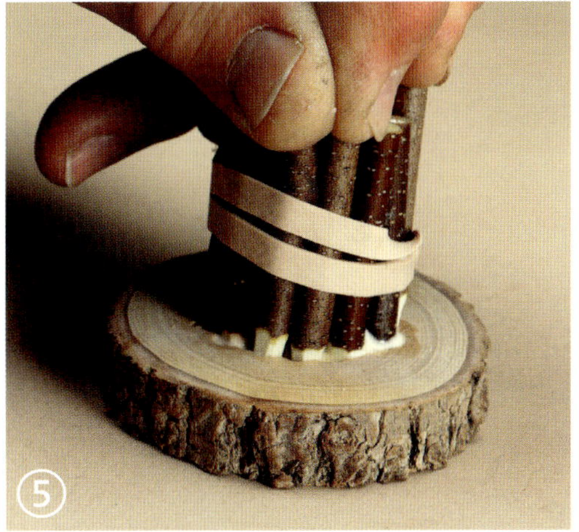

Nun Holzleim in die Nut geben, den mit Wachspapier umwickelten Zylinder in die Kreismitte halten und die kleinen Palisaden rundherum einkleben. Die Hölzchen mit Gummiband fixieren. Das Einkleben kann etwas knifflig sein, aber Sie werden es schon hinbekommen. Sowie der Leim abgebunden hat, nehmen Sie den Zylinder weg und füllen Ihren Spender mit Zahnstochern.

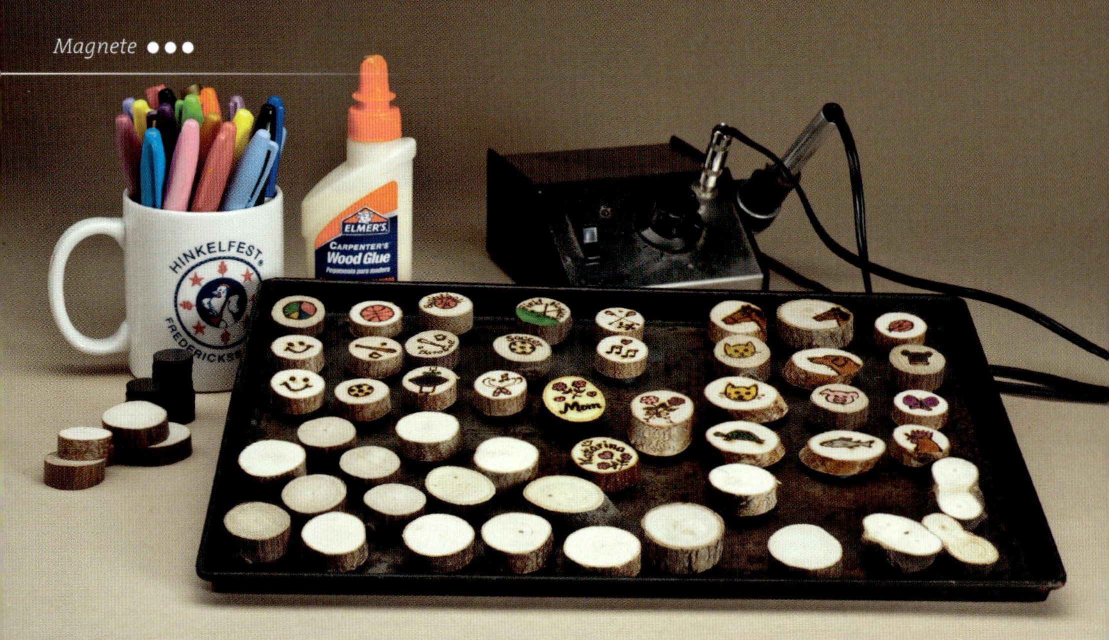

Magnete

Diese Magnete sind in wenigen Minuten fertiggestellt: Man schneidet beliebiges luftgetrocknetes Rundholz in Scheiben und schleift die Flächen glatt. Auf die Rückseite klebt man einen starken Magneten. Dann malt man mit dem Holzbrandgerät ein Motiv (oder Schrift) auf die Vorderseite und koloriert mit Permanentmarkern. Bei wirklich trockenem Astmaterial haben Sie keine Probleme, dass die Scheiben reißen oder sich die Rinde abschält. Gute Hölzer für dieses Projekt sind Stechpalme oder Ilex, Birke, Ahorn, Kirsche und Linde, doch viele andere sind ebenfalls geeignet.

MATERIALLISTE

- *Luftgetrocknetes Rundholz*
- *Handsäge oder japanische Zugsäge*
- *Schleifpapier*
- *Holzleim*
- *Magnete*
- *Farbige Permanentmarker*
- *Holzbrandgerät*

Übrigens: Magnete findet man in Telefonen, Stereoanlagen, Staubsaugern und Fernsehgeräten.

Magnetkompass

Machen Sie doch einmal einen Kompass selbst. Reiben Sie mit einem Magneten über eine Nadel, einen Nagel oder eine Büroklammer, und zwar stets in dieselbe Richtung. Andernfalls hat der Magnet keine Auswirkung auf die Nadel. Stechen Sie die Nadel durch einen etwa 6 mm dicken Korken oder Schaumstoff. Legen Sie den Korken in eine Tasse oder Schale Wasser (die auf einer ebenen Fläche stehen muss). Ihr Kompass zeigt nun in die Richtung des Ihnen nächstgelegenen Magnetpols.

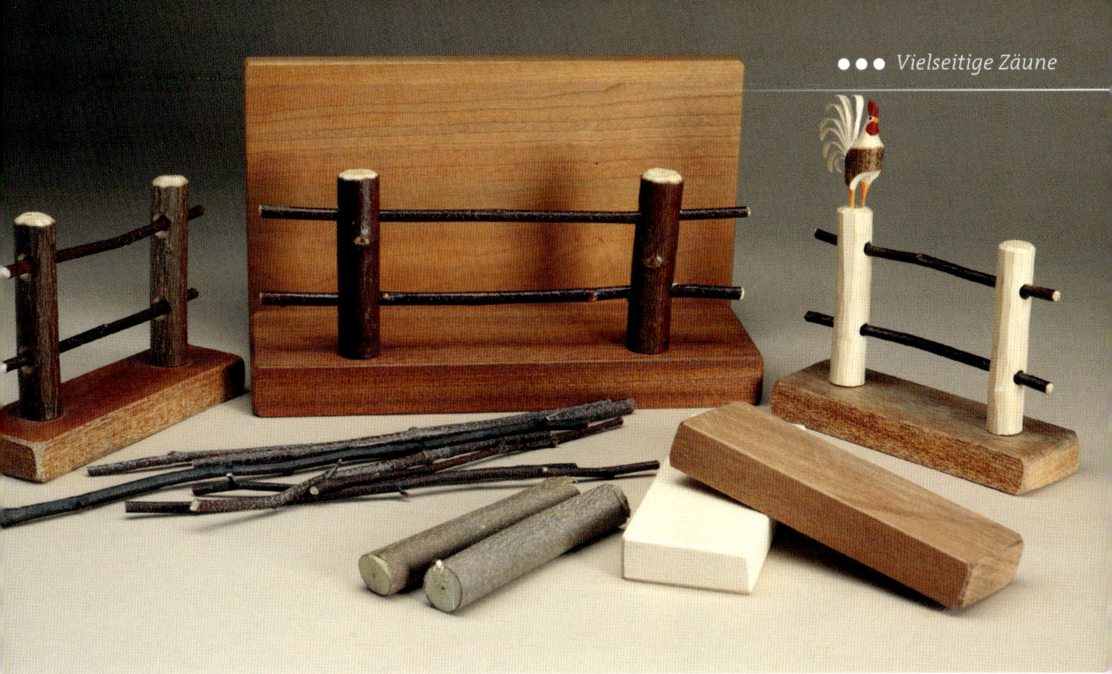

Vielseitige Zäune

Draußen sind Zäune ideal geeignet, um lästige Tiere aus dem Garten fernzuhalten oder den eigenen Hund daran zu hindern, sich an Nachbars Baum zu erleichtern. Wenn sie draußen so zweckmäßig sind, könnte man doch einen ebenso dienlichen Zaun für drinnen fertigen. Diese Miniaturzäune erfüllen, nach Bedarf vergrößert oder verkleinert, allerlei nützliche und dekorative Zwecke. Zu verwenden als Brief- oder Serviettenhalter oder als Kulisse für geschnitzte Hähnchen. Sie können für Ihre Kinder personalisierte Zaungestelle für Referate oder Hausaufgaben fertigen. Sie werden schon sehen, welche Verwendungszwecke Ihnen für dieses vielseitige Projekt noch einfallen werden.

MATERIALLISTE

- *Taschenmesser*
- *Bauholzreststücke für den Sockel*
- *Äste für die Zaunpfosten*
- *Dünne Zweige für die Zaunquerriegel*
- *Bohrmaschine und Bohrer*
- *Handsäge oder japanische Zugsäge*
- *Ahle oder Nagel*
- *Holzleim*

Übrigens: Wenn sie zum Essen geladen waren, brachten die Römer ***mappae*** *(Servietten) mit, um übrig gebliebene Speisen mitzunehmen.*

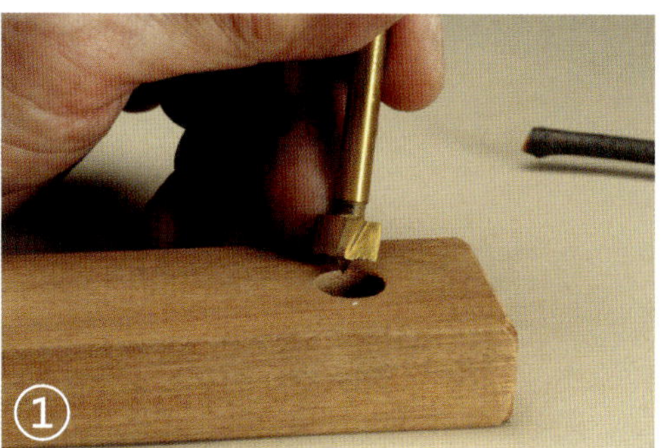

Den Sockel anfertigen. Dazu mit dem Bohrer die Löcher für die Zaunpfosten „graben". (Hier verwende ich einen Forstner-Bohrer.)

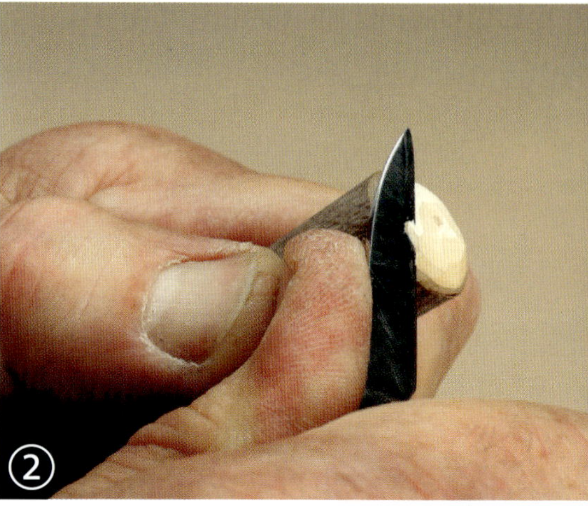

Die Oberkante der als Zaunpfosten gedachten Zweige mit dem Taschenmesser verrunden.

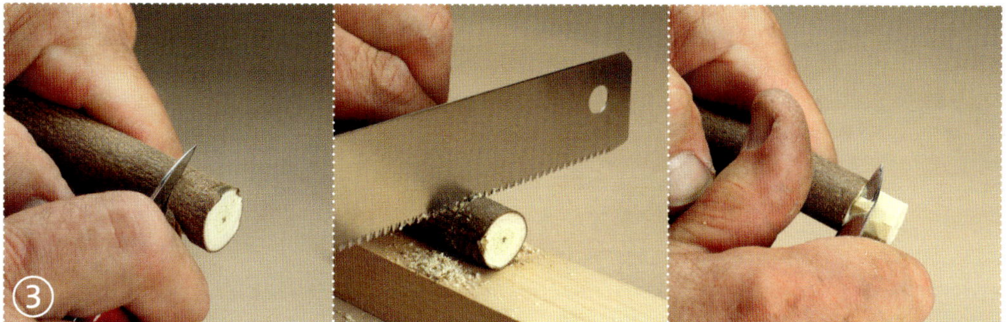

Mit Säge und Taschenmesser den unteren Teil der Zaunpfosten verjüngen, damit sie einerseits in die Bohrlöcher des Sockels passen und andererseits den Lochrand etwas überdecken. Das sieht sicherlich besser aus, als den Pfosten einfach in das Loch zu stecken, insbesondere wenn der Zaunpfosten nicht exakt rund ist.

Gartenzaun

Steht der Bau eines Gartenzauns auf Ihrer Aktivitätenliste? Wie wäre es mit einem Plankenzaun aus gespaltenem Zedernholz? Aufgrund seiner Schlichtheit ist ein Plankenzaun einfach zu bauen – ein tolles Eigenbau-Projekt. Darüber hinaus ist er eine preiswerte Alternative zu Zäunen in anderen Stilrichtungen. Zedernholz ist ideal für den Zaunbau, da es witterungsbeständiger ist als andere Hölzer.

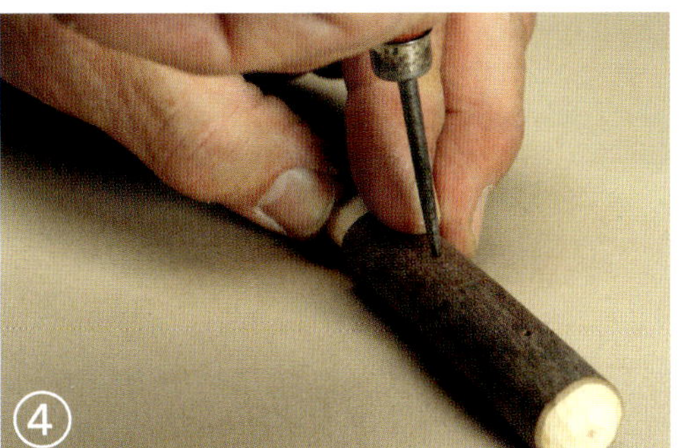

Mit einer Ahle (oder einem Nagel) auf den Zaunpfosten die Positionen der für die Zaunriegel zu bohrenden Löcher markieren.

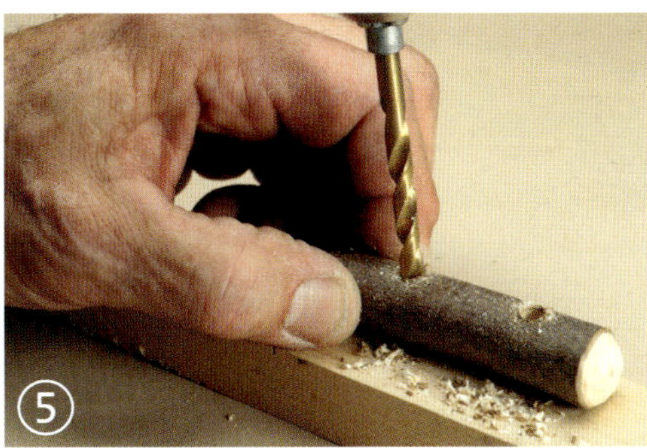

Die Löcher für die Riegel bohren. (Bohrt man Löcher in einen luftgetrockneten Ast, wird das Loch wesentlich sauberer als bei einem saftfrischen Ast.)

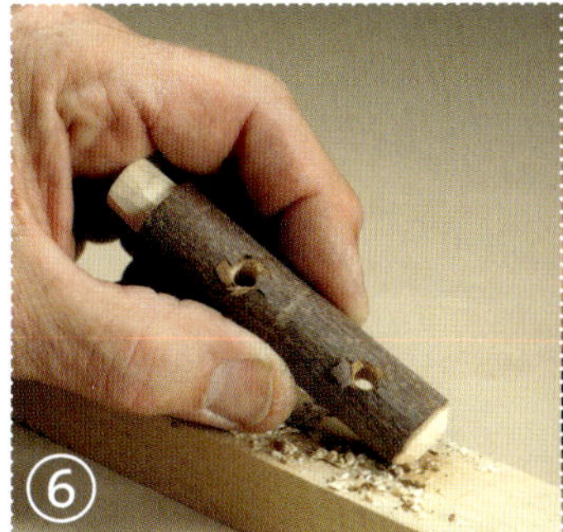

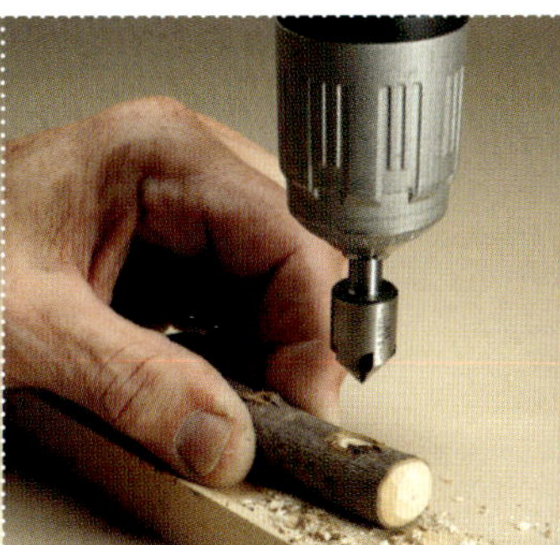

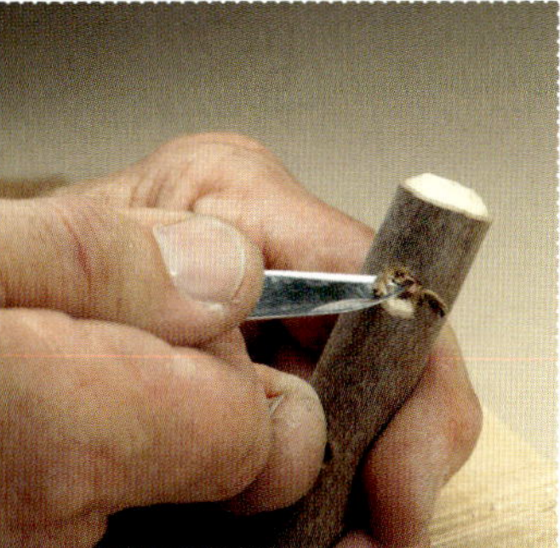

Zum Schluss sind die Löcher wahrscheinlich etwas ausgefranst, insbesondere auf der Seite des Pfostens, auf der der Bohrer heraustritt. Die rauen Lochränder mit einem Versenkbohrer oder der Spitze des Taschenmessers versäubern. Arbeiten Sie mit dem Taschenmesser, achten Sie darauf, in eine Richtung zu arbeiten, die es Ihnen erlaubt, so viel Rinde zu behalten, wie Sie wollen.

Unterzeichnet und versiegelt

Früher verschloss der Absender seine Briefe mit heißem Wachs, in das er mit einem Siegelstempel ein spezielles Symbol drückte. War das Wachssiegel unversehrt, wusste der Empfänger des Briefes, dass er nicht zuvor geöffnet worden war. Versuchen Sie anhand der in diesem Buch erläuterten Methoden ein eigenes Siegel selbst zu schnitzen.

Die Zaunpfosten in den Sockel einsetzen, die Riegel in die Pfosten schieben und mit etwas Holzleim den Zaun stabil zusammenhalten.

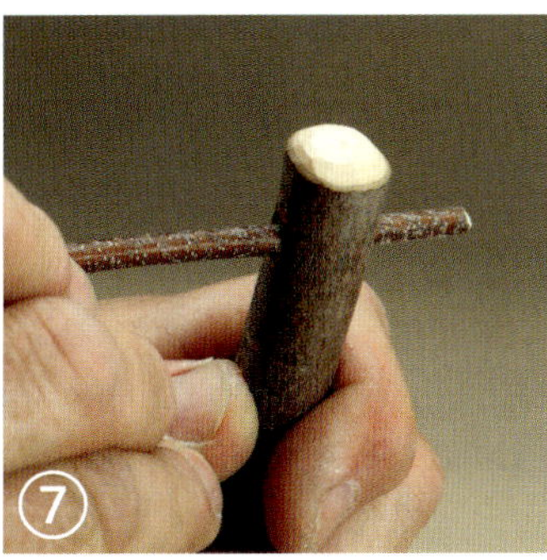

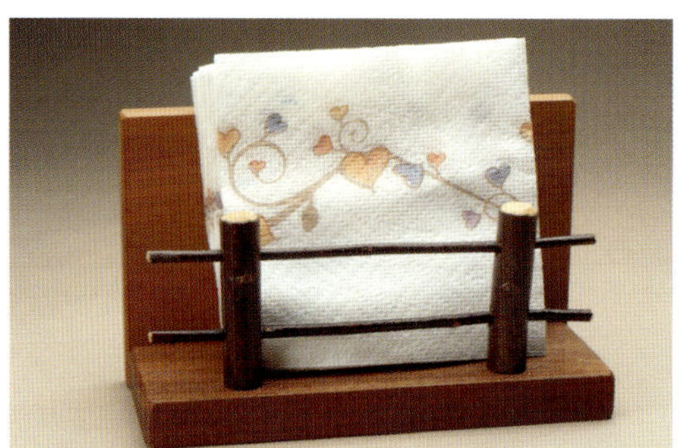

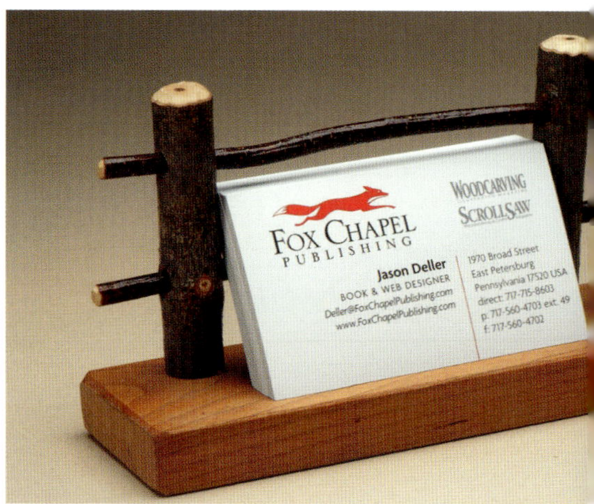

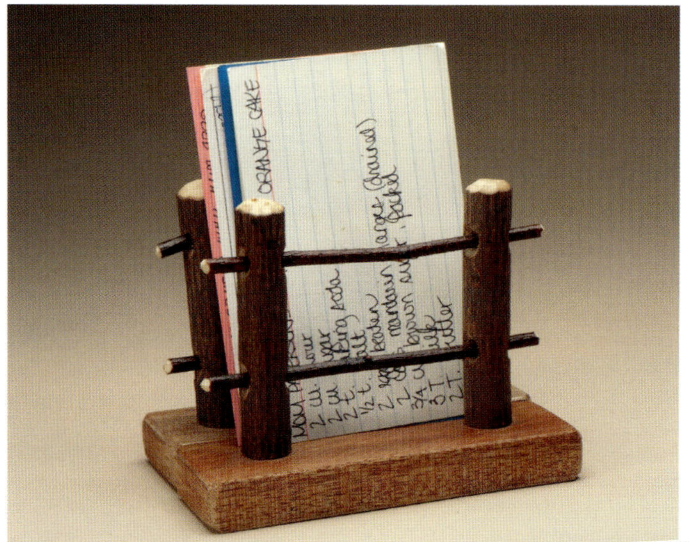

Wie in den Fotos auf diesen beiden Seiten abgebildet, ist Ihr Küchenzaun vielseitig verwendbar: als Serviettenhalter, Briefgarage, Rezept- oder Visitenkartenhalter oder als Hühnerstange für geschnitztes Geflügel (Seite 73).

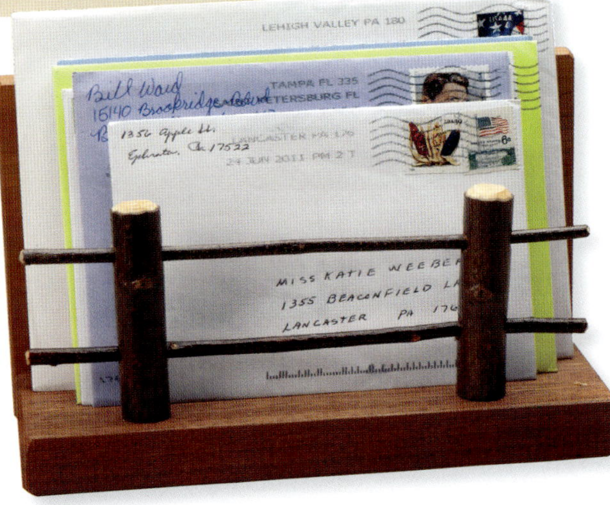

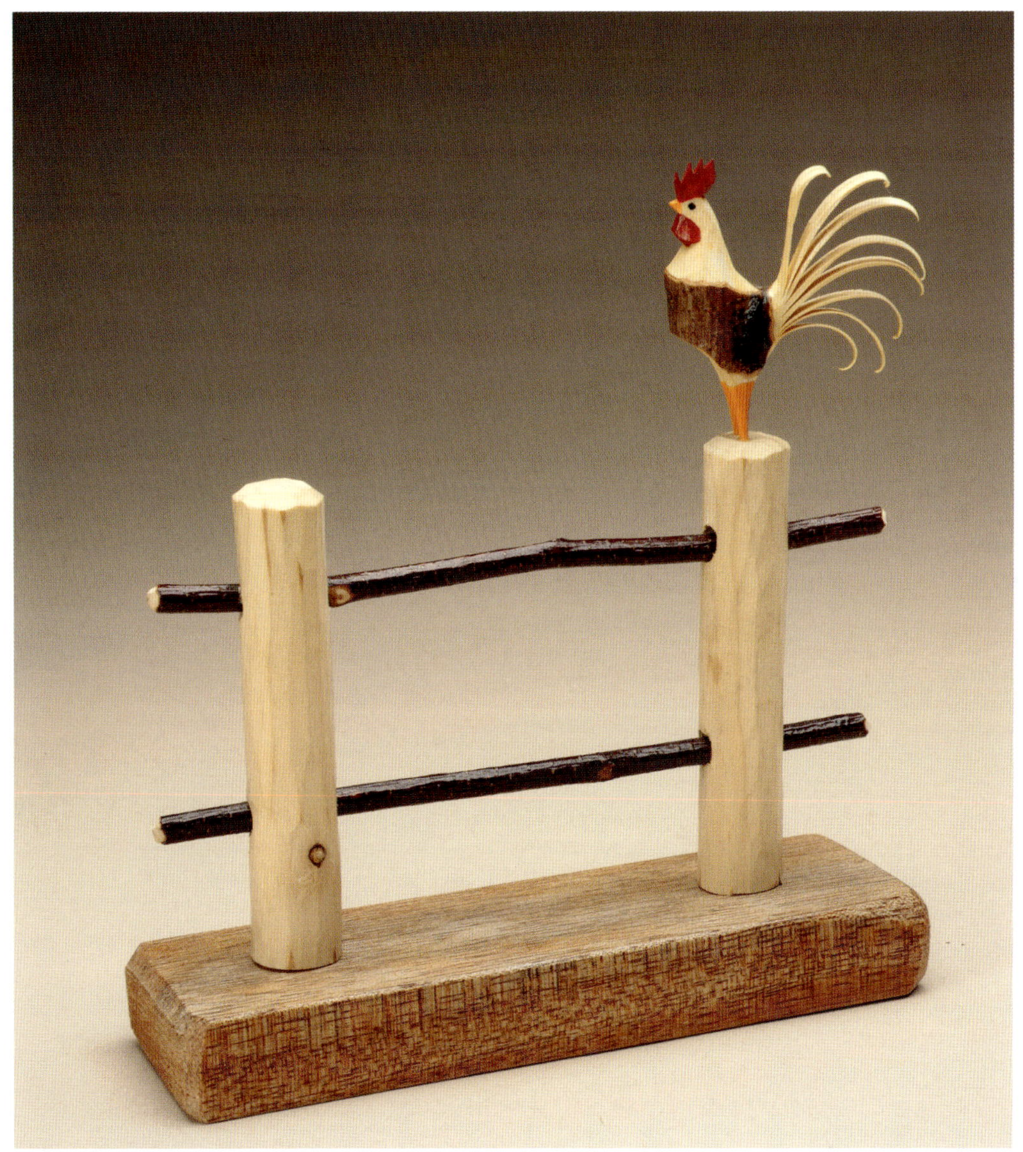

Die Sprache der Visitenkarte

Andere Länder, andere Sitten. Das gilt auch für das Entgegennehmen von Visitenkarten. In China, Korea und Japan sollten Sie Ihre Visitenkarte mit beiden Händen überreichen und stets die Ihre aushändigen, ehe Sie jemanden um die seine bitten. In Indien und islamischen Ländern sollten Sie Ihre Visitenkarte stets mit der rechten Hand übergeben und darauf achten, dabei keine wichtigen Daten zu verdecken.

Dekoprojekte und Geschenkideen

Es ist immer gut, wenn man Schönes mit Nützlichem verbinden kann. Es gibt viele Dinge auf der Welt, die von ungeheurem Nutzen sind, aber offen gesagt einfach nicht besonders attraktiv aussehen.

Auf der anderen Seite gibt es Dinge, die ausgesprochen hübsch anzusehen sind, aber anscheinend keinerlei praktischen Nutzen haben. (Nun gut, ich gebe zu, dass es auch bereits als nützlich, wertvoll und praktisch angesehen werden kann, wenn etwas schön ist und man sich an dieser Schönheit erfreut.) Sei's drum, die Projekte in diesem Kapitel sind – sofern man nicht von Schönheit sprechen will – zumindest einigermaßen attraktiv und sie dienen einem nützlichen Zweck, selbst wenn dieser Zweck nur darin besteht, ein herzliches Lachen hervorzurufen, wie bei der ländlichen Wetterstation.

Sieht man vom praktischen Nutzen und guten Aussehen ab, ergibt jedes Projekt dieses Kapitels (und des ganzes Buches) ein tolles Geschenk. Im Falle der Strick- (Seite 53) und der Häkelnadeln (Seite 56) kann der/die Beschenkte sogar das Geschenk verwenden, um jemand anderem wiederum ein Geschenk anzufertigen. Ein Projekt wie der Kranz (Seite 38) lässt sich je nach Jahreszeit unterschiedlich schmücken.

Manches fertige Stück kann man tragen, andere sind zum Aufhängen gedacht und wieder andere stellt man neben ein Lieblingsfoto aufs Regal. Noch weitere kann man verwenden, um einen Tischläufer als Familienerbstück oder aber einen Winterschal zu fertigen. Es gibt die unterschiedlichsten Möglichkeiten, um Sie und Ihre Kreativität herauszufordern.

Sehen Sie hier eine Zusammenstellung witziger und praktischer Dinge.

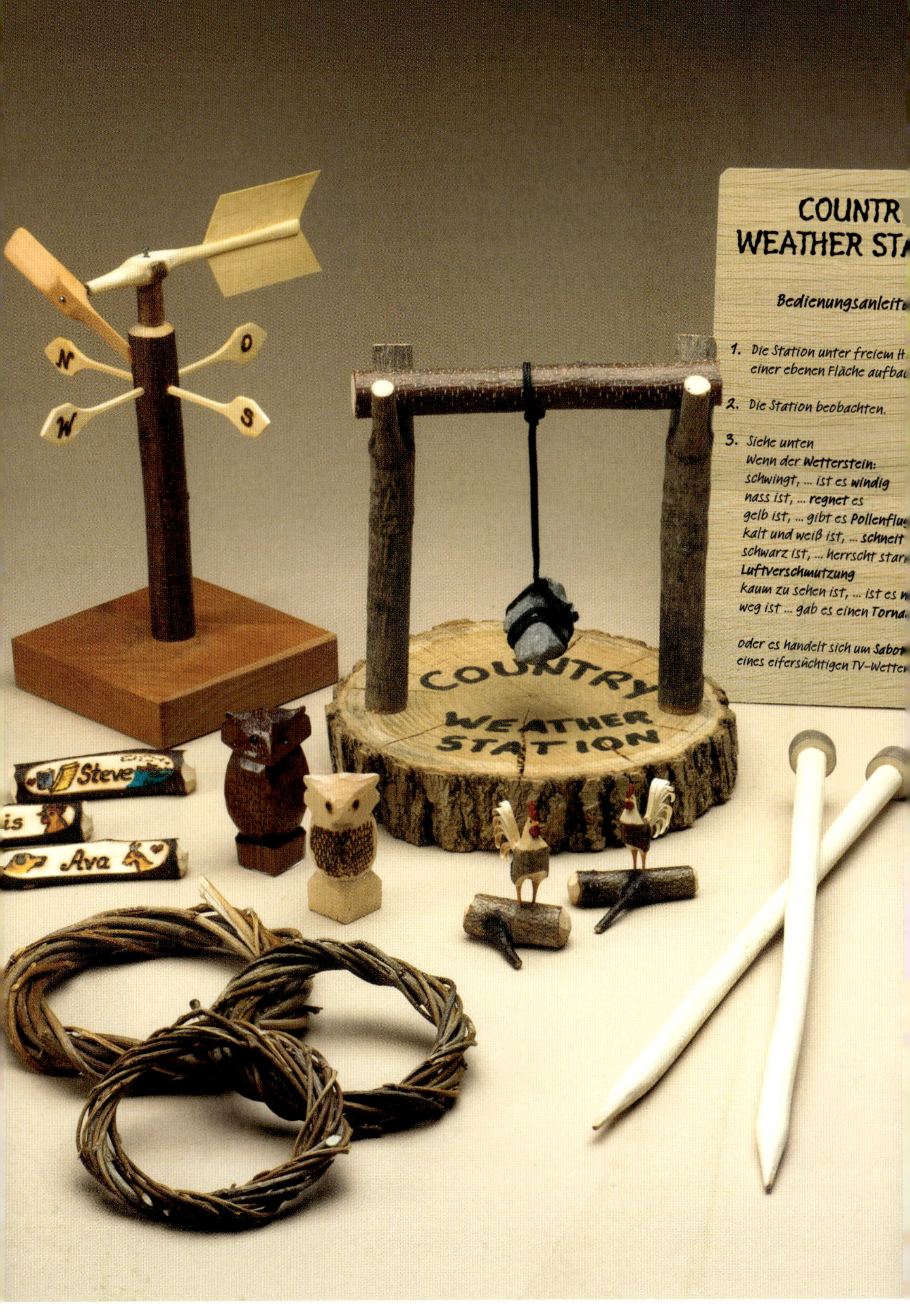
COUNTR
WEATHER ST
Bedienungsanleit
1. Die Station unter freiem H
einer ebenen Fläche aufba
2. Die Station beobachten.
3. Siehe unten
Wenn der Wetterstein:
schwingt, ... ist es windig
nass ist, ... regnet es
gelb ist, ... gibt es Pollenflu
kalt und weiß ist, ... schneit
schwarz ist, ... herrscht star
Luftverschmutzung
kaum zu sehen ist, ... ist es
weg ist ... gab es einen Torna
oder es handelt sich um Sabo
eines eifersüchtigen TV-Wetter
COUNTRY
WEATHER
STATION
N
O
W
S
Steve
is
Ava

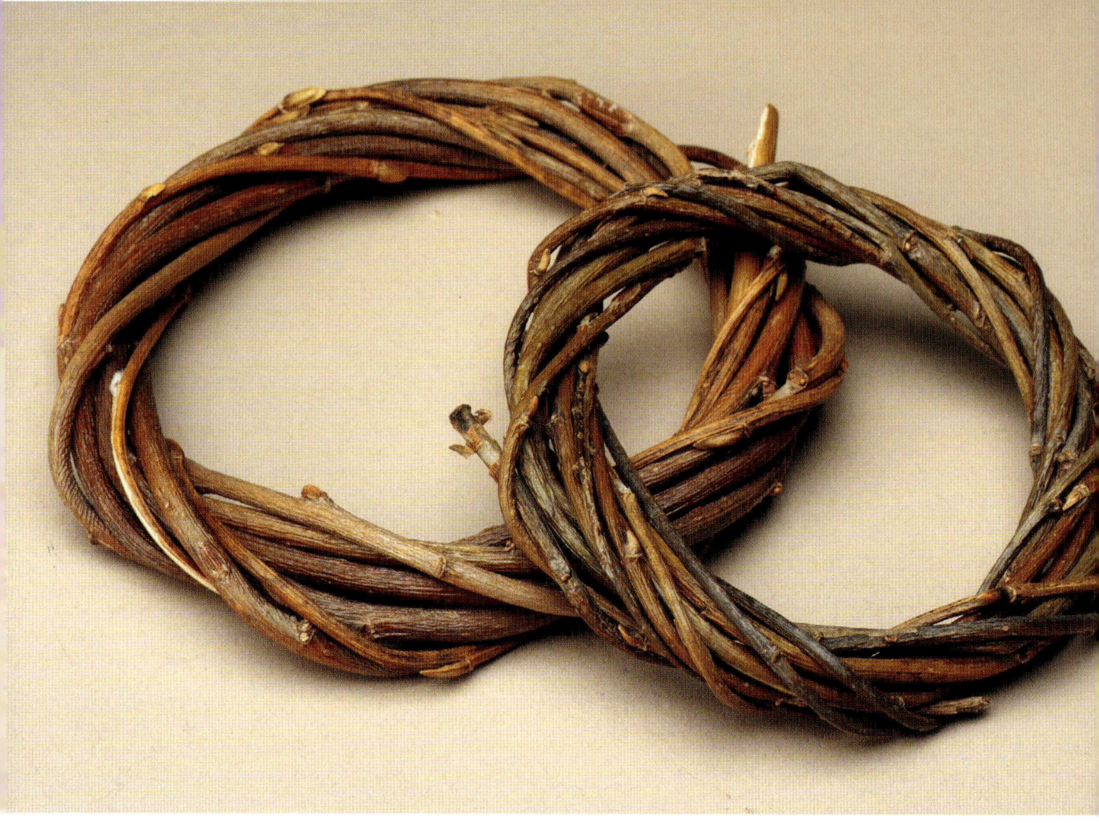

Kränze

Für die hier gezeigten Kränze habe ich frische Trauerweidenzweige verwendet. Sie müssen jedoch nicht unbedingt frisch geschnitten sein. Sind sie einfach nur vom Baum abgefallen und noch sehr biegsam und nicht spröde, kann man mit ihnen gut arbeiten. Auch andere lange, dünne Äste oder verschiedene Weinrebenarten kann man verarbeiten. Achten Sie jedoch darauf, nicht an den giftigen Efeu zu geraten. Das ist zwar eine schöne Pflanze, aber ich fürchte, der Schaden, den Sie persönlich erleiden könnten, wäre ein etwas zu hoher Preis.

MATERIALLISTE

- *Trauerweidenzweige*
- *Messer zum Zuschneiden der Zweige*

Für Kränze gibt es die unterschiedlichsten Verwendungszwecke. Man kann praktisch alles in ihrer Mitte präsentieren – ob kleine Schnitzereien, Fotos, Miniaturbäumchen, ob Eicheln, Kiefernzapfen, Samenkügelchen vom Bergahorn oder kleine Glöckchen. Entweder klebt man sie auf den Kranz oder bindet sie mit Faden, Schnur oder Band daran. Ihr Projekt, Ihre Wahl! Wenn Sie den ersten Kreis wesentlich größer machen und viele Zweige oder Reben einflechten, wird natürlich auch das Ergebnis deutlich größer. Auf der anderen Seite können Sie mit sehr kleinen Zweigen ganz kleine Kränze bis hin zu fingerringgroßen Kränzen anfertigen.

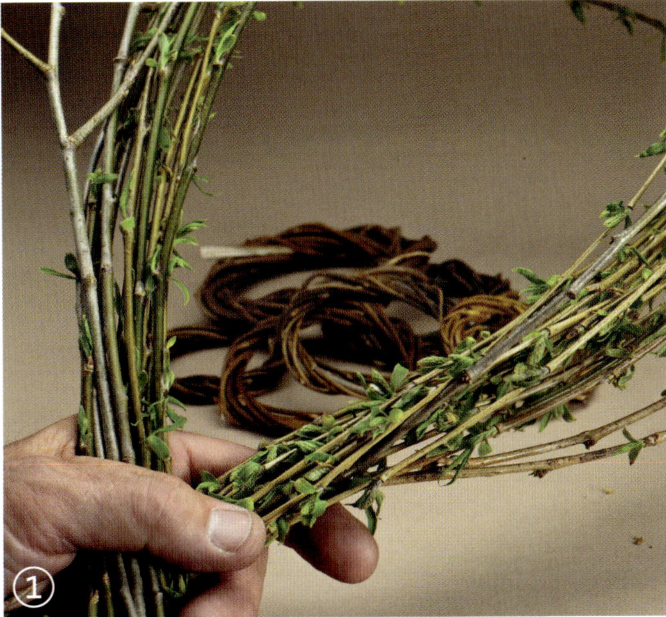

Ich beginne mit einem Bündel Weidenzweigen aus dem Garten meines Nachbarn Fred. (Ich glaube sogar, Fred wäre froh gewesen, wenn ich den ganzen Baum genommen hätte. Die meiste Zeit im Jahr ist der Baum wirklich schön, aber manchmal macht er auch sehr viel Dreck. Wie auch immer, er war froh, dass ich einige der tief herabhängenden Zweige mitgenommen habe.)

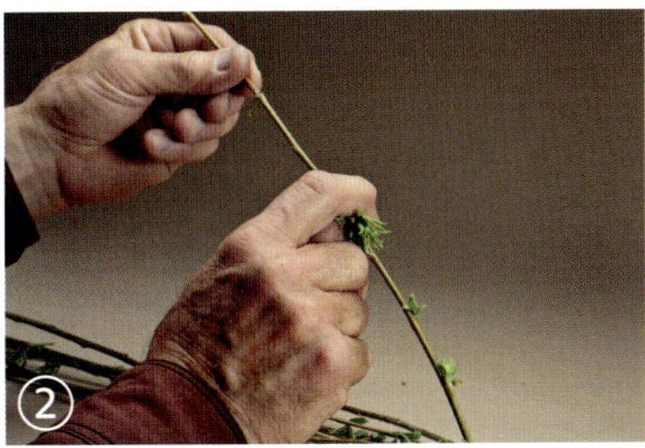

Sehen Sie all die zarten Frühlingsblätter an den Zweigen? Die müssen alle weg. Ziehen Sie zum Entfernen der Blätter die Zweige durch die Finger.

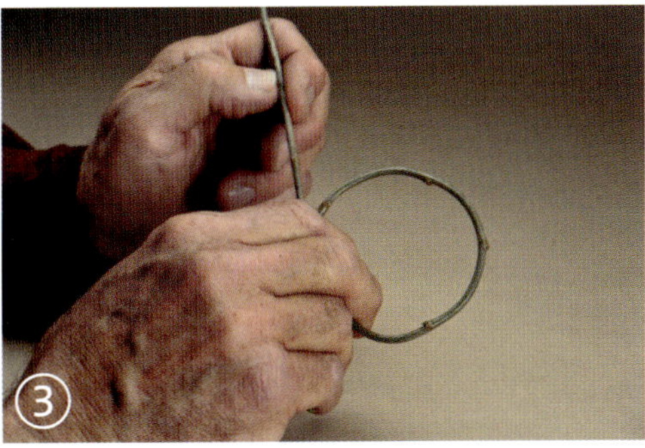

Das starke Zweigende zu einem Kreis formen.

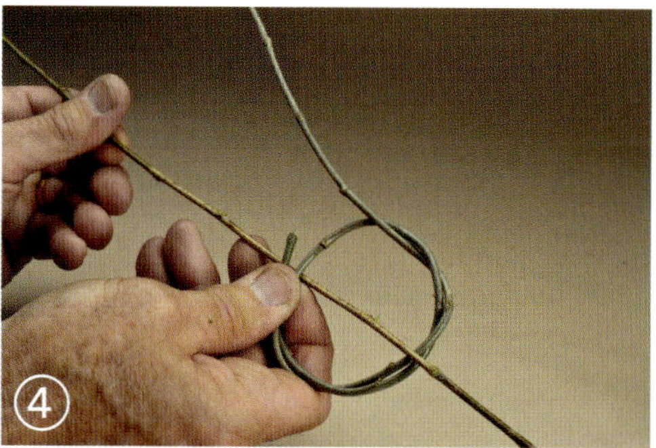

Den Zweig weiter um den ersten Kreis flechten, dabei die Zweigspitze jeweils über und unter den Kreis flechten.

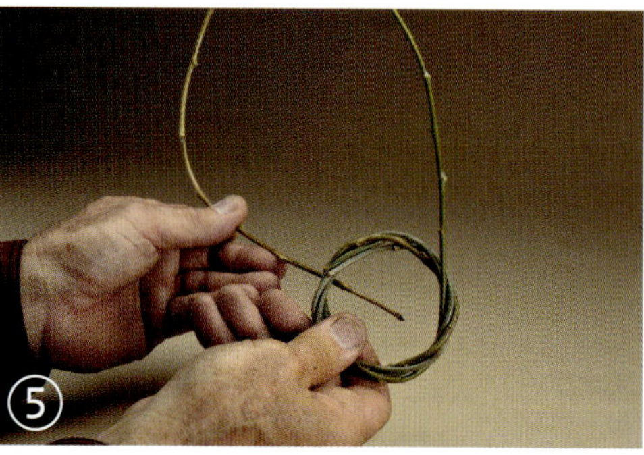

Der Kranz wird beim Flechten immer dicker, bis Sie schließlich an das Zweigende gelangen.

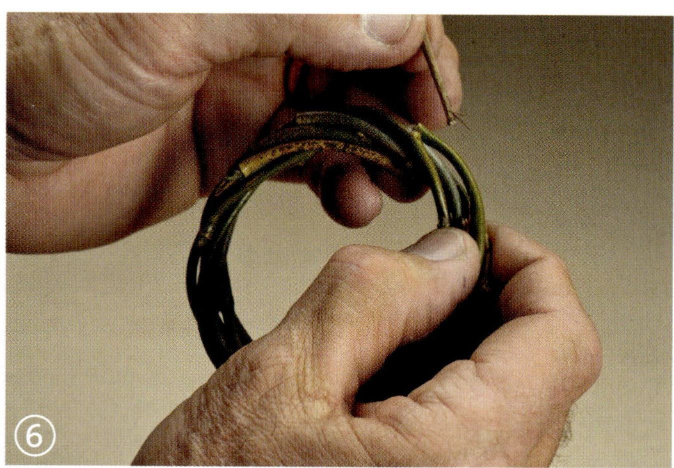

Das Zweigende fest in den Kranz stecken. Ggf. müssen Sie das Ende abschneiden, wenn es zu weit herausragt. Wenn der Kranz dann trocknet, härtet er aus und verbleibt in der abschließend geflochtenen Form.

Infos zur Trauerweide

Wie der Name schon sagt, wird die Trauerweide mit Trauer in Verbindung gebracht. In China oder der Türkei pflanzt man den Baum, um den Verlust eines geliebten Menschen anzuzeigen. Bei Regen sieht es aus, als würde der Baum weinen. Das Wasser läuft die Zweige hinab und fällt wie Tränen von den Zweigenden zu Boden. Unabhängig von dieser Symbolik sind Trauerweiden überaus lebendige Bäume, die gut und gerne 21 m hoch und entsprechend dick werden können. Ihre Wurzeln sind genauso eindrucksvoll und Hauseigentümer sollten gut überlegen, wo sie einen derartigen Baum pflanzen wollen. Fundamente, Kanalisation und andere unterirdische Einrichtungen könnten Schaden nehmen.

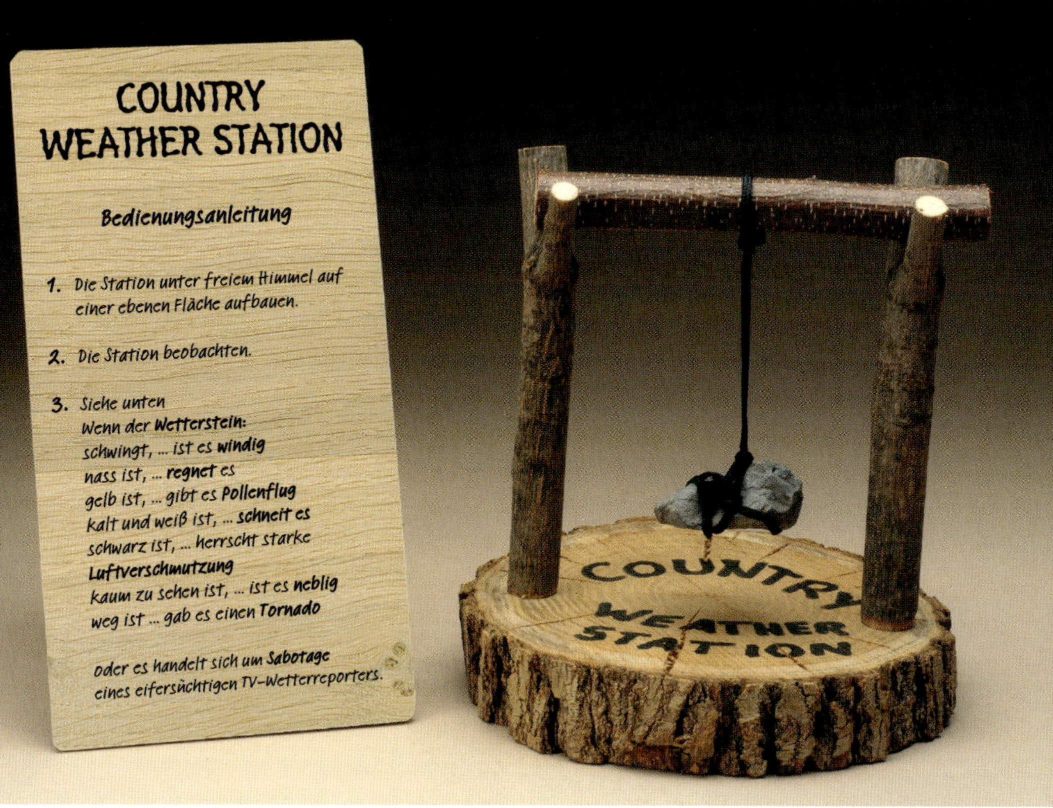

Ländliche Wetterstation

Dieses Projekt eignet sich besonders für den Campingfreund, der draußen eine Wettervorhersage benötigt. Es funktioniert aber auch zu Hause. Stellen Sie die Station auf die Veranda oder im Freien auf einen Fenstersims und schauen Sie immer nach, wenn Sie das Haus verlassen. Sie wissen dann stets, was Sie anziehen müssen. Verfügen Sie über eine derartige Wetterstation, können Sie das Wetter tatsächlich wesentlich genauer bestimmen als die übliche Wetterfee im Fernsehen!

Je nachdem, wo Sie wohnen, können Sie auch noch weitere für Ihre Region typische Wetterverhältnisse in die Wetterkarte mit aufnehmen.

MATERIALLISTE

- *Taschenmesser*
- *Zwei Astgabeln*
- *Ein gerader Zweig*
- *Eine Holzscheibe*
- *Ein kleines Brett*
- *Schnur*
- *Ein kleiner Stein*
- *Bohrmaschine und Bohrer*
- *Handsäge oder Zugsäge*
- *Permanentmarker*

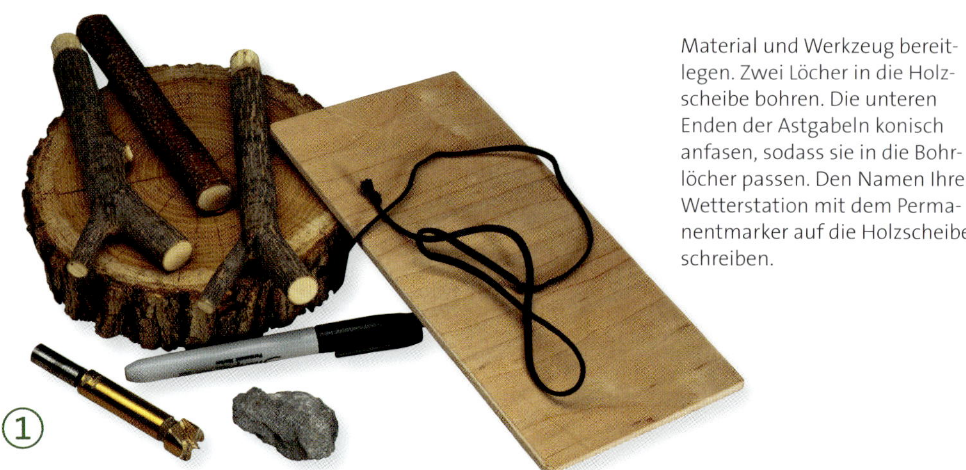

Material und Werkzeug bereitlegen. Zwei Löcher in die Holzscheibe bohren. Die unteren Enden der Astgabeln konisch anfasen, sodass sie in die Bohrlöcher passen. Den Namen Ihrer Wetterstation mit dem Permanentmarker auf die Holzscheibe schreiben.

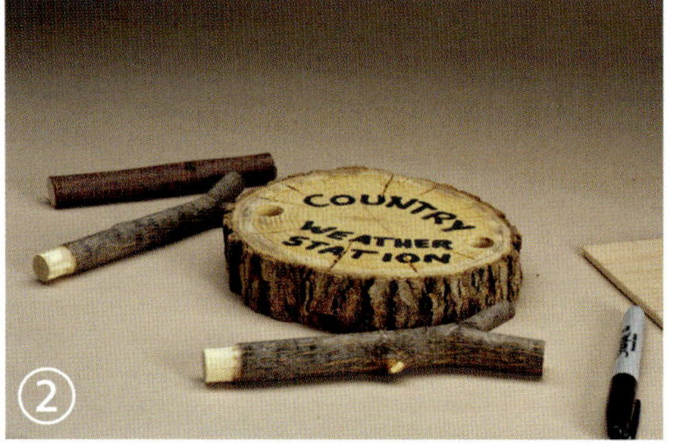

Hier sehen Sie, was nach Schritt 1 vorhanden sein sollte.

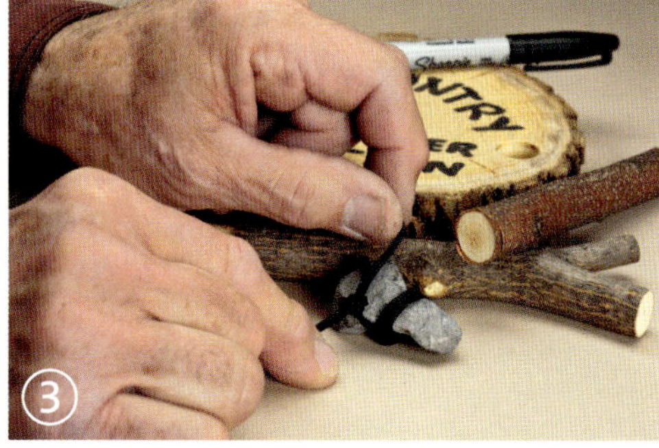

Ein Schnurende fest um den Stein, das andere um den geraden Zweig binden.

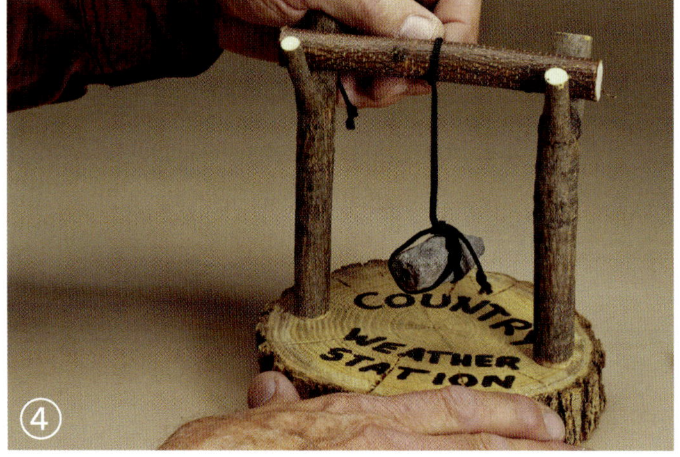

Die Astgabeln in die Bodenscheibe einsetzen und den geraden Zweig in die Gabeln legen. Der Stein muss frei schwingen können. Das ist für die Genauigkeit besonders wichtig!

COUNTRY WEATHER STATION

Bedienungsanleitung

1. Die Station unter freiem Himmel auf einer ebenen Fläche aufbauen.

2. Die Station beobachten.

3. Siehe unten
   Wenn der **Wetterstein:**
   schwingt, ... ist es **windig**
   nass ist, ... **regnet** es
   gelb ist, ... gibt es **Pollenflug**
   kalt und weiß ist, ... **schneit** es
   schwarz ist, ... herrscht starke **Luftverschmutzung**
   kaum zu sehen ist, ... ist es **neblig**
   weg ist ... gab es einen **Tornado**

   oder es handelt sich um **Sabotage** eines eifersüchtigen TV-Wetterreporters.

5

Mit dem Permanentmarker die „Bedienungs- und Interpretationsanleitung“ auf das kleine Brett schreiben. Staunen Sie über die Genauigkeit Ihrer Wetterstation.

Wettervorhersage

Können Sie das Wetter vorhersagen? Im Folgenden finden Sie einige hilfreiche Tipps für die Vorhersage.

1. Löwenzahn, Tulpe und Acker-Gauchheil schließen Ihre Blüten, wenn es schlechtes Wetter gibt.
2. Kühe legen sich vor dem Regen gerne hin.
3. Hohe, weiße Wolken zeigen gutes Wetter an, bilden die Wolken grauen Dunst, gibt es Regen, ziehen sich tief liegende, dunkle Wolken zusammen, gibt es Sturm.
4. Steigt der Rauch des Lagerfeuers senkrecht auf, gibt es gutes Wetter, zieht er zur Seite ab oder wird er wieder heruntergedrückt, so kommt schlechtes Wetter.
5. Hört man keine Tiere mehr in der Umgebung, kommt wahrscheinlich bald ein schwerer Sturm auf.
6. Vor einem Sturm ist die Luft mit Feuchtigkeit gesättigt. Die Pflanzen der Umgebung riechen dann besonders stark und es „riecht“ nach Regen.

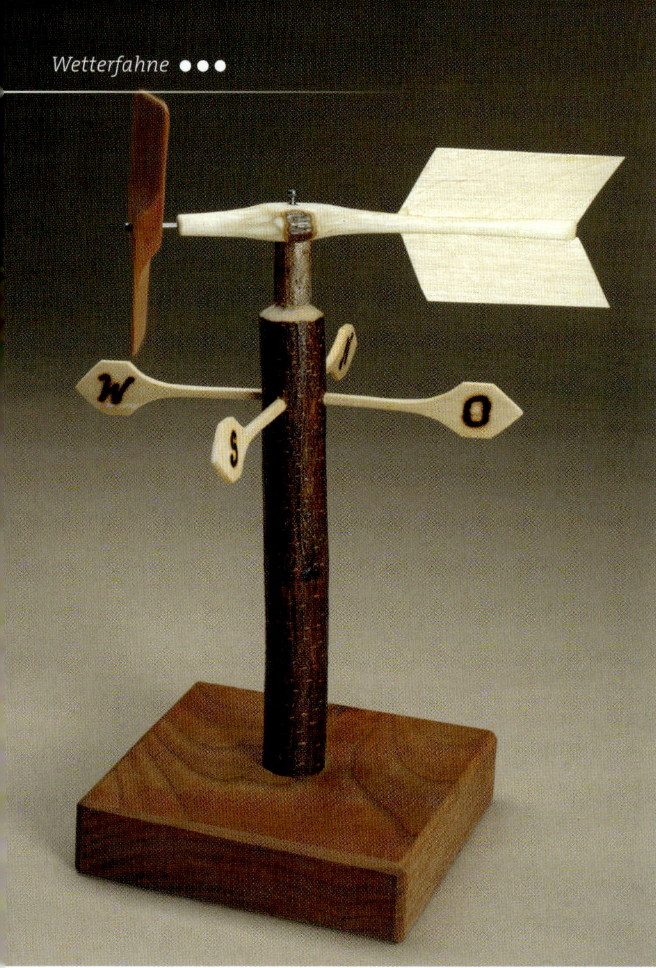

MATERIALLISTE

- *Taschenmesser*
- *Mehrere gerade Äste*
- *Reste von dünnem, ebenem Bauholz*
- *Geradfaseriges Holz zum Schnitzen des Propellers*
- *Holzklotz für den Sockel*
- *Schleifpapier*
- *Kleine Nägel*
- *Schraube*
- *Bohrmaschine und Bohrer*
- *Filzstift und Bleistift*
- *Holzleim*
- *Kugelschreiberersatzmine*
- *Holzbrandgerät (falls gewünscht)*

Wetterfahne

Kombinieren Sie dieses Projekt mit der ländlichen Wetterstation, und Sie werden weit und breit der beste Wetterfrosch sein. Lassen Sie sich von der Menge der hierzu benötigten Teile nicht einschüchtern. Folgen Sie einfach nur Schritt für Schritt den Anleitungen, und schon bald montieren Sie voller Stolz Ihre eigene Wetterfahne. Wie bei allen Projekten in diesem Buch können Sie auch die Wetterfahne so groß oder so klein gestalten, wie es Ihnen beliebt. Ich wählte hier wie üblich eine Miniaturversion.

Übrigens: Die größte Wetterfahne ist 14,6 m hoch und hat einen 7,92 m langen Windpfeil.

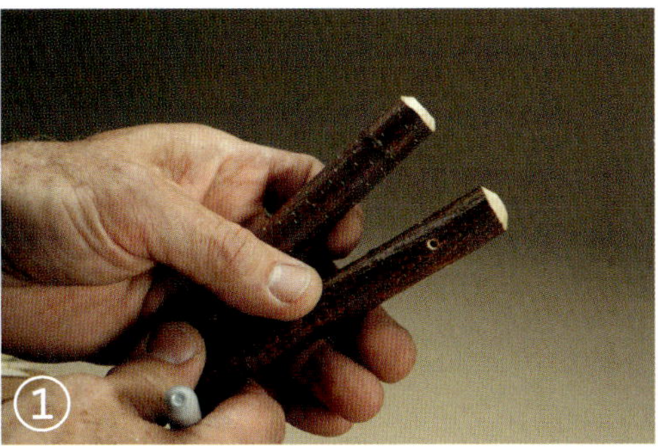

Zweige wie diese dienen als vertikaler Hauptpfosten der Wetterfahne. In den rechten Zweig sind die Löcher der Anzeigearme für Nord-, Süd-, Ost- und Westrichtung bereits gebohrt.

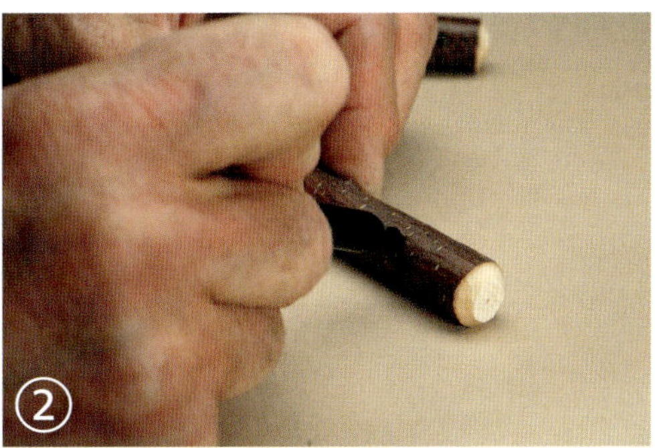

Auf dem vertikalen Pfosten die Positionen der Löcher, in die die Anzeigearme eingesetzt werden, markieren.

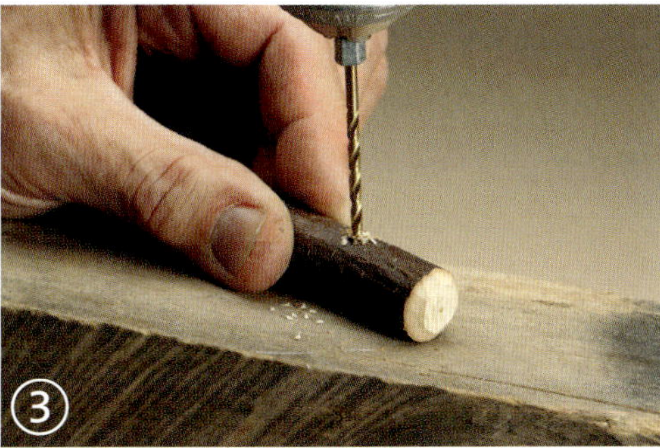

Die vier Löcher bohren.

Eine Wetterfahne für den Präsidenten

Im Auftrag George Washingtons wurde im Jahre 1787 eine von Joseph Rakestraw gebaute Wetterfahne auf der Kuppel von Mount Vernon (Landsitz Georg Washingtons in Virginia) angebracht. Sie hat die Form einer Friedenstaube, die einen Olivenzweig im Schnabel hält.

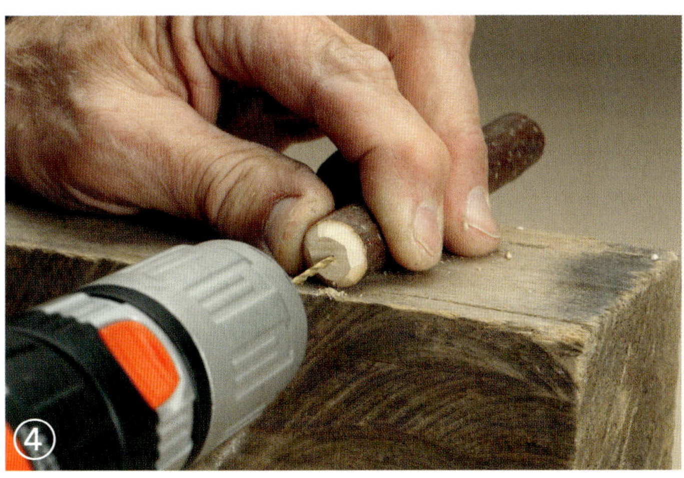

In das Kopfende des vertikalen Pfostens mittig ein Loch bohren. Hier hinein wird der Windpfeil der Wetterfahne gesteckt.

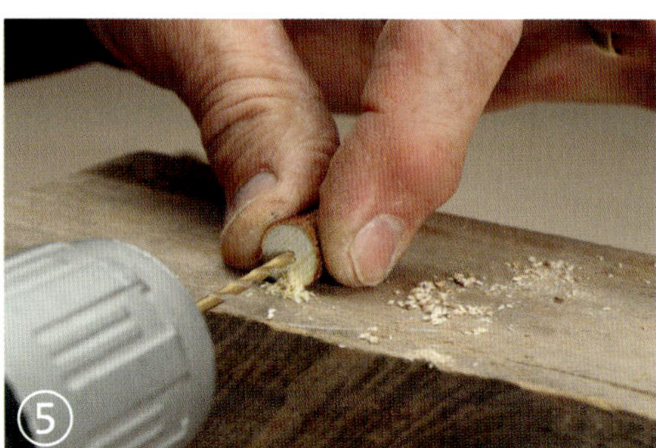

Schneiden Sie einen kleinen Abstandshalter, dessen Durchmesser kleiner ist als der des vertikalen Pfostens, und bohren Sie mittig ein Loch hinein. Sein Platz ist zwischen Pfosten und Windpfeil.

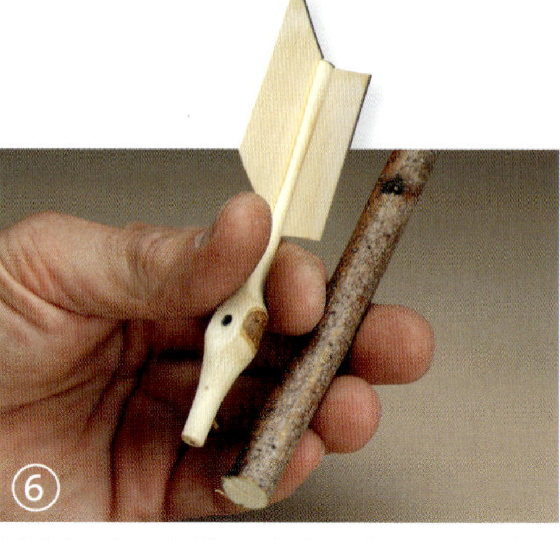

Ich habe einen Rohling wie diesen benutzt, um den Schaft des Windpfeils für meine Wetterfahne zu schnitzen.

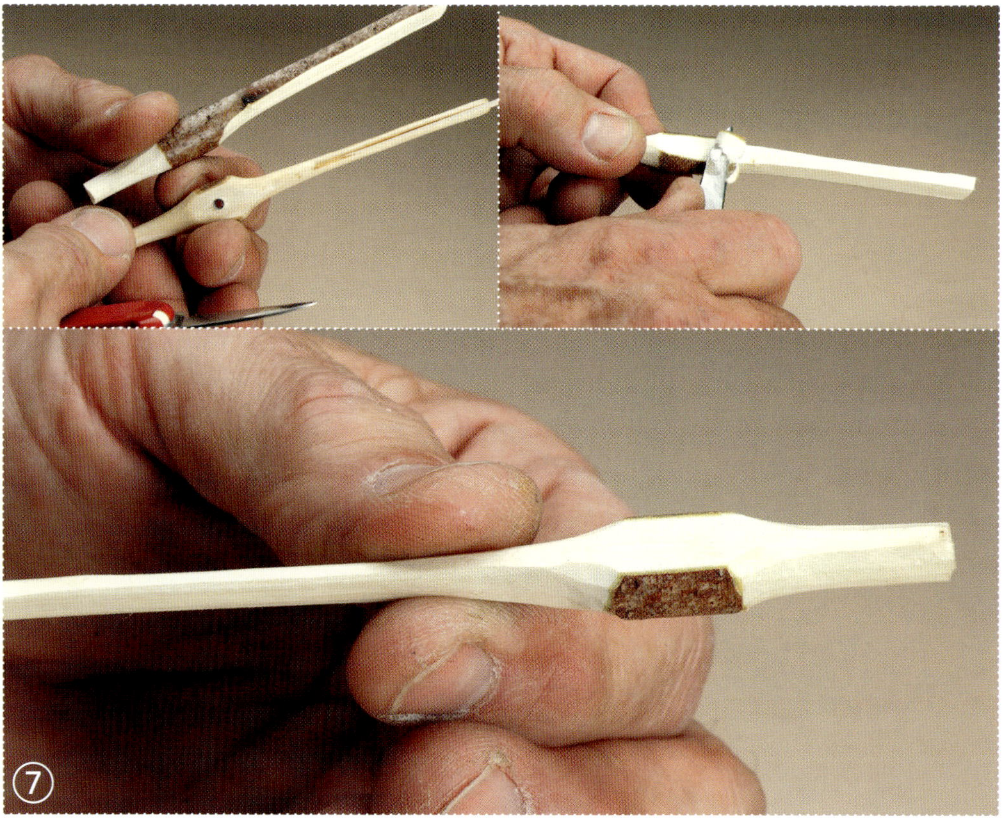

Wählen Sie einen Rohling nach Wunsch und schnitzen Sie den Schaft des Windpfeils. Belassen Sie dabei etwa ein Drittel ab dem vorderen Ende des Schafts eine breite, ebene Fläche.

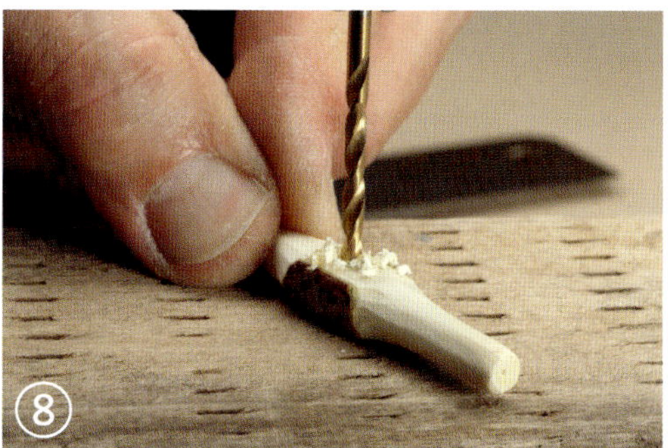

Mittig in die breite, ebene Fläche des Pfeilschafts ein Loch bohren.

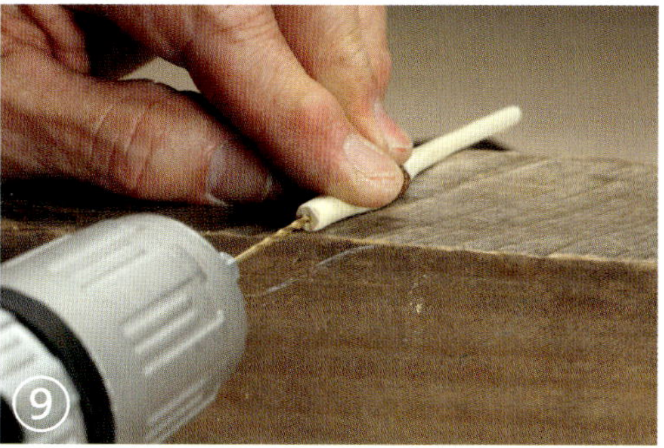

Mittig in die Kopfseite des Pfeilschafts ein Loch bohren. Es ist für den Nagel gedacht, mit dem der Propeller am Pfeil befestigt wird. (Sollten Sie den Nagel mit dem Hammer in den Pfeil einschlagen wollen, ohne das Loch vorgebohrt zu haben, wird der Schaft mit an Sicherheit grenzender Wahrscheinlichkeit reißen.)

Sicherheit beim Bohren

Bei den Schritten 8 und 9 dieses Projekts halte ich den Pfeilschaft beim Bohren mit den Fingern fest. Haben Sie dabei ein ungutes Gefühl, können Sie das Teil an der Werkbank festspannen. Die Verwendung einer Schraubzwinge beim Bohren verhindert Werkstattunfälle.

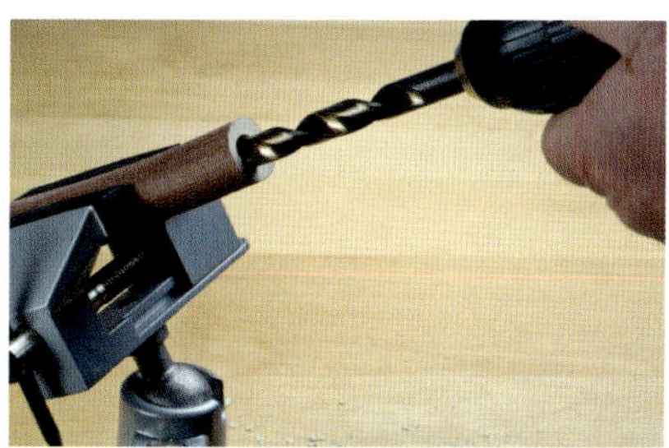

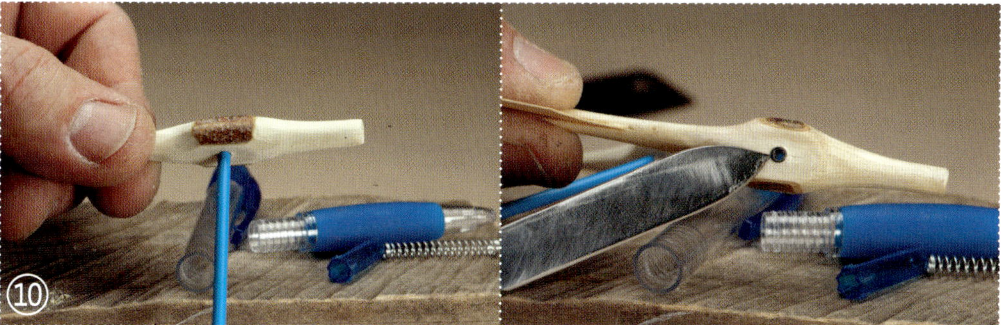

Ich habe aus einem Stückchen einer Kugelschreiberersatzmine eine Kunststoffbuchse für den Windpfeil hergestellt, indem ich die Mine in das Zapfenloch gesetzt habe, das ich in die breite Fläche des Windpfeilschaftes gebohrt hatte. Der Mineninnendurchmesser war minimal größer als der Durchmesser des Nagels, mit dem ich den Pfeil am Schaft befestigt habe.

Mit der Messerspitze vorsichtig eine lange Rille auf der Ober- und Unterseite der hinteren Hälfte des Pfeilschaftes (hinter der breiten Fläche) schnitzen. Später leimt man hier die Seitenruder an.

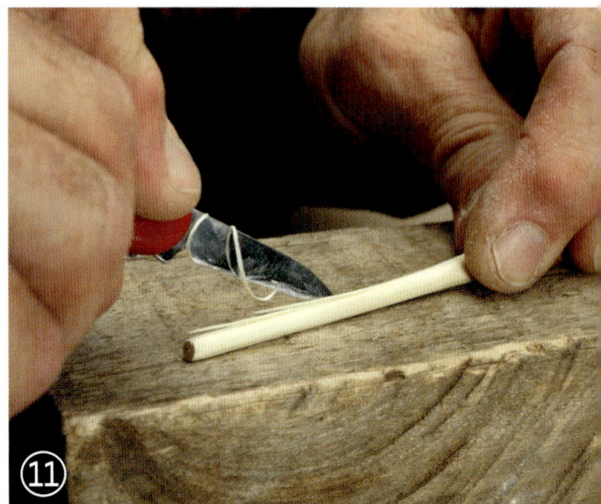

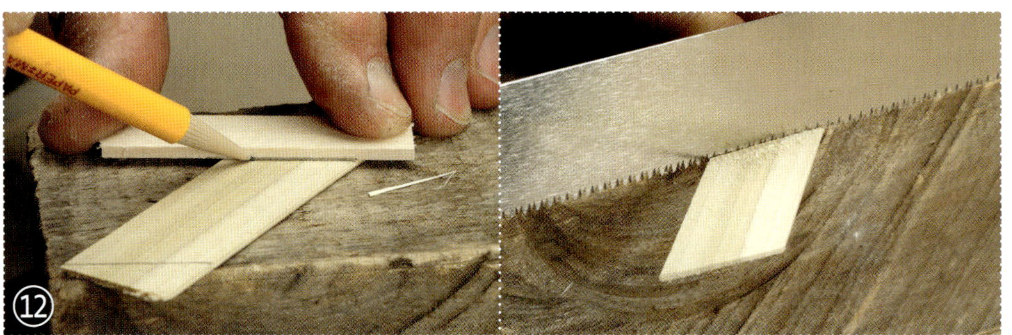

Aus einem der dünnen Bauholzreste zwei kleine Seitenruder schneiden (das Holz muss wirklich sehr dünn sein). Mit Schleifpapier glätten.

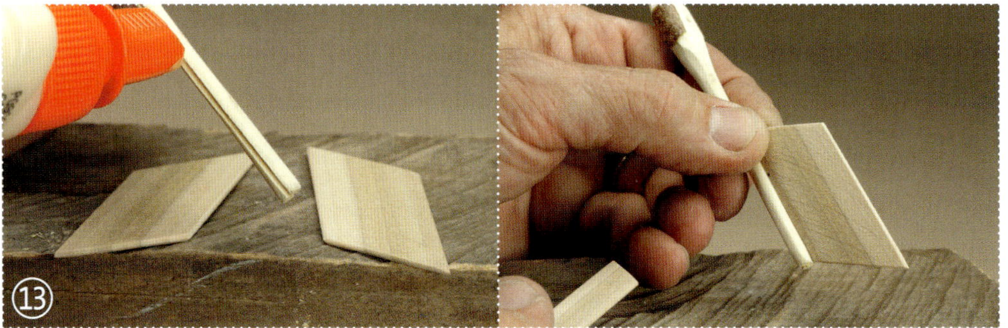

Die beiden Seitenruder in die Rillen im Pfeilschaft kleben.

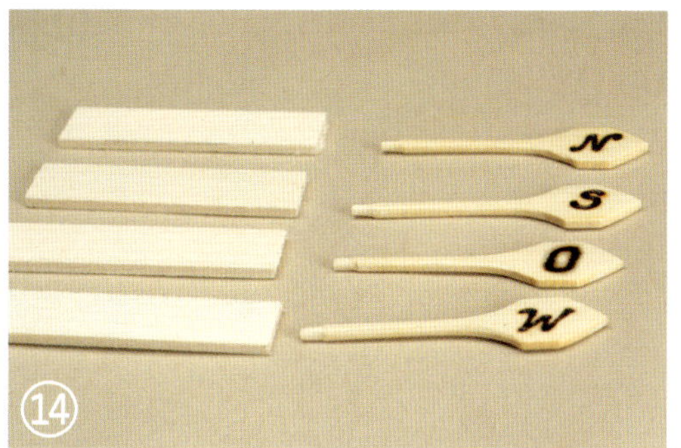

14 Aus vier Restholzstückchen die vier Richtungsanzeigearme schnitzen. Die Buchstaben für die Windrichtungen können Sie entweder auf die Anzeigearme schreiben oder mit dem Holzbrandgerät aufmalen. Darauf achten, dass die Enden der Anzeigearme in die Löcher passen, die Sie am oberen Ende in den vertikalen Pfosten der Wetterfahne gebohrt haben. Die Arme festkleben.

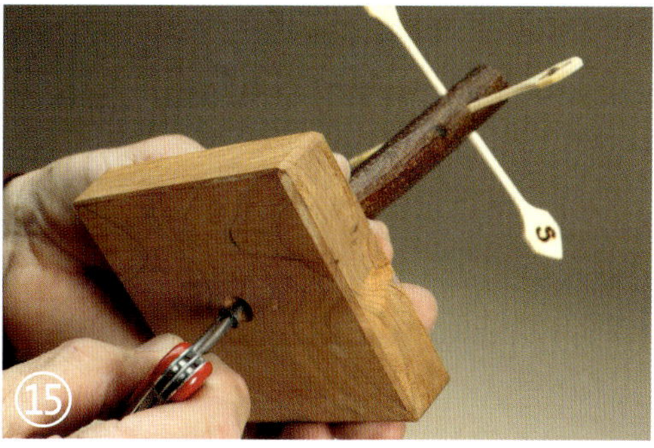

15 Den vertikalen Pfosten in den Sockel schrauben.

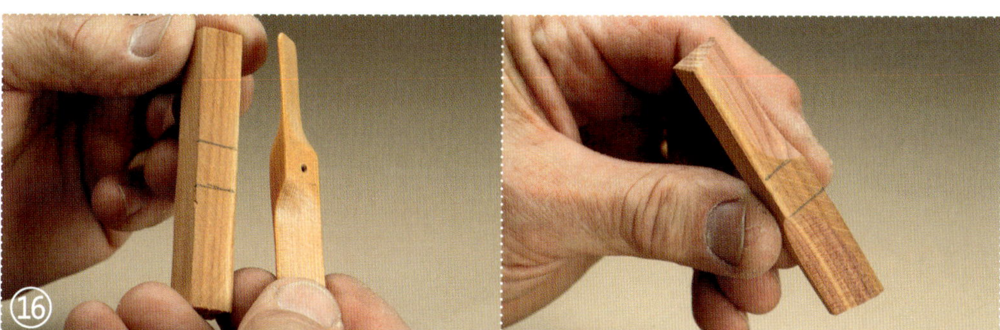

16 Den Propeller schnitzen. Sie können praktisch jedes geradfaserige Holz verwenden. (Ich habe ein Stückchen Zedernholz verwendet.)

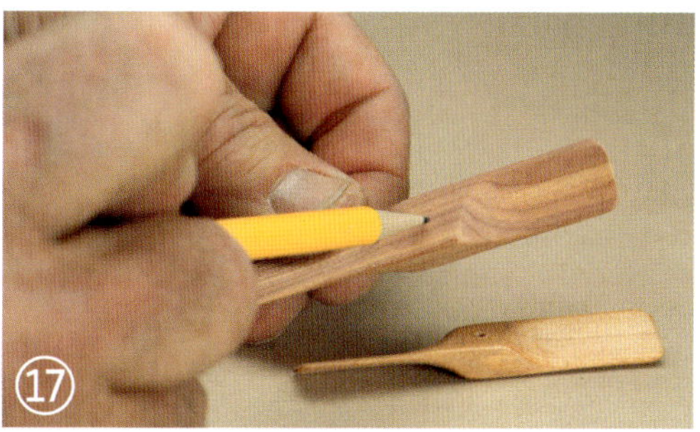

17 In der Propellermitte ein Loch markieren und bohren. Darauf achten, dass es groß genug ist, dass sich der Propeller auf dem Nagel, mit dem Sie ihn am Pfeil befestigen, frei dreht. Den Propeller an den Schaft des Pfeils nageln.

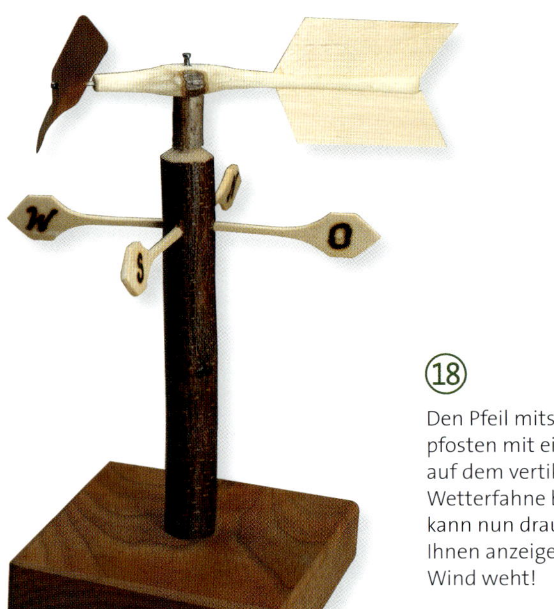

⑱

Den Pfeil mitsamt Abstandspfosten mit einem Nagel oben auf dem vertikalen Pfosten der Wetterfahne befestigen. Sie kann nun draußen stehen und Ihnen anzeigen, woher der Wind weht!

Windrose

Eine Windrose ist ein Diagramm, das die Windsituation einer bestimmten Region darstellt. Es kann Meteorologen bei der Vorhersage von Wettersituationen behilflich sein, indem es anzeigt, aus welchen Himmelsrichtungen der Wind am häufigsten weht. Eine Windrose besteht aus einer Reihe von Linien, die wie die Speichen eines Rades von einem Mittelpunkt ausstrahlen. Jede Linie zeigt in eine bestimmte Richtung wie Norden oder Südwesten. Die Linien sind unterschiedlich lang. Eine lange Linie gibt an, dass der Wind häufig aus dieser Richtung weht. Kurze Linien sagen aus, dass er selten aus dieser Richtung weht. Eine Windrose kann z. B. vier Linien haben, die jeweils in eine Hauptrichtung (Nord, Süd, Ost, West) zeigen. Ist die Ost-Linie zweimal so lang wie die West-Linie, weht der Wind zweimal so häufig von Osten als von Westen. Darüber hinaus können Windrosen farblich kodiert sein. In diesem Fall zeigen sie die Windgeschwindigkeit und ähnliche Faktoren an.

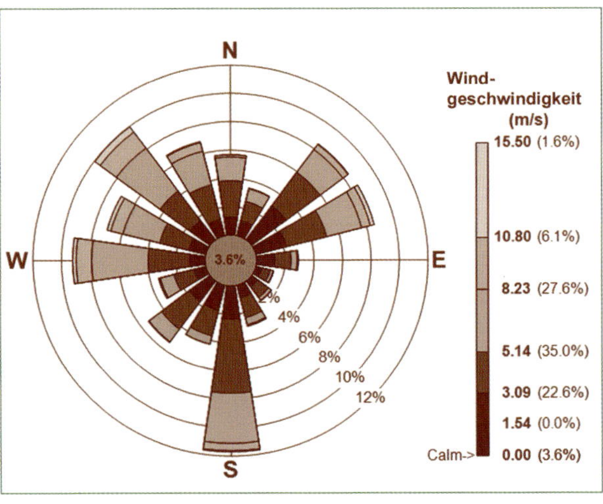

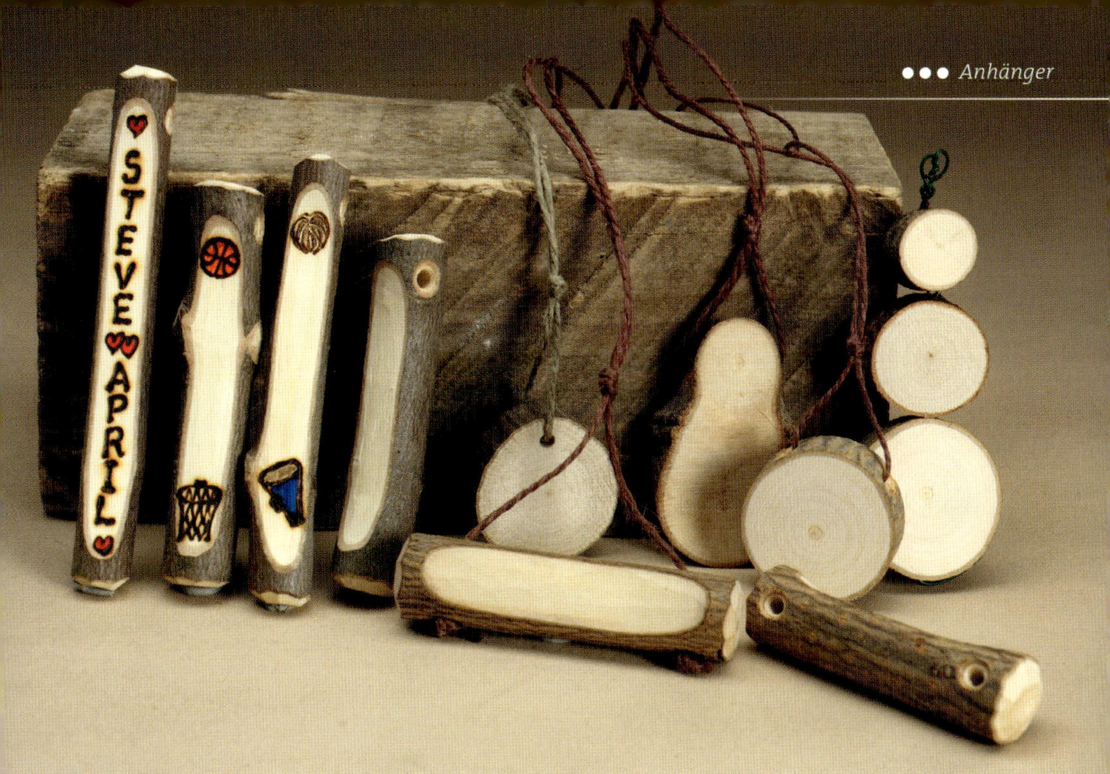

Anhänger

Anhänger sind eine weitere tolle Geschenkidee, die sich leicht auf den Geschmack oder die Interessen des Beschenkten anpassen lässt. Es gibt unzählige Kombinations- und Designmöglichkeiten. Man kann sie für Halsketten, Bettelarmbänder oder Fußkettchen verwenden. Verwendet man Äste und Zweige unterschiedlicher Größe, wird jeder Anhänger zu einem Unikat. Nehmen Sie lange, dünne Äste für Namensanhänger und Äste mit größerem Durchmesser für kreisförmige Anhänger, die Sie dann verzieren. Das Astmaterial können Sie nach Farbe, Maserung oder Rindentextur auswählen. Schließlich kann man noch mit den Winkeln spielen, in denen man das Holz schräg absägt oder mit der Positionierung der Bohrlöcher, um dem Design zusätzlichen Reiz zu geben.

MATERIALLISTE

- *Taschenmesser*
- *Äste unterschiedlicher Größe*
- *Schnur oder Zwirn*
- *Schleifpapier*
- *Handsäge oder Zugsäge*
- *Bohrmaschine und Bohrer*
- *Farbige Permanentmarker (falls gewünscht)*
- *Holzbrandgerät (falls gewünscht)*

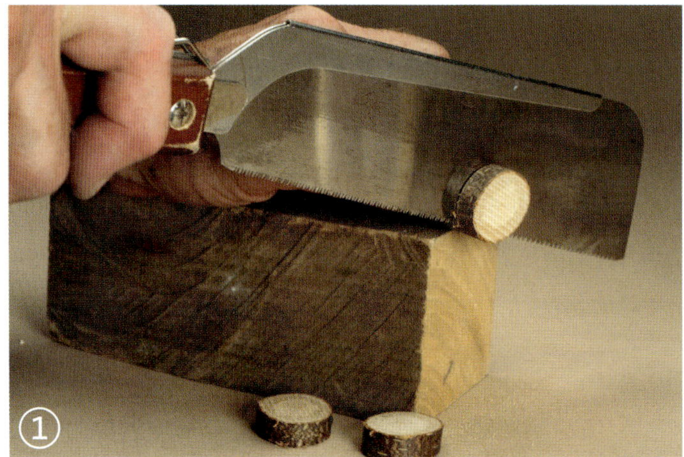

Ich habe herausgefunden, dass eine japanische Zugsäge zum Sägen dieser kleinen Teile, aber auch größerer, ideal ist. Die Schnitte gehen schnell, sind sauber und wegen des dünnen Sägeblattes geht nur wenig Holz verloren. Nach dem Sägen müssen Sie nur noch Löcher für die Schnur in die Anhänger bohren, sie ggf. schleifen und mit dem Holzbrandgerät und farbigen Permanentmarkern verzieren.

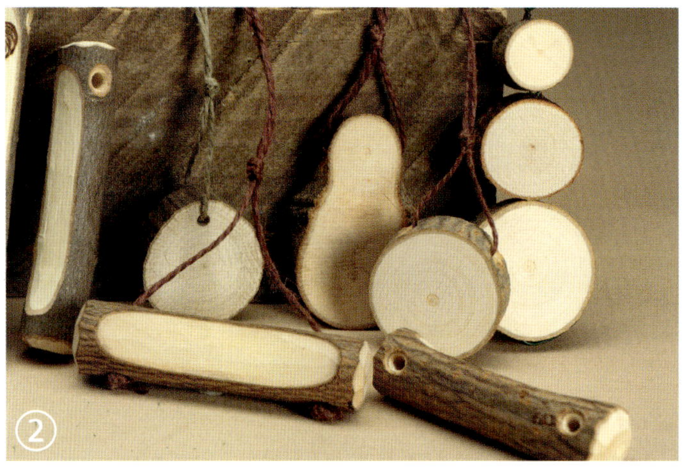

Mit einer Vielzahl von Holzscheiben können Sie die unterschiedlichsten Halskettendesigns gestalten. Als Schnur verwenden Sie, was Ihnen am besten gefällt. Man kann die Anhänger auch in den verschiedensten Formen gestalten. Schauen Sie einmal! Wenn Sie gerade an der Stelle durch eine Astgabel sägen, an der das Holz auseinanderläuft, entsteht eine Form, die an einen Schneemann erinnert.

Geschnitzte Anhänger

Wenn Sie sich einer besonderen Herausforderung stellen möchten, versuchen Sie einmal, mit den in diesem Buch erläuterten Techniken einen Anhänger in der Form Ihres Lieblingstiers, einer Blume, eines Instruments oder Ähnlichem zu schnitzen. Die Anhänger lassen sich leicht für Sie selbst oder für Freunde personalisieren, und Sie werden von dem begeistert sein, was dabei herauskommt.

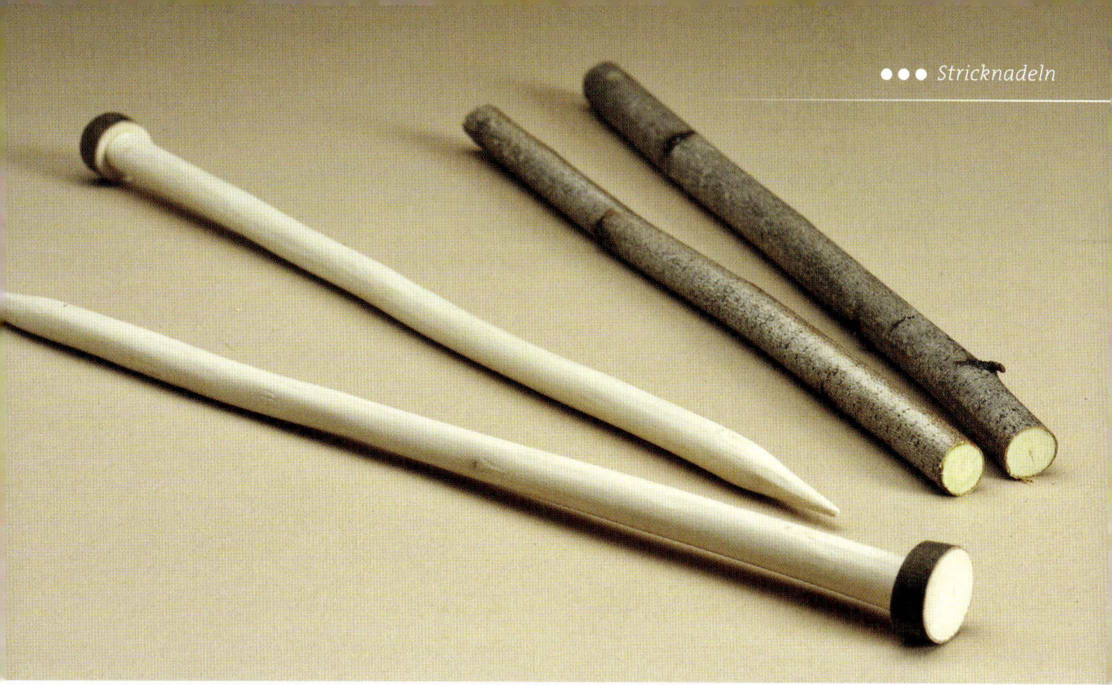

Stricknadeln

Persönlich habe ich keinerlei Erfahrung mit Stricken, doch man hat mir gesagt, dass Stricknadeln aus Holz wärmer sind als Nadeln aus Metall. Sie sollen auch leiser sein. Natürlich funktionieren sie genauso gut. Ob das so ist oder nicht, sie sind auf jeden Fall besser für Menschen, die unter Arthritis leiden. Ich selbst weiß es ehrlich gesagt nicht, doch kann ich Folgendes sagen: Sie sind einfach zu schnitzen und es macht Spaß, sagen zu können: „Oma, ich habe Dir diese Stricknadeln geschnitzt."

Wer weiß, nach diesem Projekt versuchen Sie sich vielleicht auch selbst einmal am Stricken. Ich habe gehört, dass das auch ein entspannender Zeitvertreib sein soll, und wenn man fertig ist, verfügt man über einen schönen warmen Schal oder einen Pullover zum Anziehen.

MATERIALLISTE

- *Taschenmesser*
- *Lange, dünne, gerade Äste*
- *Dickere Äste*
- *Schleifpapier*
- *Holzleim*
- *Handsäge oder Zugsäge*

Kleine Anregung: Machen Sie lustige Nadelknöpfe aus Ton, und härten Sie die im Ofen.

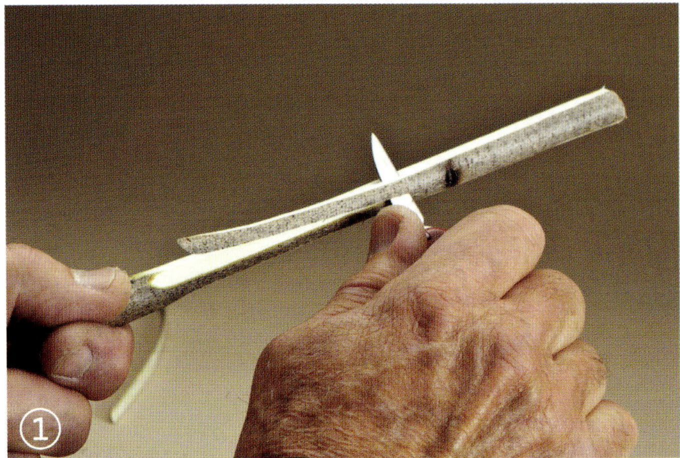

Beginnen Sie mit einigen geraden Ästen, die etwas stärker als die geplanten Stricknadeln sind. (Falls Sie keine geraden Äste zur Hand haben, können Sie bestimmt auch mit einem gekauften Rundstab arbeiten, doch irgendwie hat man das Gefühl, dass die Arbeit mit einem Ast mehr Spaß macht und natürlicher ist.) Den Ast mit langen, geraden Schnitten entrinden. Achten Sie darauf, beim Abnehmen der Rinde nicht zu viel Holz mit abzutragen.

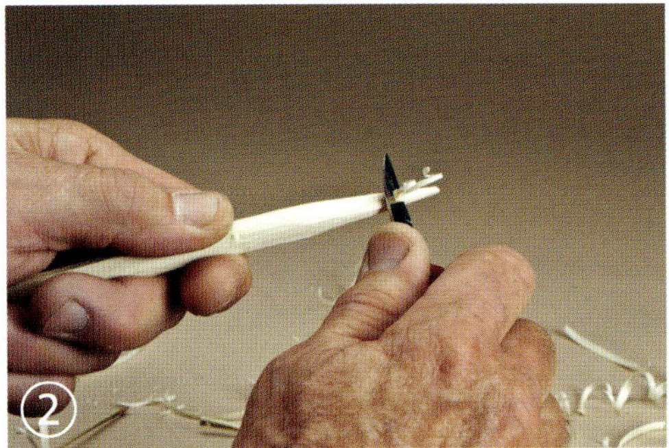

An jedem Ast ein Ende zu einer Spitze konisch zulaufen lassen, jedoch nicht zu spitz machen!

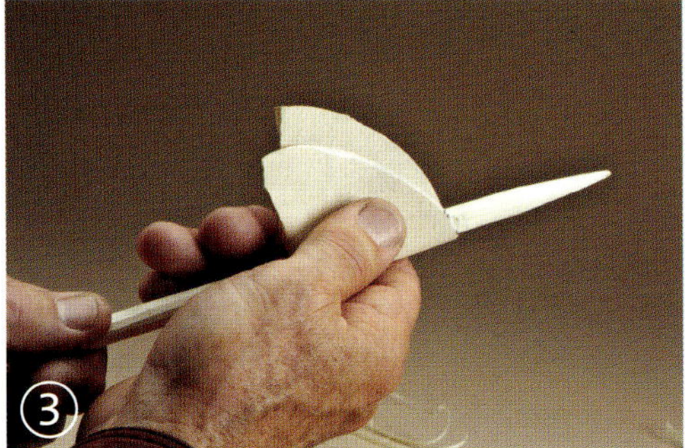

Die ganze Nadel glatt schleifen. (Sollten Sie einen saftfrischen Ast verwenden, müssen Sie mit dem Schleifen warten, bis er getrocknet ist. Nur so bekommen Sie ein wirklich glattes Resultat.)

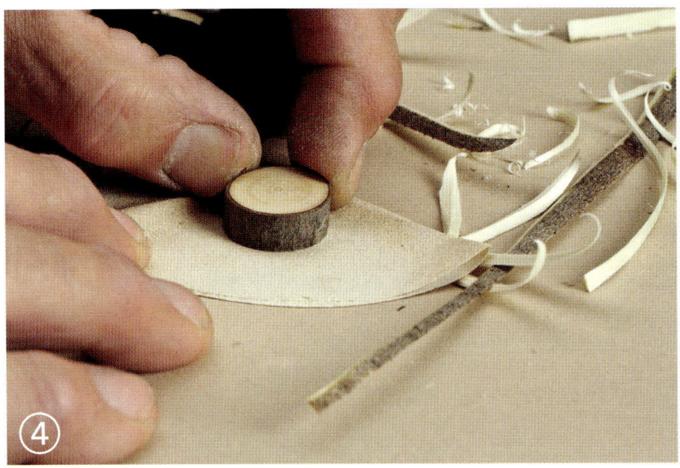

Von einem dicken Ast einige Scheiben absägen und beide Flächen glatt schleifen. Stellen Sie diese Nadelknöpfe in den gewünschten Durchmessern her.

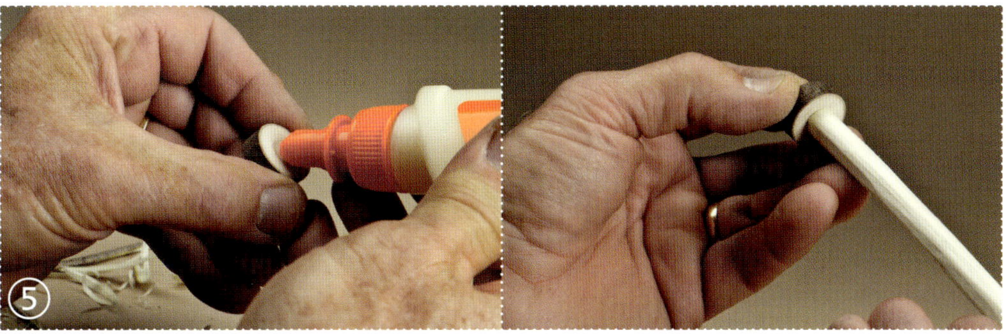

Die kleinen Nadelknopfscheiben mit Holzleim am Nadelende befestigen.

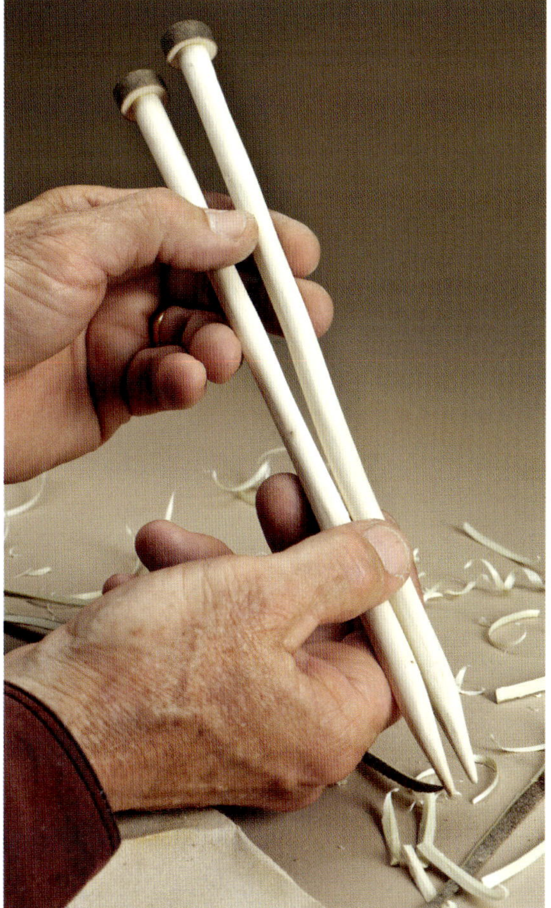

Fertig! Nun benötigen Sie nur noch einige Wollknäuel, eine Strickanleitung und – wenn es Ihnen genauso geht wie mir – jemanden, der etwas vom Stricken versteht.

Warm halten

Hier finden Sie einige nützliche Infos, wie man in kalten Nächten im Wald warm bleibt (d. h. abgesehen davon, dass Sie sich einen schönen, dicken Pullover stricken sollten):

- Wussten Sie, dass Sie über 75 Prozent der Körperwärme über Ihren Kopf verlieren? Tragen Sie eine Kopfbedeckung, um diesen Wärmeverlust zu vermindern.
- Wenn Sie das Abendessen zubereiten, sollten Sie einen Topf Wasser mit erhitzen und bis zum Schlafengehen am Feuer behalten. Nun einige Wasserflaschen oder luftdichte Behälter mit dem Wasser füllen und in Ihren Schlafsack legen. So steht Ihnen eine kuschelige Nacht bevor.
- Halten Sie die Bodenkühle mit einer Plastikplane oder einem alten Duschvorhang unter dem Zelt oder dem Schlafsack etwas zurück. So verhindern Sie auch, dass Wasser an Ihren Schlafsack kommt.

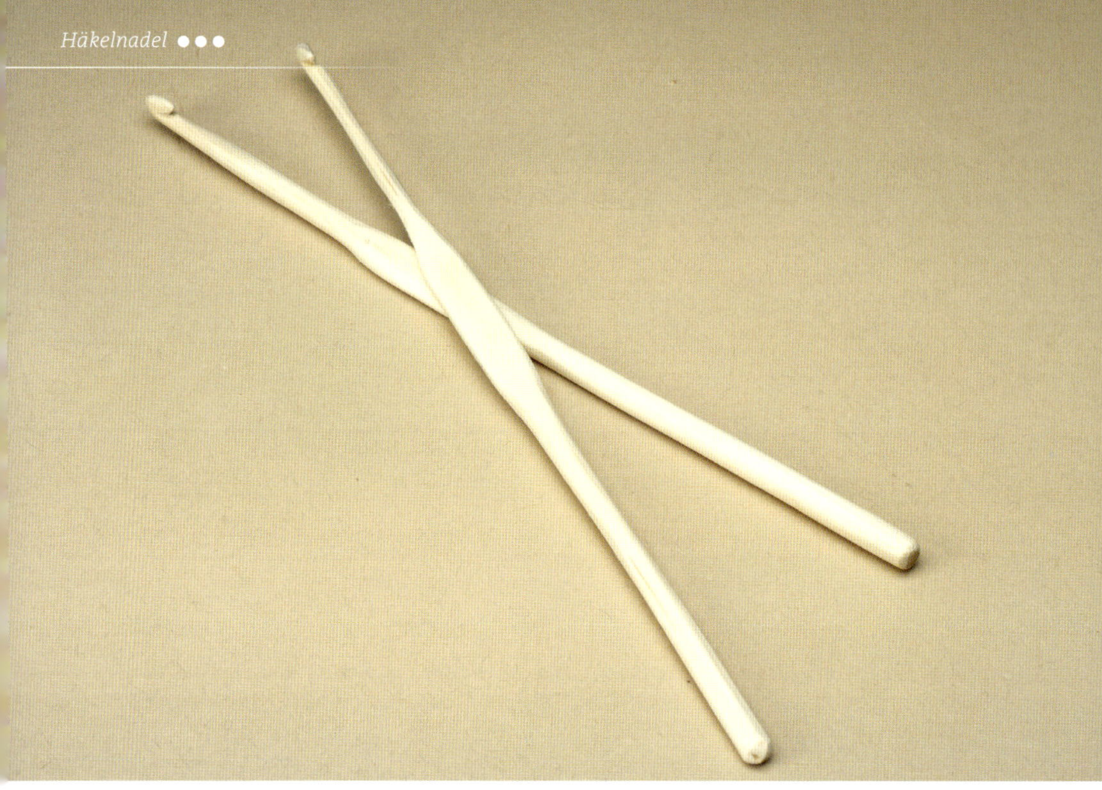

Häkelnadel

Häkeln ist nicht ganz dasselbe wie Stricken, aber im Prinzip gilt auch hier, dass eine Nadel aus Holz wärmer ist. Um eine Häkelnadel zu fertigen, müssen Sie mit Ihrem Taschenmesser etwas gewandter umgehen können, um den Haken und die Daumenfläche herauszuarbeiten. Damit Sie beurteilen können, wie die Form werden soll, orientieren Sie sich am besten an einer normalen Kunststoff- oder Metallhäkelnadel.

Wer häkeln kann oder es versuchen möchte, sollte die Häkelanleitung für die einfache Häkelblume auf Seite 58 ausprobieren.

MATERIALLISTE

- *Taschenmesser*
- *Langer, dünner, gerader Ast*
- *Schleifpapier*
- *Bleistift*

Kleine Anregung: Verwahren Sie Ihre Wollreste und machen daraus ein Multicolor-Projekt.

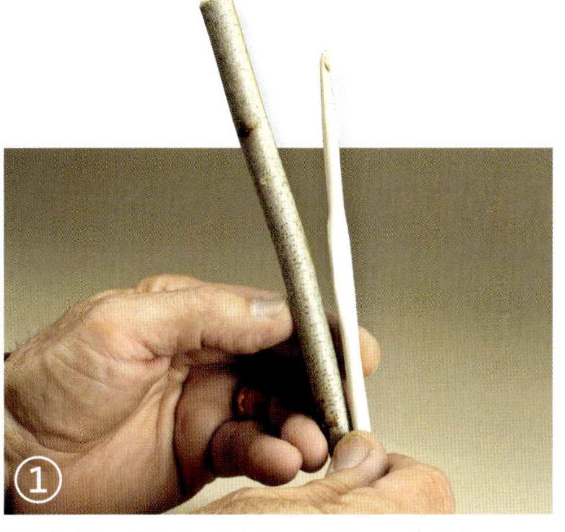

Wie bei den Stricknadeln benötigt man bei der Häkelnadel einen geraden Ast. Der Ast muss so dick sein, dass sich die gewünschte Nadelstärke ergibt.

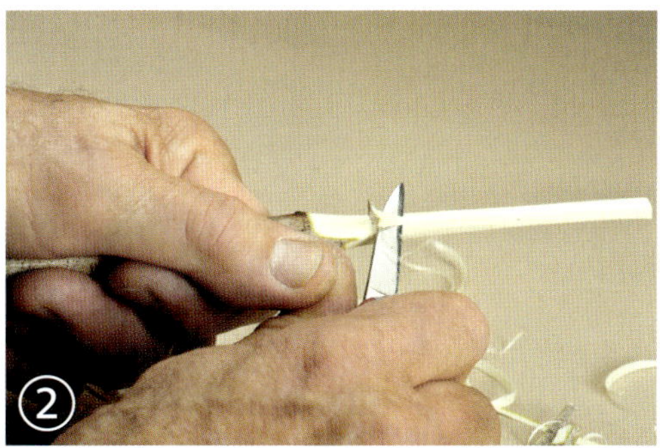

Das Griffende durch Verrunden schmaler werden lassen.

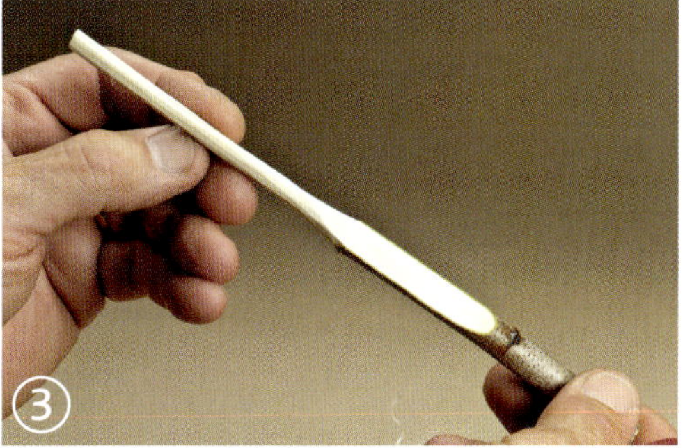

Etwa zwei Drittel oberhalb der Nadelunterkante eine Fläche abflachen. Hierauf ruht der Daumen.

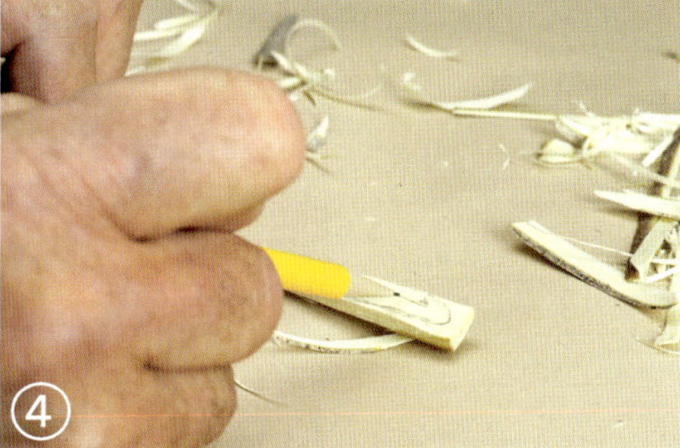

Nun das andere Ende des Astes schmaler werden lassen und die Hakenkontur mit einem Bleistift aufmalen.

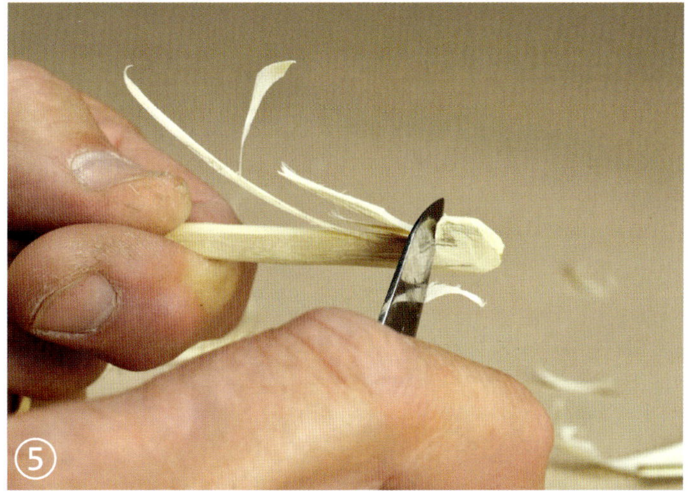

Den Haken sehr vorsichtig in Form schnitzen. Machen Sie langsame Schnitte in Hakenrichtung, denn Sie wollen ihn ja nicht abschneiden.

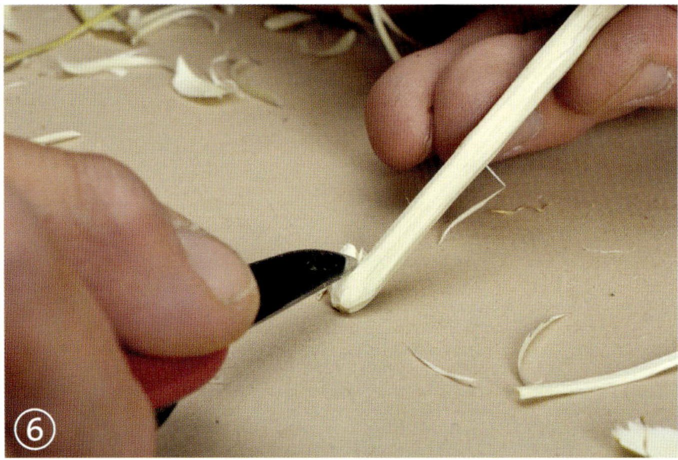

Den Haken mit der Klingenspitze kerben und formen.

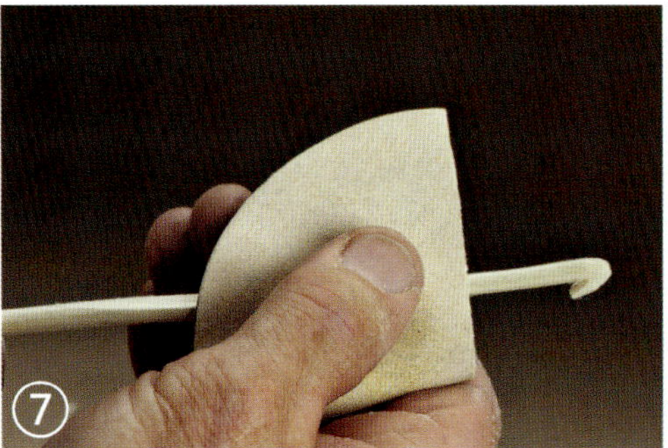

Die Häkelnadel insgesamt glatt schleifen.

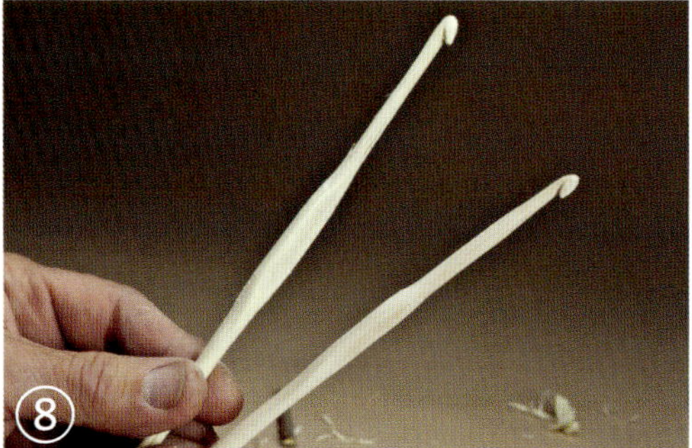

Nun ist Ihre Häkelnadel einsatzbereit!

Häkelblume

Mit einer Blume können Sie an einem Hut oder anderen Kleidungsstück einen tollen Akzent setzen – und Blumenhäkeln ist ganz einfach. Häkeln Sie zunächst die Mitte: Schlagen Sie fünf Luftmaschen an, und schließen Sie sie mit einer Kettmasche in die erste Masche zum Ring. Zehn Stäbchen arbeiten und die Runde mit einer Kettmasche in das erste Stäbchen beenden. Für die Blütenblätter arbeiten Sie zwei Luftmaschen, drei Stäbchen in das nächste Stäbchen, zwei Luftmaschen, dann eine Kettmasche in das folgende Stäbchen. In dieser Weise auch die restlichen vier Blütenblätter arbeiten. Sie können eine Paillette, Muschelschale oder eine andere Deko in die Blumenmitte setzen und der Blume einen ganz speziellen Touch verleihen.

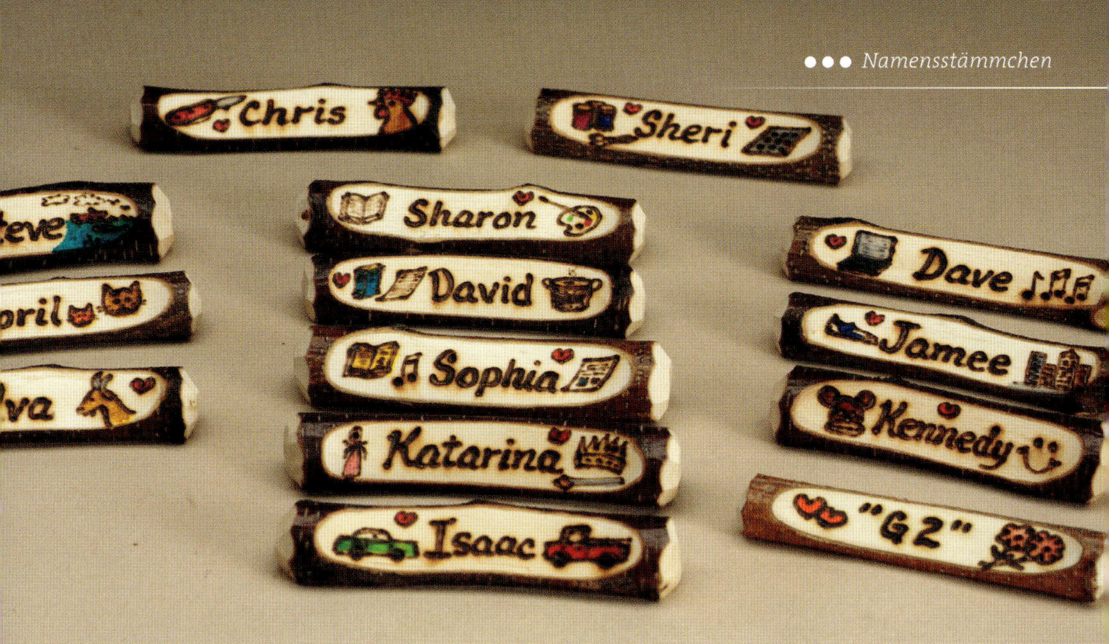

Namensstämmchen

Dieses Projekt ist ideal, um Ihr Holzbrandgerät zum Einsatz kommen zu lassen und jedes Stämmchen für Sie selbst oder für die/den Beschenkte/n zu personalisieren. Das abgebildete Stämmchen-Set habe ich für eine Familie gemacht, die ich recht gut kenne. Neben dem Namen trägt das Stämmchen ein zu den Interessen, zum Beruf oder zum Charakter der Person passendes Bild. Bestimmt werden Ihre Namen und Zeichnungen anders sein, doch genauso aussagekräftig und speziell.

MATERIALLISTE

- *Taschenmesser*
- *Mehrere Äste beliebiger Dicke*
- *Schleifpapier mittlerer und feiner Körnung*
- *Handsäge oder Zugsäge*
- *Holzbrandgerät*
- *Farbige Permanentmarker (falls gewünscht)*

Lincoln Logs

Im Jahre 1916 erfand John Lloyd Wright die Lincoln Logs, eine Alternative zu den üblichen Bauklötzen für Kinder. Wright kam auf die Idee der Lincoln Logs durch den Fundamentaufbau des Tokioter Imperial Hotels, einem von seinem Vater Frank Lloyd Wright entworfenen erdbebensicheren Gebäude. Sie wurden als didaktisch wertvolles Spielzeug angepriesen und mit den geburtenstarken Jahrgängen unglaublich beliebt.

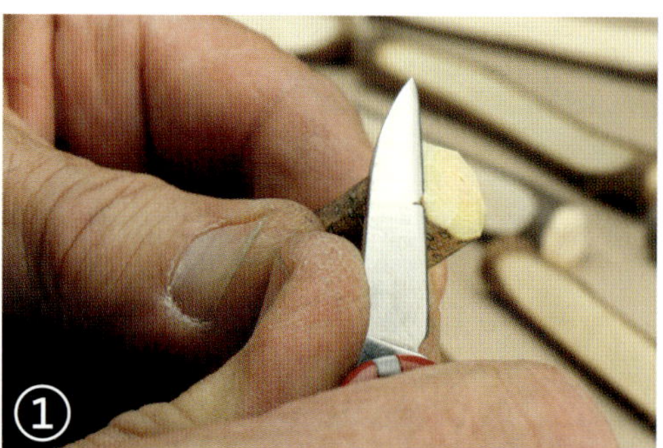

Längen Sie einen Ast auf die gewünschte Stämmchenlänge ab. Beide Enden mit dem Taschenmesser verrunden.

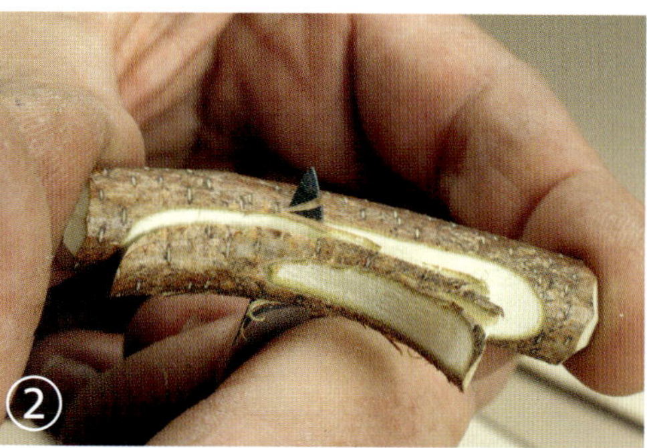

Mittig eine Fläche für den Schriftzug ausschneiden. Darauf achten, dass Sie jeweils von den Enden zur Mitte schneiden und dass sich die Schnitte in der Mitte treffen. Mit ein wenig Übung haben Sie den Dreh bald raus, wie Sie die Schnitte zusammenführen.

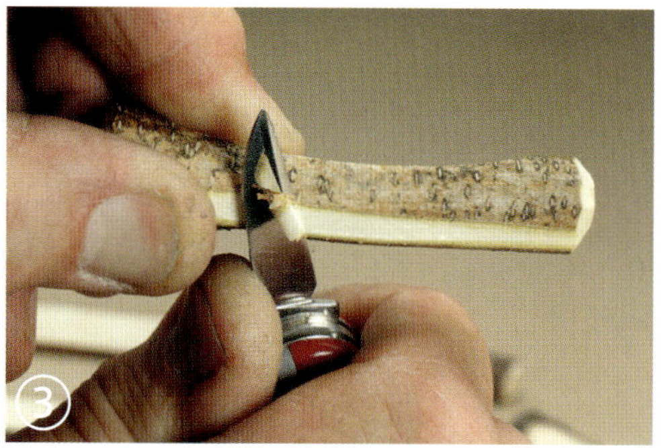

Die Unterseite des Stämmchens abflachen, damit es nicht wegrollt.

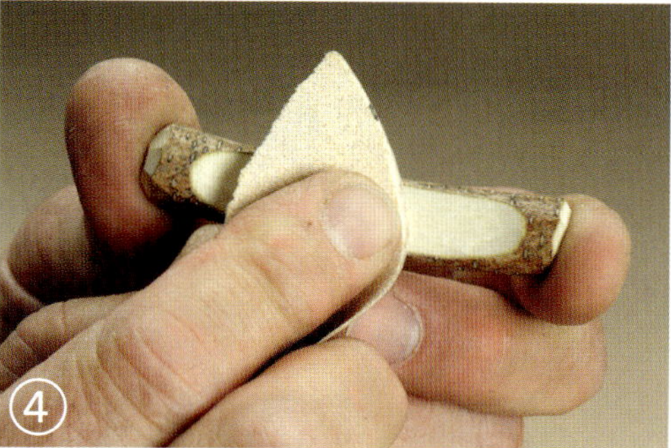

Die Fläche für den Schriftzug auf der Vorderseite des Stämmchens schleifen. Sofern Sie Grünholz verwendet haben, warten Sie, bis das Stück etwas getrocknet ist, ehe Sie es schleifen.

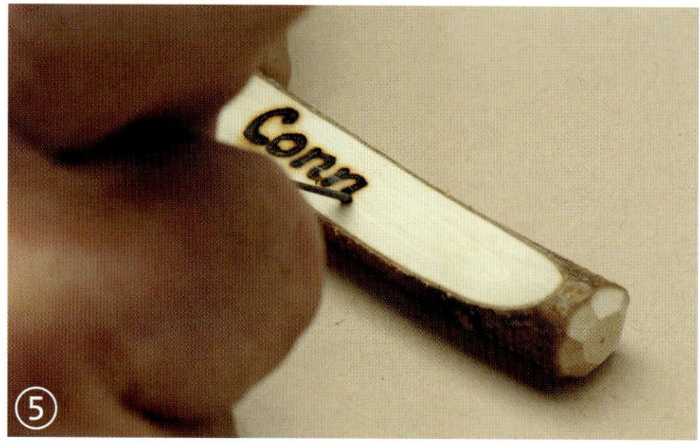

Den Namen und das/die Motiv/e mit dem Holzbrandgerät auf die Fläche des Schriftzugs schreiben oder zeichnen. Die Bilder mit Permanentmarkern kolorieren, wenn Sie es lebhafter mögen. Auch sieht es hübsch aus, wenn man das Stück mit dem Holzbrandgerät dunkel tönt – alles hängt von Ihrem Geschmack ab.

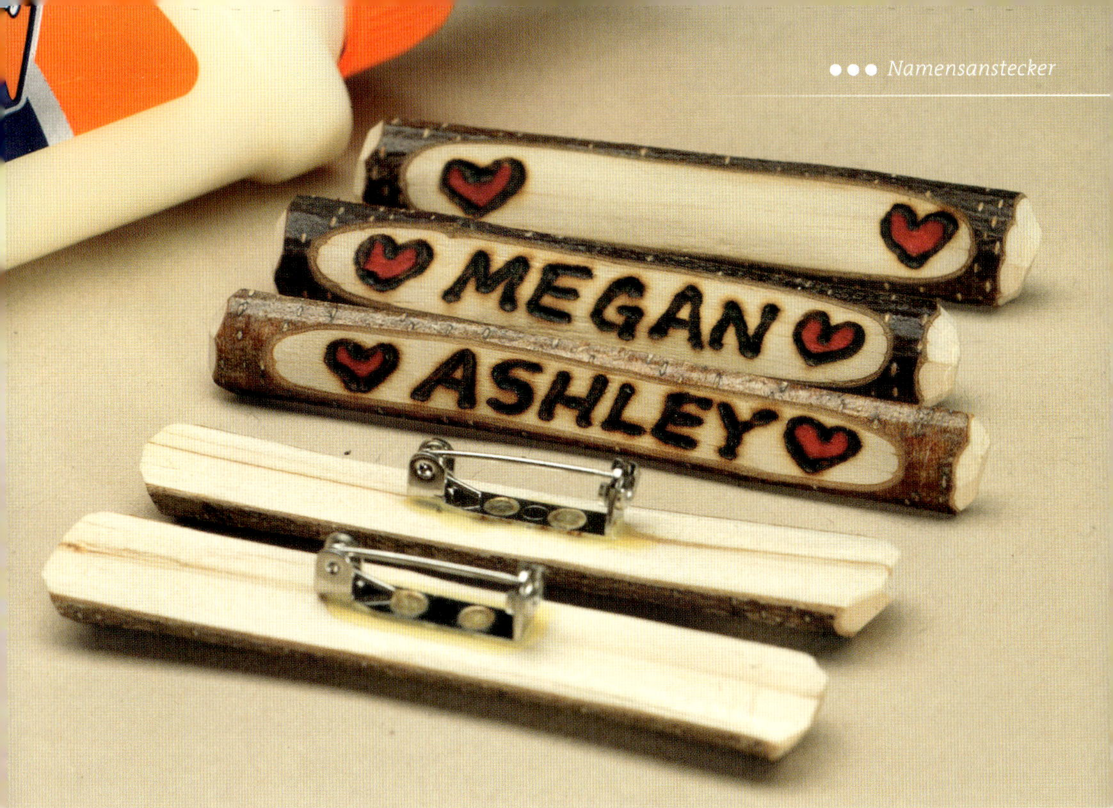

Namensanstecker

Namensanstecker werden in fast der gleichen Weise gefertigt wie die Namensstämmchen. Sie sollten allerdings darauf achten, dass die Anstecker nicht zu groß sind. Wählen Sie Äste mit ca. 10 – 15 mm Durchmesser und schneiden Sie sie in 50 – 75 mm lange Stücke. So haben Ihre Anstecker stets die passende Größe. Dieses Projekt ist ideal geeignet, um mit Kindern zu basteln. Sie können Sie damit beauftragen, die Teile bereits zu dekorieren, während Sie noch weitere schnitzen, oder lassen Sie sie die Anstecknadeln auf die Rückseiten kleben. Sie werden begeistert sein, wenn sie die fertigen Anstecker tragen und vorzeigen können.

MATERIALLISTE

- *Taschenmesser*
- *Mehrere etwa 10 – 15 mm dicke Äste*
- *Holzklotz oder Brett*
- *Schleifpapier*
- *Handsäge oder Zugsäge*
- *Anstecknadeln*
- *Holzleim*
- *Holzbrandgerät*
- *Farbige Permanentmarker (falls gewünscht)*

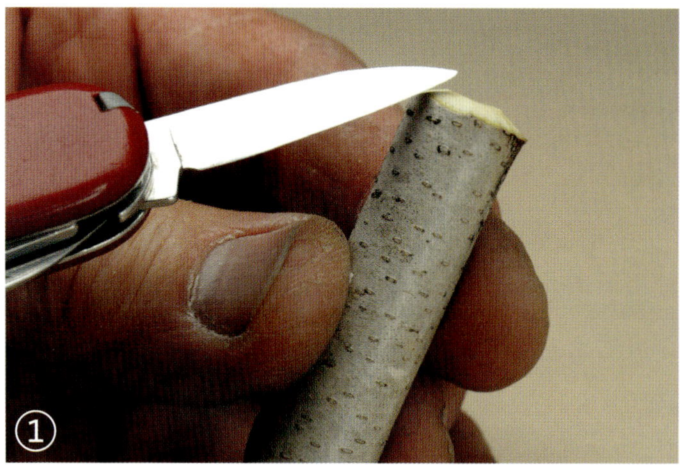

Einen Ast in 50 – 75 mm lange Stücke oder Stämmchen schneiden. Das Stämmchen an beiden Enden mit dem Taschenmesser verrunden.

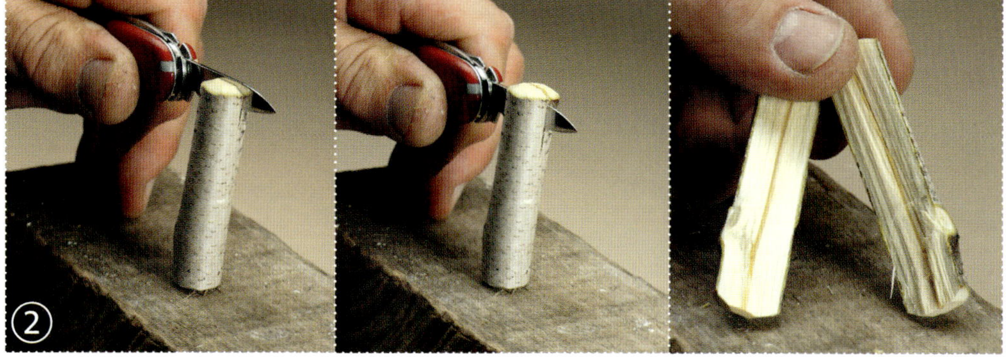

Das Stämmchen spalten: Es dazu aufrecht hinstellen und das Taschenmesser quer auf dem Kopfende ansetzen. Das Taschenmesser mit einem Brett oder schweren Holzklotz wie eine Axt in das Stämmchen schlagen und hineintreiben. Ein oder zwei kräftige Hiebe sollten das Stämmchen spalten.

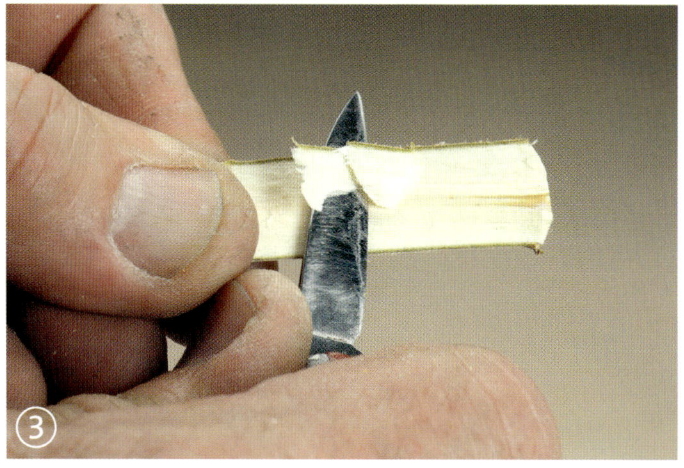

Die flache Seite jeder Stämmchenhälfte mit dem Taschenmesser ebnen.

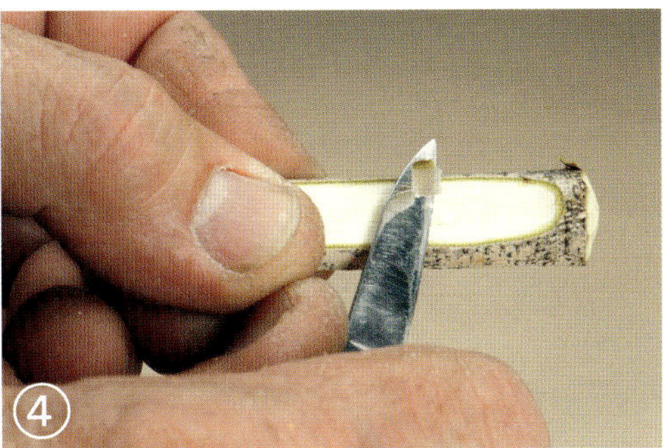

Die Stücke umdrehen und in die runde Seite des Ansteckers eine Fläche für den Schriftzug schneiden. Dabei jeweils von den Enden zur Mitte schneiden.

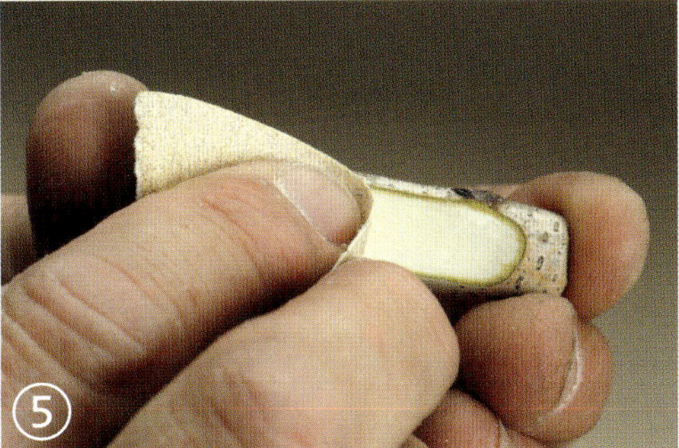

Die Fläche glatt schleifen.

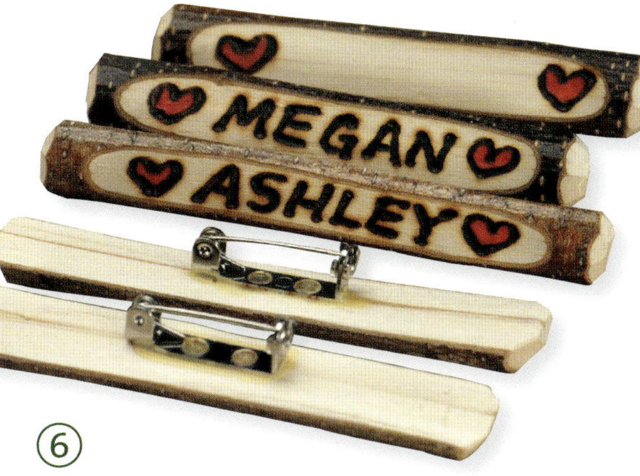

Mit Holzleim eine Anstecknadel auf die flache Seite des Stämmchens kleben.

Die beliebtesten Vornamen im Jahre 2011

Das waren die Top Ten der deutschen Jungen- und Mädchennamen 2011:

Jungen

1. Ben
2. Leon
3. Lucas/Lukas
4. Finn/Fynn
5. Jonas
6. Maximilian
7. Luis/Louis
8. Paul
9. Felix
10. Luca/Luka

Mädchen

1. Mia
2. Emma
3. Hannah/Hanna
4. Anna
5. Lea/Leah
6. Leonie/Leoni
7. Lina
8. Marie
9. Sophia/Sofia
10. Lena

Kleine Anregung: Lassen Sie Ihre Kinder ihre Namensanstecker dekorieren, damit sie etwas ganz Besonderes werden.

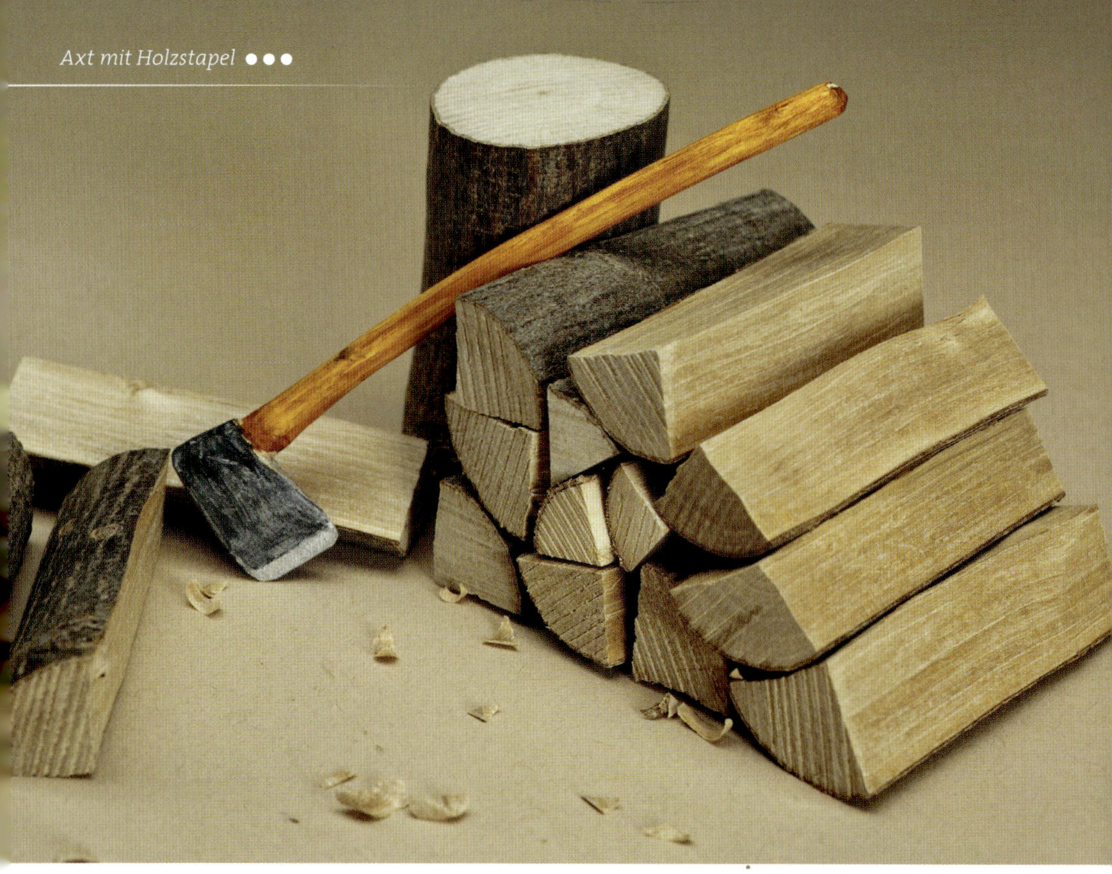

Axt mit Holzstapel

Anhand dieser Axt lässt sich sehr gut zeigen, wie man sich eine Astgabel bestmöglich zunutze machen kann. Die Axt lässt sich wesentlich leichter formen, wenn man nicht die Sorge hat, das gesamte Stück aus einem einzigen geraden Ast schnitzen zu müssen. Was Sie mit der fertigen Axt und dem Holzstapel schließlich machen, liegt ganz bei Ihnen. Es wirkt als toller Hingucker bei Ihnen zu Hause oder im Blockhaus. Vielleicht stellen Sie ein geschnitztes Hähnchen dazu oder arrangieren mitsamt den Zäunen aus dem vorherigen Kapitel auf der Arbeitsplatte eine Bauernhofszene.

MATERIALLISTE

- *Taschenmesser*
- *Astgabel für die Axt*
- *Dicke Äste für die Holzscheite*
- *Stabiler Ast zum Spalten der Holzscheite*
- *Bleistift*
- *Schleifpapier*
- *Holzleim*
- *Farbe (falls gewünscht)*
- *Holzbeize (falls gewünscht)*

Kleiner Tipp: Tränken Sie Ihren Axtstiel mit rohem Leinöl, wenn der Kopf locker geworden ist.

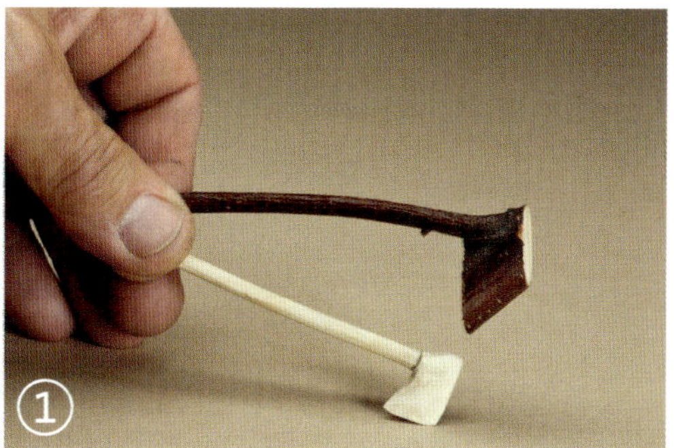

Einen „Axtrohling“ suchen. Perfekt ist eine Astgabel aus einem dünnen und einem dickeren Ast. Hier sehen Sie ein Beispiel neben einer fertig geschnitzten Axt.

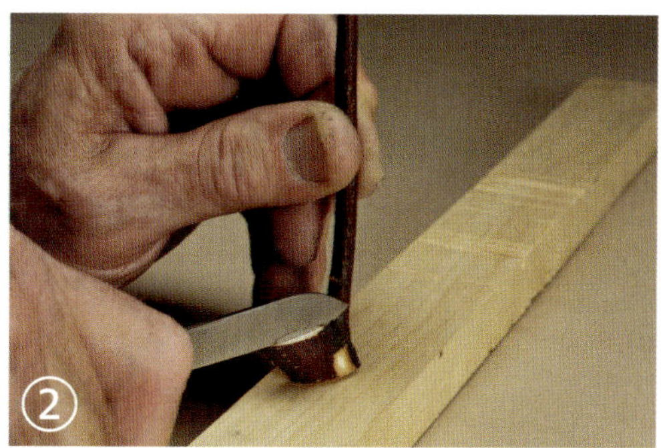

Der dicke Ast wird zum Axtkopf. Formen Sie den Kopf, indem Sie beide Seiten des dicken Astes abschneiden.

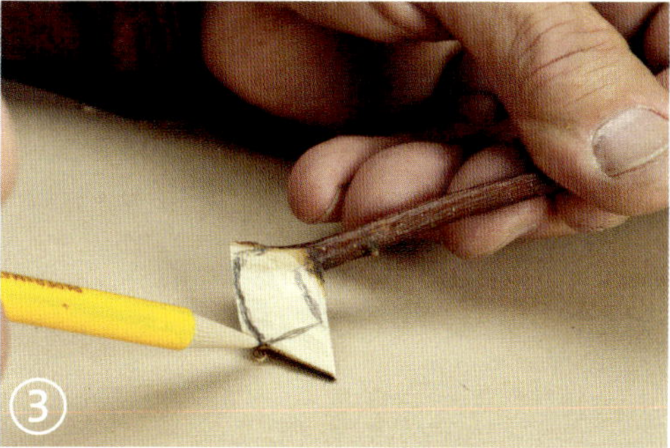

Die Kontur des Kopfes auf den grob zugeschnittenen Axtkopf zeichnen.

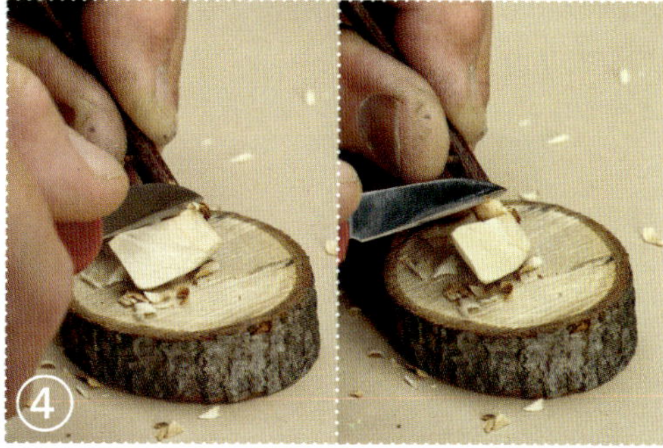

Den Axtkopf schnitzen und den Stiel entrinden.

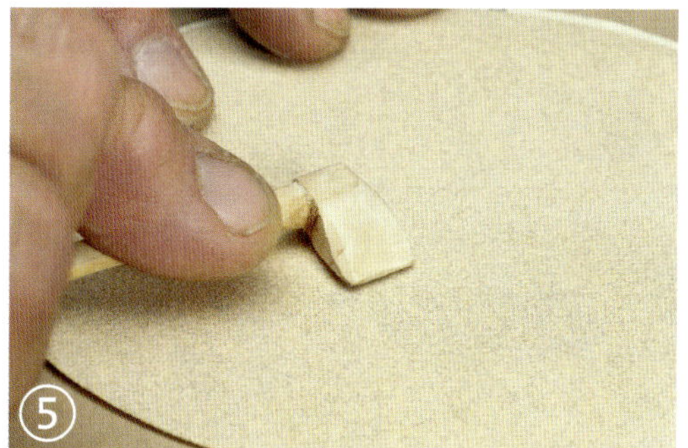

Axtkopf und Stiel schleifen. Falls gewünscht, können Sie den Axtstiel beizen und den Kopf bemalen.

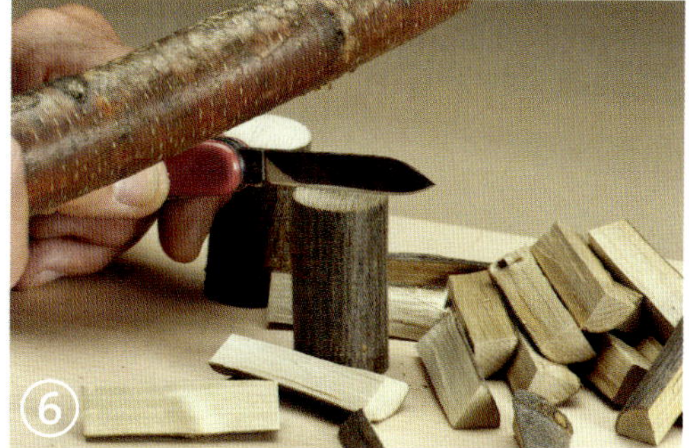

Um einen Brennholzstapel herzustellen, spaltet man einfach nur einige kleinere „Scheite“.

Übrigens: Von einem lackierten Axtstiel bekommt man Blasen.

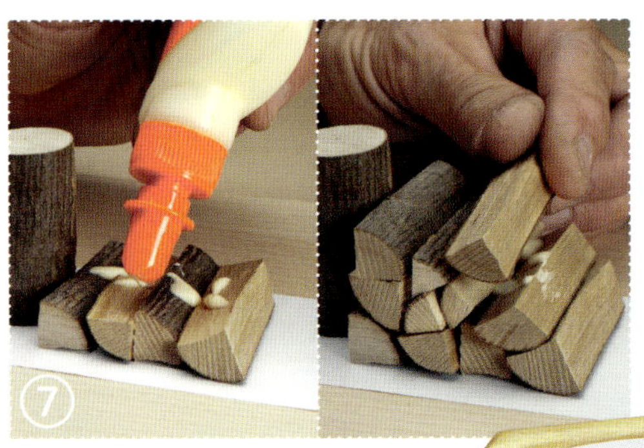

Die Scheite zu einem Stapel verleimen.

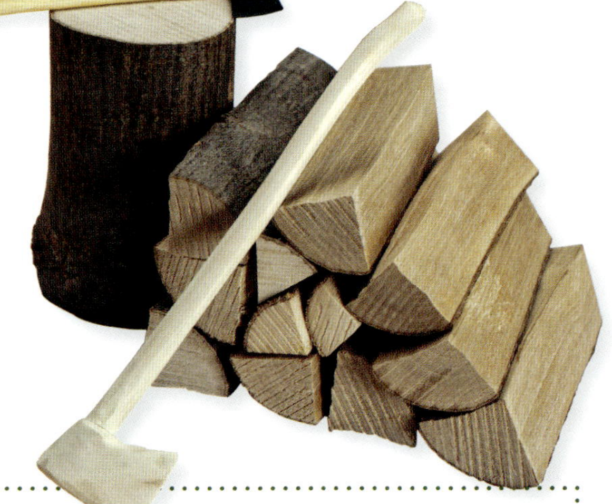

8

Auch wenn Sie das ganze Holz gehackt haben, sieht die Axt an ihren Holzstapel gelehnt natürlich imposant aus.

Brennholz

Bei oder nach einem heftigen Regen trockenes Holz zu finden, ist gar nicht so schwer, wenn man an den richtigen Stellen sucht.

Tannen und Birken: Tannen haben häufig untere Äste, denen die weiter oben wachsenden Äste das Sonnenlicht wegnehmen. Die unteren Äste sterben ab und sind perfekt zum Anfachen des Feuers. Darüber hinaus halten die weiter oben wachsenden Äste sie häufig trocken. Birkenrinde enthält viel wasserabweisendes Öl. An einem Regentag ist sie eine ideale Zugabe fürs Feuer.

Umgestürzte Bäume: Tote Bäume, deren Fäulnisprozess bereits begonnen hat, haben häufig trockenes Holz. Suchen Sie solche Bäume, entfernen Sie die Rinde und verwenden Sie das innere Holz als Brennholz.

Im Unterholz: Suchen Sie unter großen oder umgestürzten Bäumen. Bestimmt finden Sie Holz, das regengeschützt lag.

Äste: Verzichten Sie auf nasse Äste für Ihr Feuer. Sie können aber das Holz toter Äste verwenden, wenn Sie die nasse Rinde entfernen.

Saft: Saft von Kiefernholz kann man als Feueranzünder verwenden.

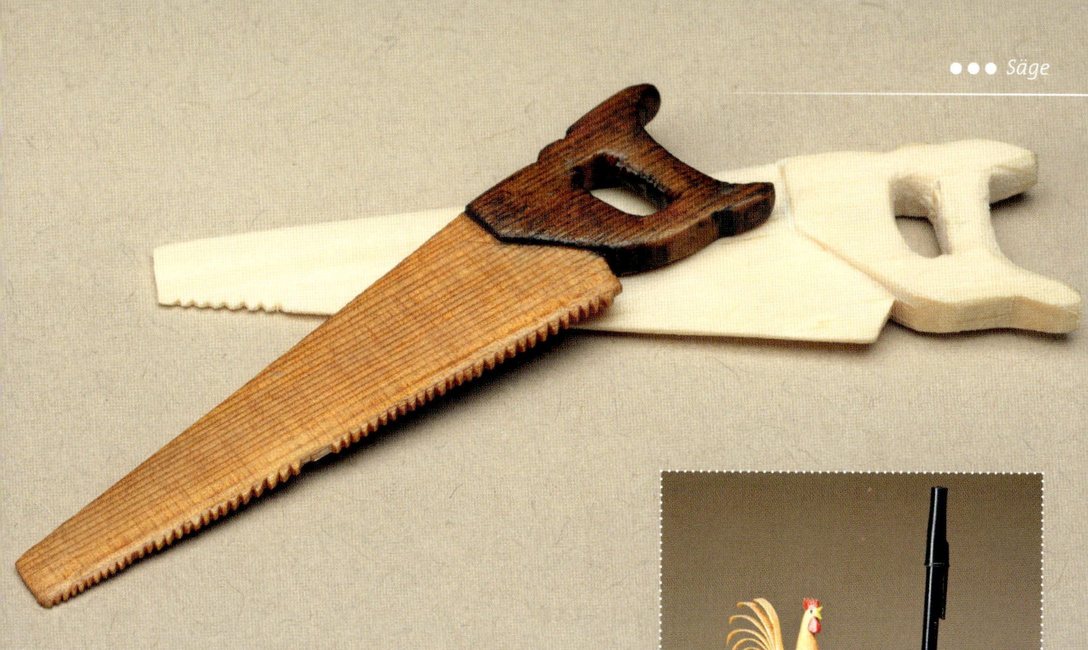

Säge

Die hier beschriebene Miniatursäge (und jedes andere Werkzeug, wenn wir schon dabei sind) passt in viele Arrangements: beispielsweise in eine Puppenhaus-Werkstatt oder in einem Baumstumpf steckend, der Teil eines Schreibtischsets ist. Hier sehen Sie mein allererstes Stück, bei dem eine Säge eine Rolle spielt. Ich glaube, diesen Stiftehalter fertigte ich irgendwann um 1980.

MATERIALLISTE

- *Taschenmesser*
- *Geradfaseriges Holz nach Wahl*
- *Schleifpapier*
- *Bleistift*
- *Farbe (falls gewünscht)*
- *Holzbeize (falls gewünscht)*

Kleiner Tipp: Sägen Sie Holz, Kunststoff, Knochen, Gummi und bestimmte Metalle mit einer Drahtsäge.

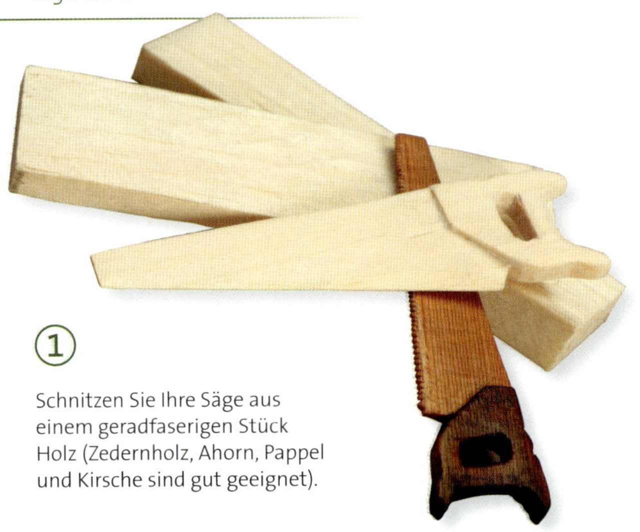

①

Schnitzen Sie Ihre Säge aus einem geradfaserigen Stück Holz (Zedernholz, Ahorn, Pappel und Kirsche sind gut geeignet).

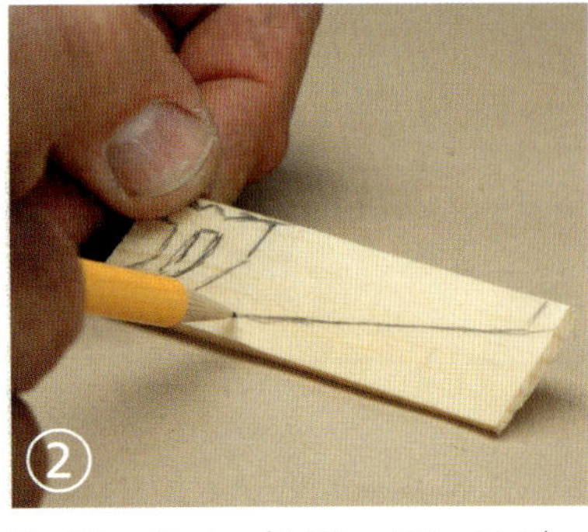

Die Sägenkontur (Griff und Sägeblatt) auf das Holz zeichnen.

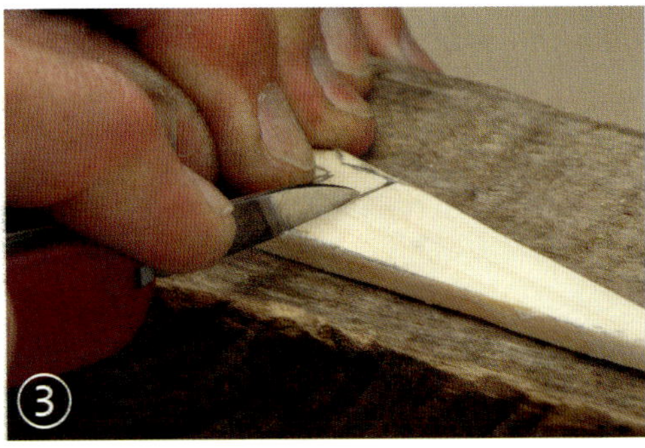

Das Holz außerhalb der Sägeblattkontur wegschneiden. Hinter dem Blatt dort, wo der Griff beginnt, einen Schnitt machen.

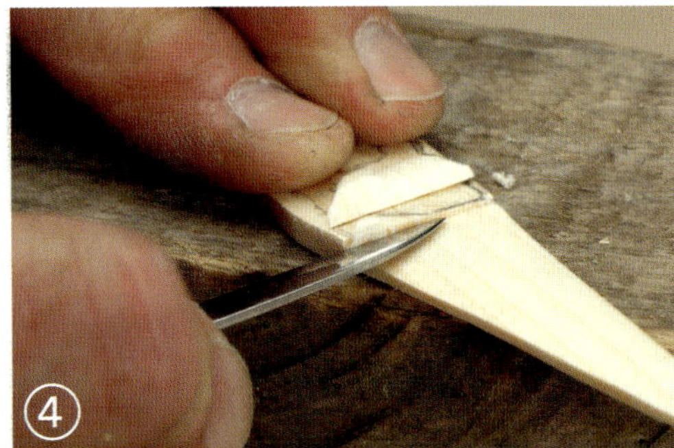

Das Blatt auf beiden Seiten dünner machen, sodass zwischen Griff und Sägeblatt eine kleine Stufe entsteht.

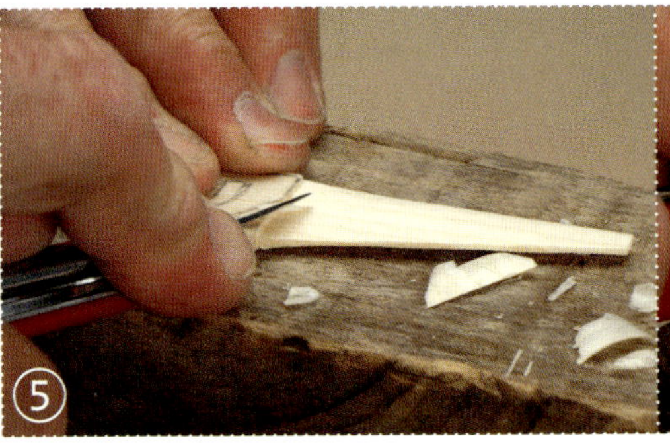

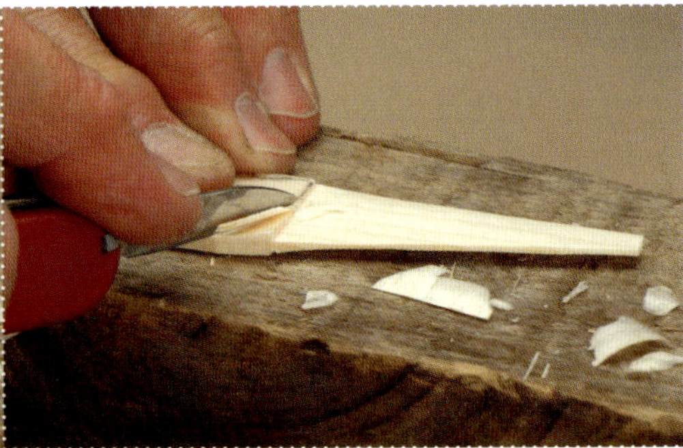

Am unteren Teil des Griffs die Einbuchtung formen.

Kleiner Tipp: Reiben Sie Ihre Säge für einen glatteren Schnitt mit Wachs ein.

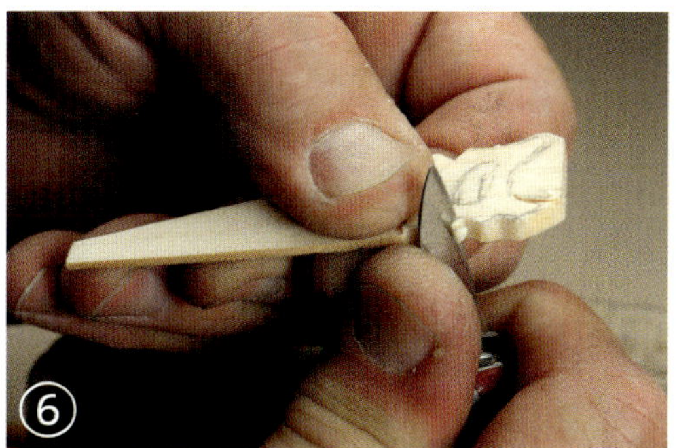

Ober- und Unterkante des vorderen Griffteils formen.

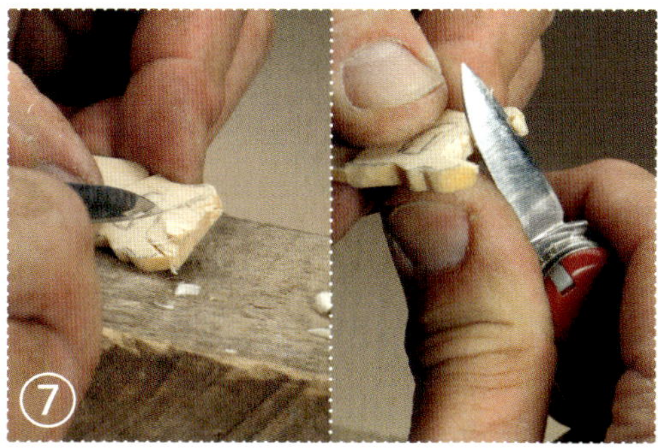

Den hinteren Teil des Griffs ausschneiden.

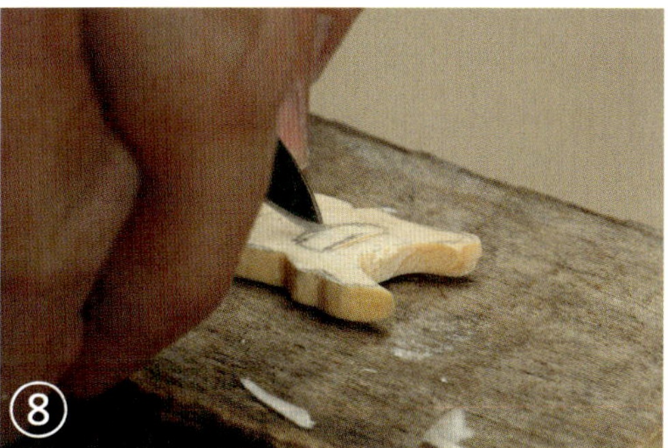

Mit der Messerspitze das Griffloch in der Griffmitte sehr vorsichtig ausschneiden.

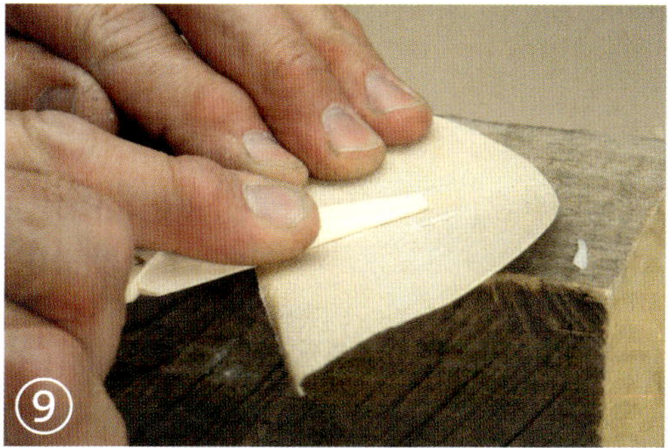

Sägeblatt und Griff glatt schleifen.

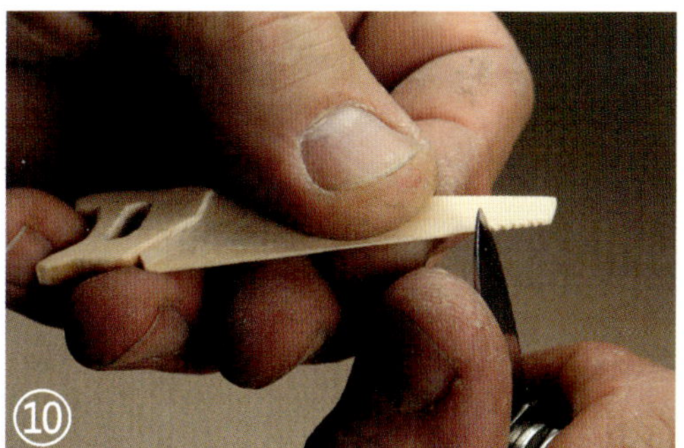

Zähne in das Sägeblatt schneiden, dazu mit dem Taschenmesser winzige Kerben machen.

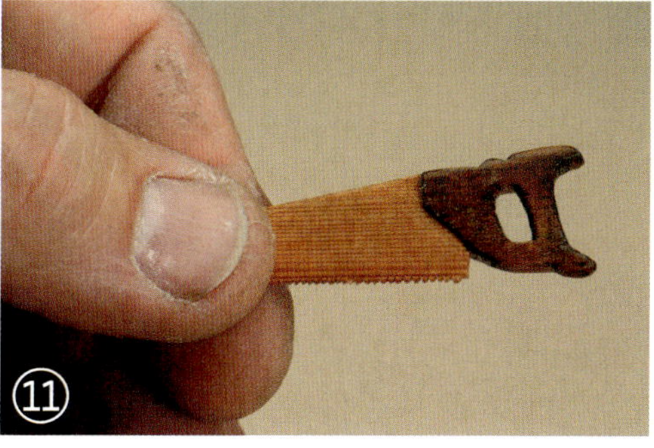

Ist die Säge fertig, können Sie nach Wunsch den Griff wie hier bemalen und das Sägeblatt beizen.

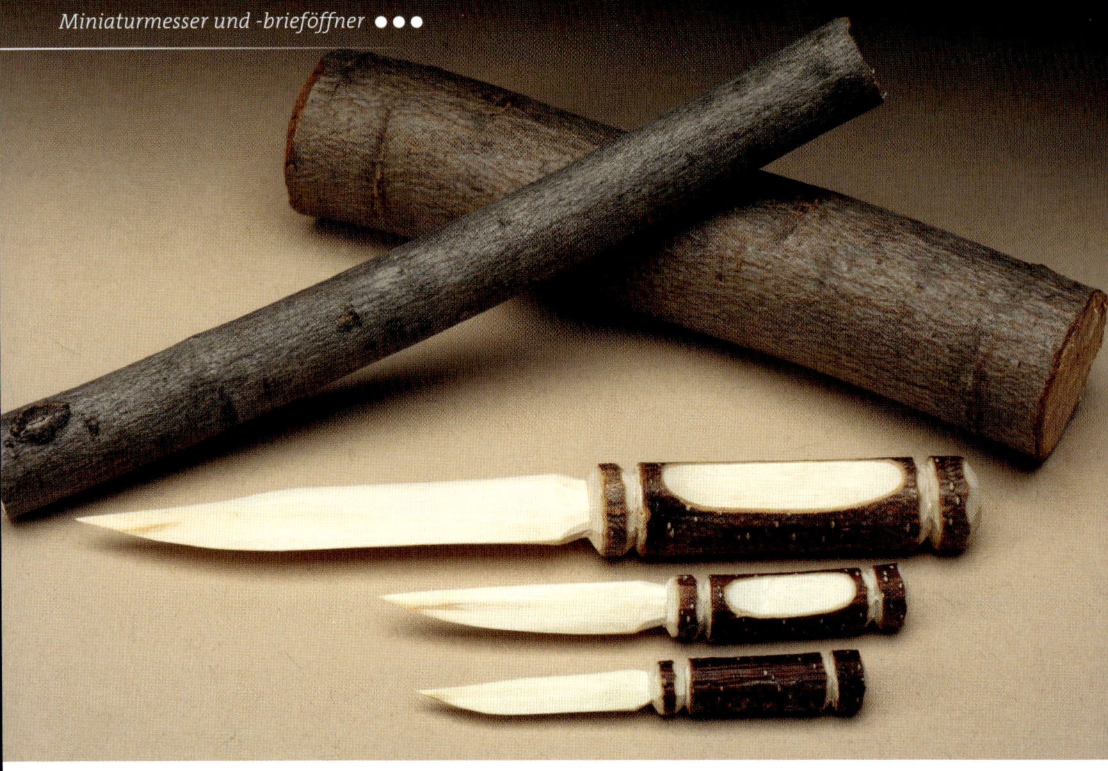

Miniaturmesser und -brieföffner

In einigen meiner vorherigen Bücher zeige ich, wie man Messer und Brieföffner normaler Größe anfertigt. Nun dachte ich, es sei ganz witzig, einmal zu zeigen, wie man eine Miniaturversion schnitzt. Sie können Sie sogar auf den Maßstab einer Action-Spielfigur reduzieren. Neulich habe ich etwas aus den Zahnstochern geschnitzt, die man im Restaurant neben der Kasse findet.

Benötigen Sie ein scharfes Messer und machen sich Gedanken darüber, ob die Version aus Holz auch schneidet, seien Sie beruhigt! Zwar leistet ein Holzmesser nicht alles, was ein Stahlmesser kann, aber man kann es mit Sicherheit so weit schärfen und abziehen, dass es für die meisten Aufgaben geeignet ist, für die Sie es benutzen. Denken Sie daran, dass es Zeiten gab, in denen es keine Stahlmesser gab und dass unsere Vorfahren dennoch überlebten.

MATERIALLISTE

- *Taschenmesser*
- *Gerade, dünne Äste*
- *Bleistift*
- *Schleifpapier*
- *Farbige Permanentmarker (falls gewünscht)*
- *Holzbrandgerät (falls gewünscht)*

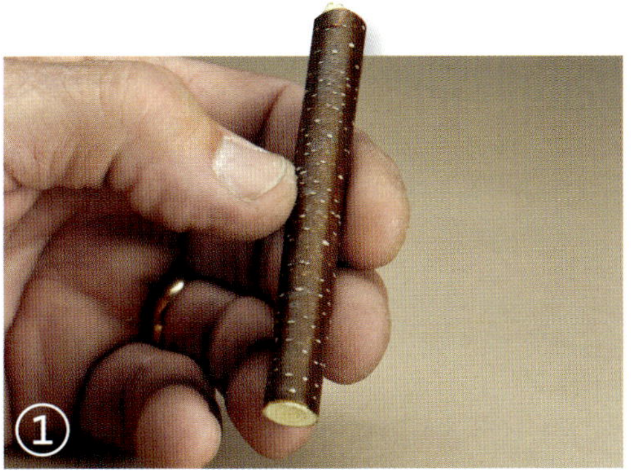

Für dieses Projekt benötigen Sie einen geraden, dünnen Ast wie diesen Birkenast. Er darf fürs Schnitzen allerdings nicht zu klein sein.

Unentbehrliches fürs Camping

Gehen Sie nie ohne Handy, Taschenlampe, Uhr, Trillerpfeife, Taschenmesser, Kompass und Erste-Hilfe-Kasten campen.

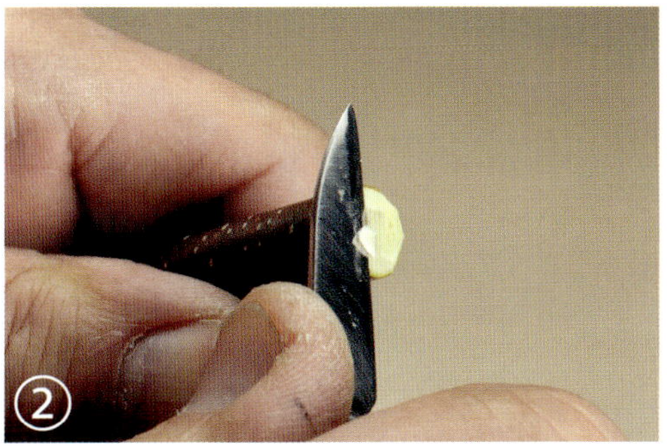

Ein Astende verrunden. Dies wird zum unteren Griffende.

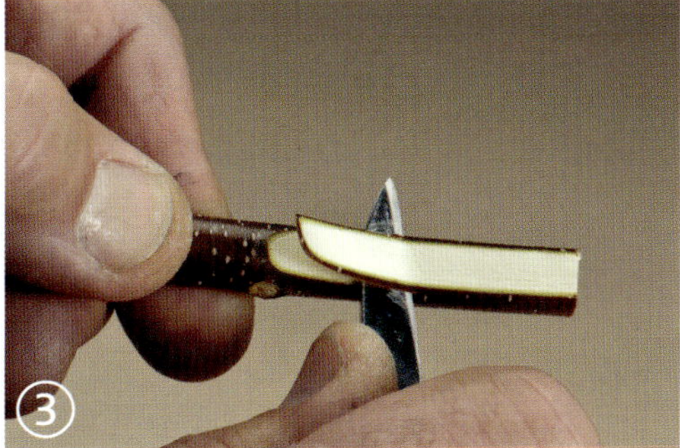

Mit langen, geraden Schnitten den Klingenbereich beidseitig verjüngen.

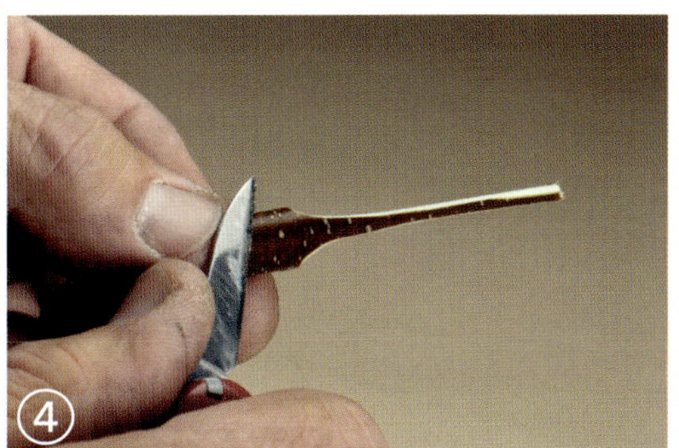

Achten Sie darauf, beidseitig gleich viel Holz abzutragen.

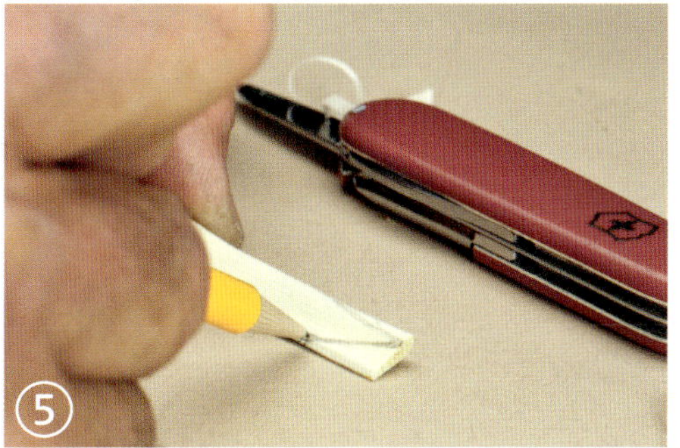

Auf das andere Astende die Klingenspitze aufzeichnen.

Übrigens: In Europa waren im Mittelalter Messer und nicht Gabeln die Hauptesswerkzeuge.

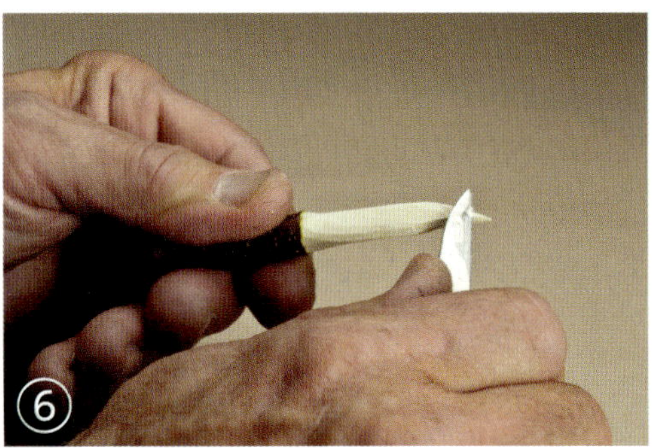

Die Klingenspitze formen.

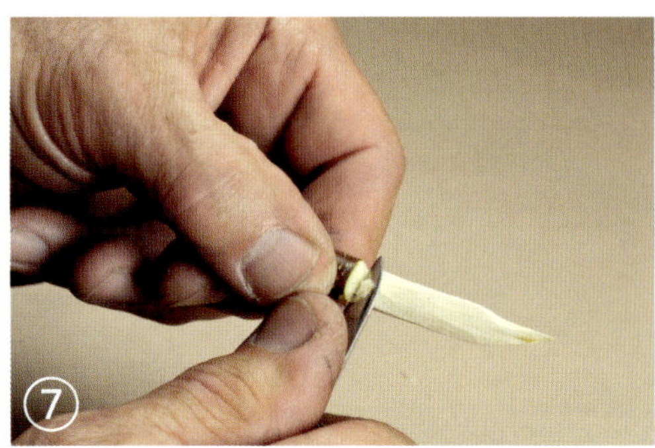

Dort, wo Griff und Klinge aufeinandertreffen, so viel Holz wegschneiden, dass die beiden Messerteile deutlich voneinander getrennt sind.

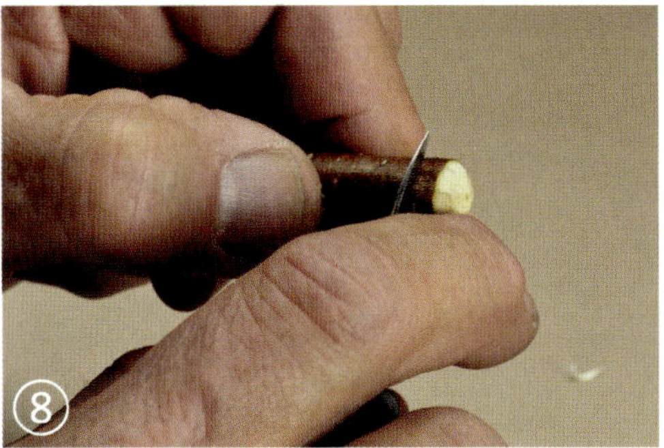

Das untere Griffende mit einer umlaufenden Kerbe verzieren.

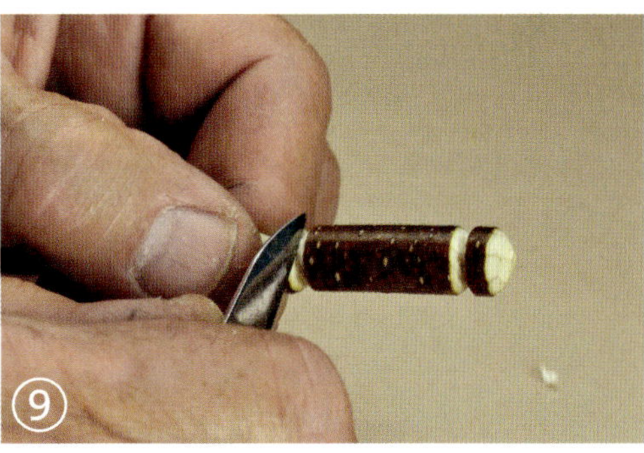

Unweit der Klinge eine weitere Kerbe um den Griff schneiden.

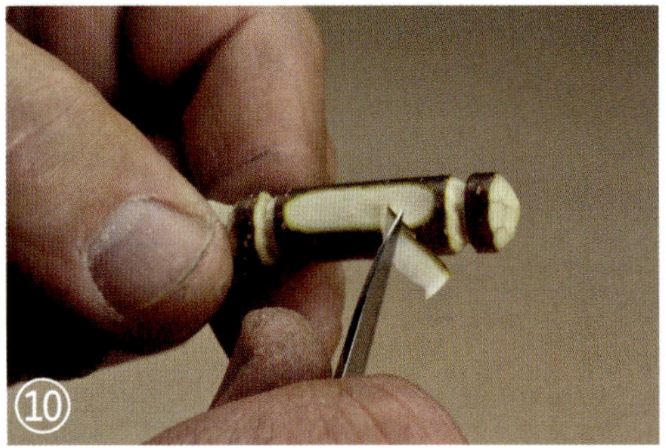

In den Griff eine Fläche für den Schriftzug schneiden. Hier können Sie nach Wunsch mit dem Holzbrandgerät einen Namen oder ein Motiv einzeichnen.

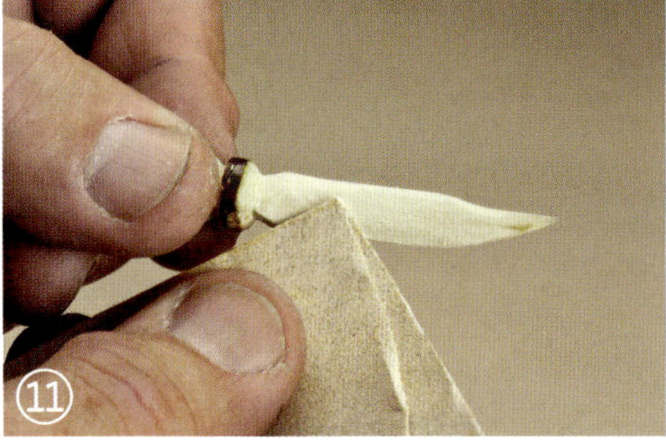

Die Klinge mit feinem Schleifpapier möglichst glatt schleifen.

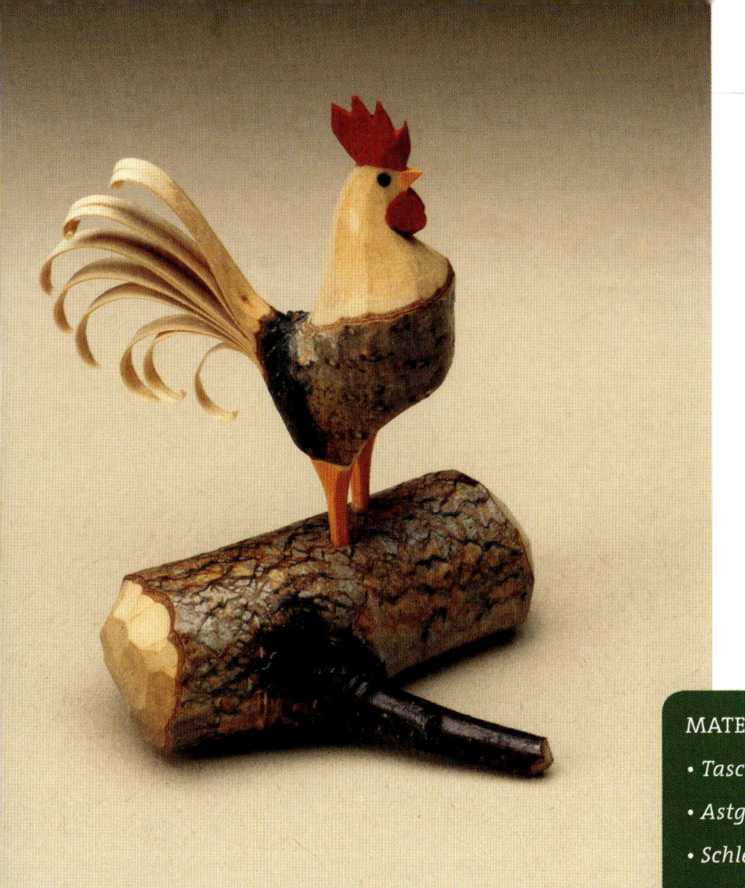

MATERIALLISTE

- *Taschenmesser*
- *Astgabel*
- *Schleifpapier*
- *Acrylfarbe in Rot, Gelb und Schwarz (falls gewünscht)*

Hahn

Seit vierundvierzig Jahren schnitze ich nun bereits Zweige und Äste, und in dieser Zeit ist der Hahn zu einer Art Spezialität von mir geworden – eine Art Maskottchen für mein gesamtes Schnitzkonzept. Es war die allererste, aus einer Astgabel geschnitzte Figur, an die ich mich erinnere und – soweit ich weiß – das erste von mir selbst geschnitzte „Viech“ (Steinschleudern lassen sich in meiner persönlichen Historie natürlich wesentlich früher zurückdatieren, aber bei ihnen handelt es sich nicht um „Viecher“).

Ich möchte Ihnen gerne eine hinreichend genaue Anleitung an die Hand geben, damit Sie einen kleinen Hahn schnitzen können, der zu den anderen bisher bereits präsentierten Projekten passt. Im Wesentlichen habe ich hier einen Teil aus meiner Hähnchenschnitzanleitung nochmals dargestellt, die mittlerweile in Englisch und Portugiesisch in der gesamten Welt verfügbar ist. Bei all den Zeichnungen, Fotos und den begleitenden Anleitungen sollten Sie rasch in der Lage sein, Ihren eigenen Hahn aus einer Astgabel selbst zu schnitzen.

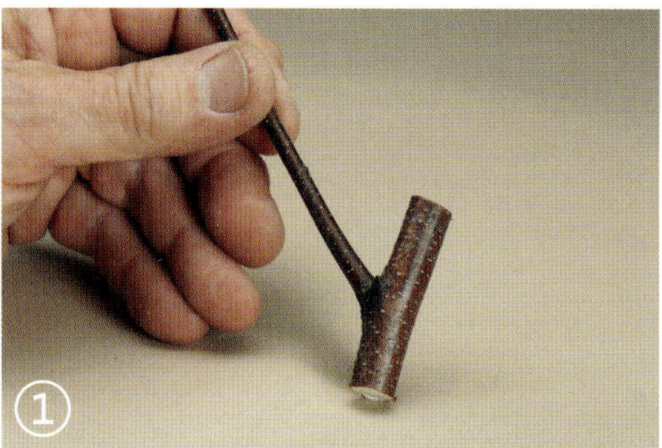

Suchen Sie eine Astgabel mit einem dünnen und einem dickeren Ast. Soll es Ihr erster Hahn werden, empfehle ich eine Astgabel mit einem etwa 10 bis 20 mm starken Hauptast (Ast B).

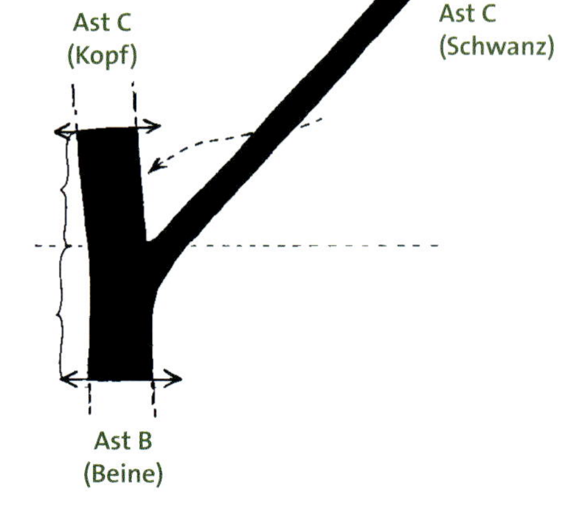

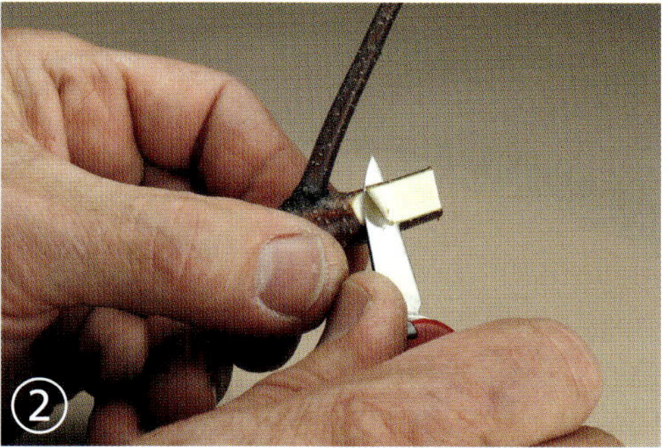

Ast A für den Hahnenkopf und -hals konisch zuschnitzen. So schnitzen; den Daumen dabei hinter das Holz halten.

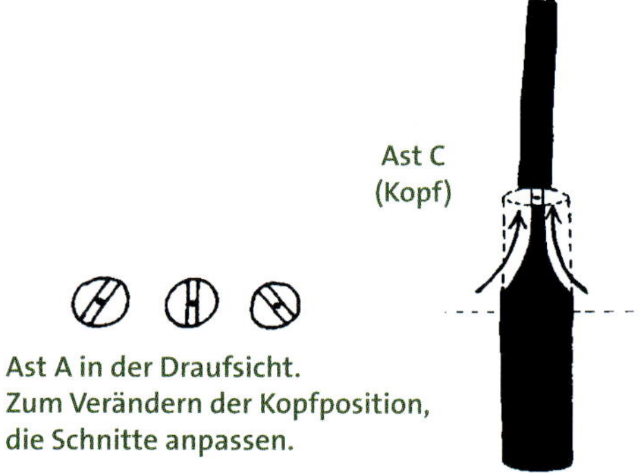

Ast A in der Draufsicht.
Zum Verändern der Kopfposition, die Schnitte anpassen.

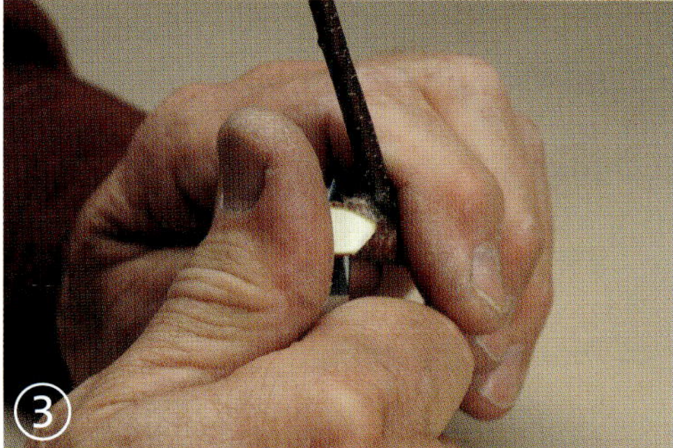

Nicht so schnitzen, dass der Daumen gefährlich in Schnitzrichtung der Messerklinge liegt.

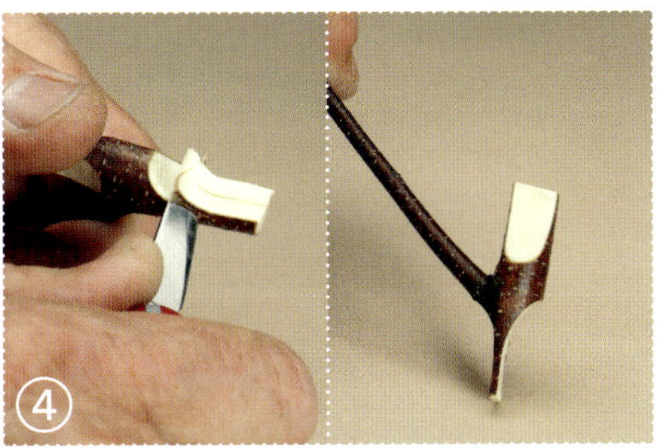

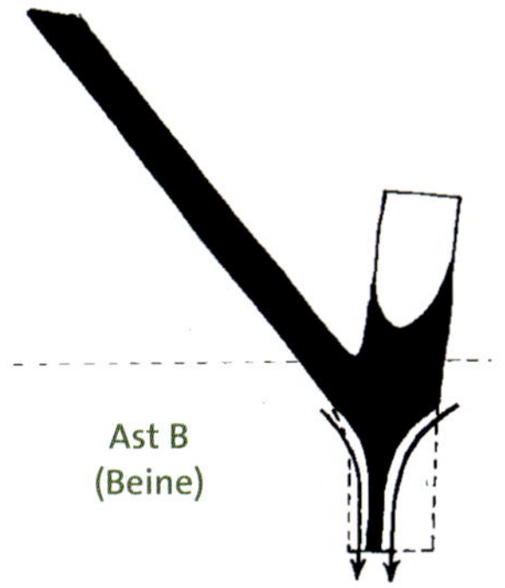

Ast B für die Hähnchenbeine konisch anschnitzen. Dabei an der Vorderseite mehr Holz wegnehmen als an der hinteren Seite. Der Hahn erhält dadurch einen kräftigeren Brustkorb.

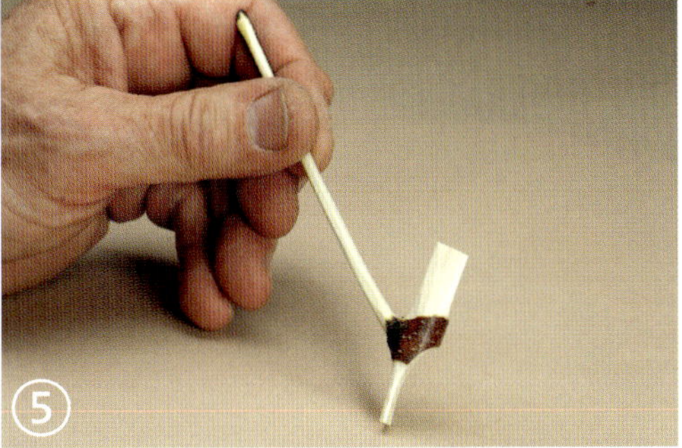

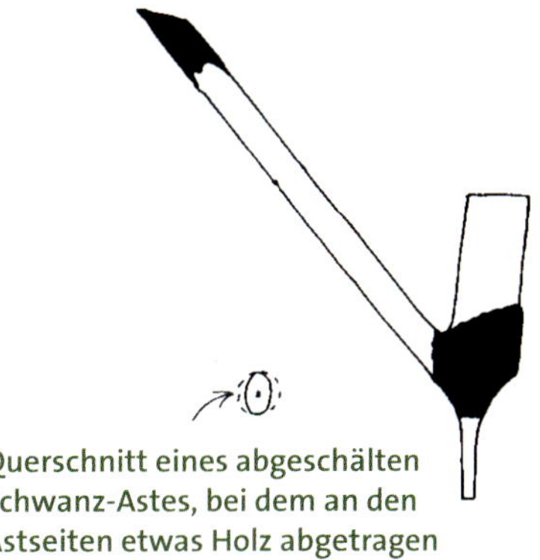

Querschnitt eines abgeschälten Schwanz-Astes, bei dem an den Astseiten etwas Holz abgetragen wurde.

Alle Äste entrinden, dabei dem Hahn nur ein „Federkleid" aus Rinde lassen. Bevorzugen Sie einen ganz weißen Hahn, müssen Sie die Rinde insgesamt entfernen.

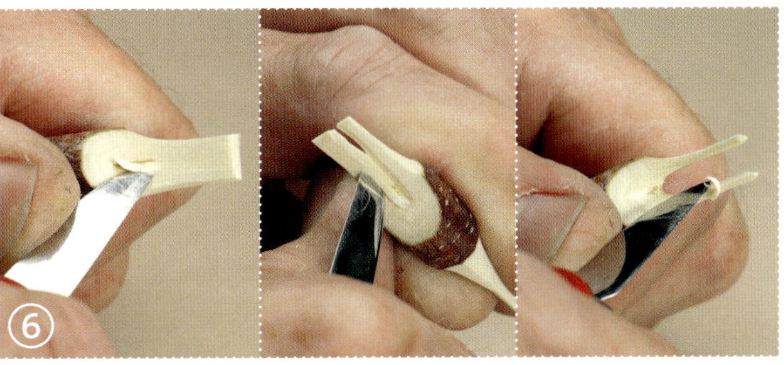

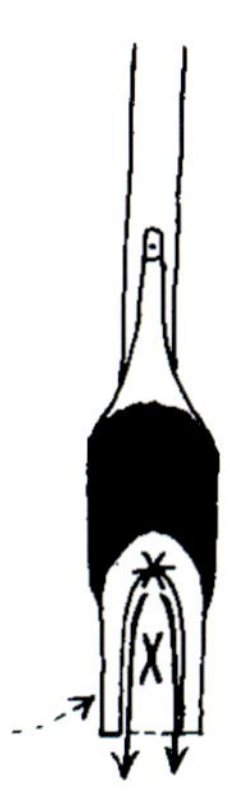

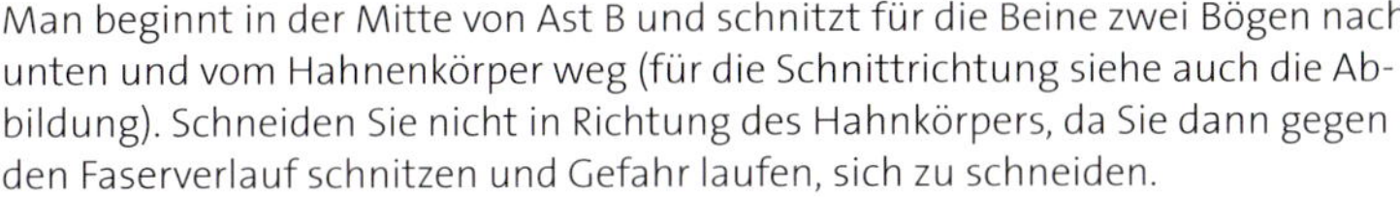

Man beginnt in der Mitte von Ast B und schnitzt für die Beine zwei Bögen nach unten und vom Hahnenkörper weg (für die Schnittrichtung siehe auch die Abbildung). Schneiden Sie nicht in Richtung des Hahnkörpers, da Sie dann gegen den Faserverlauf schnitzen und Gefahr laufen, sich zu schneiden.

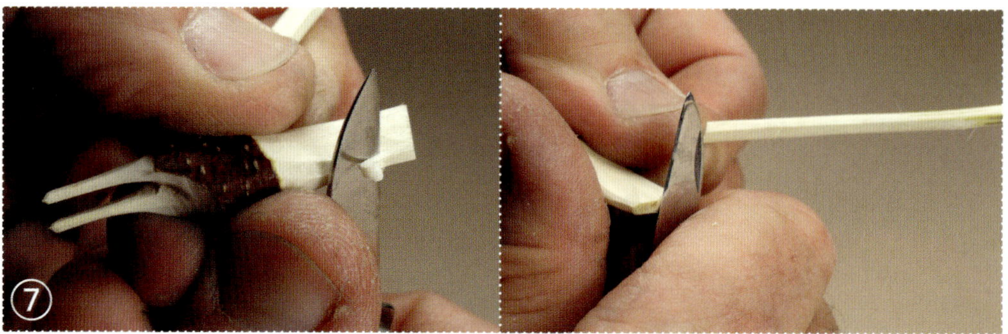

Den Hahnenkopf formen Sie mit drei einzelnen Schnitten. Der erste Schnitt trägt etwas Holz an der Vorderseite von Ast A ab. Beim zweiten und dritten Schnitt handelt es sich um leicht kurvenförmig verlaufende Schnitte oben am Hahnenkamm. Der hintere Winkel sollte etwas steiler sein als der vordere.

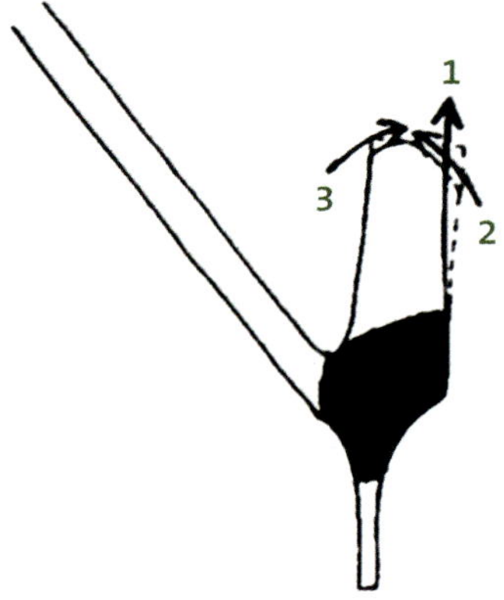

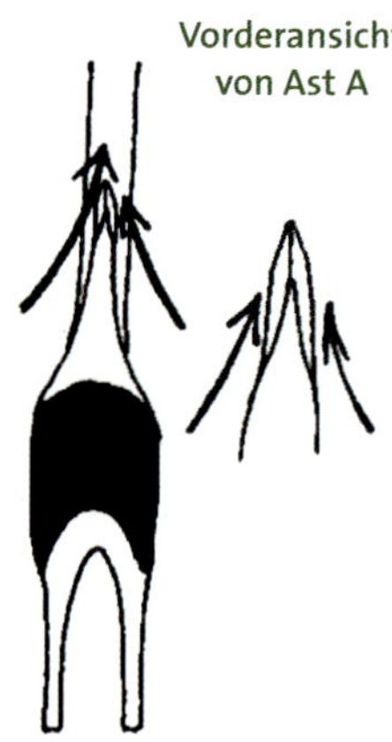

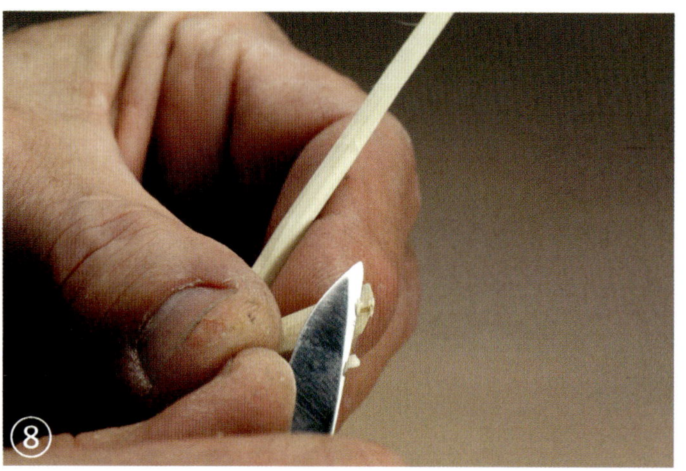

Das obere Ende von Ast A für den Hahnenkamm anschärfen.

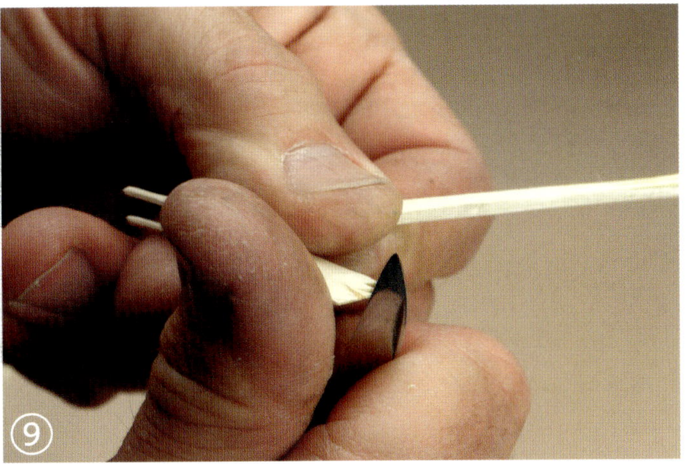

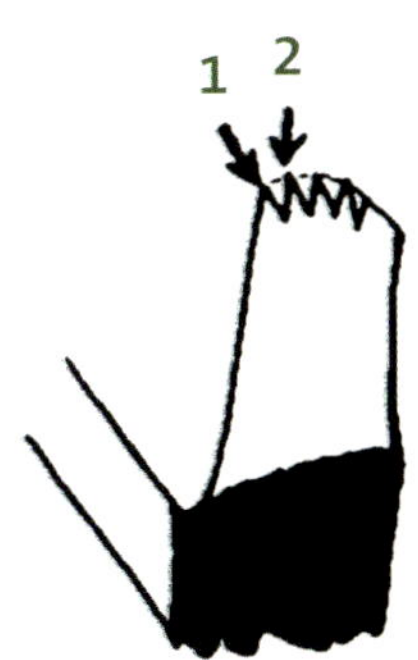

Nun mit schrägen Schnitten den Kamm einkerben. Auf diese Weise aus dem Kamm V-förmige Holzspäne entfernen.

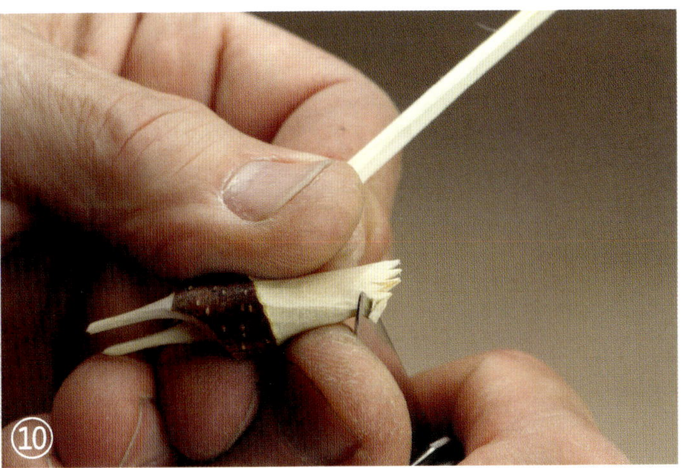

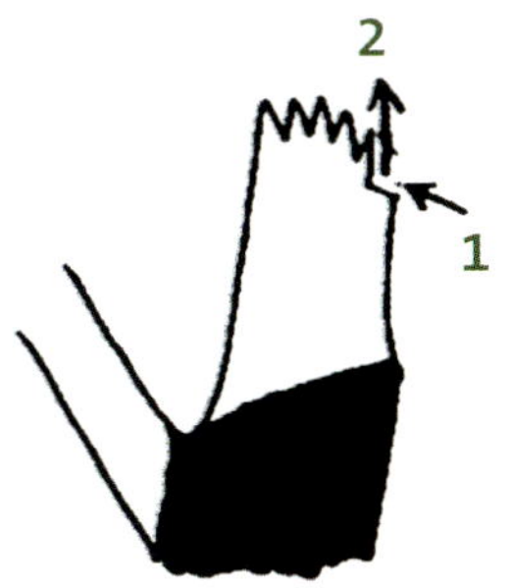

Dann die beiden Schnitte gemäß Abbildung durchführen und so die Kammvorderseite und die Schnabeloberseite formen.

Hinweis zum Hahn-Projekt

Speziell bei den Schritten 10, 11 und 13 immer nur sehr wenig Holz abtragen und nach Schnitt 1 Schnitt 2 durchführen. Beide Schnitte sooft wie für die gewünschte Form erforderlich wiederholen. Es ist viel besser, mehrere flache Schnitte zu machen, als zu tief einzuschneiden und am Ende das gesamte Holzstück aufzuspleißen.

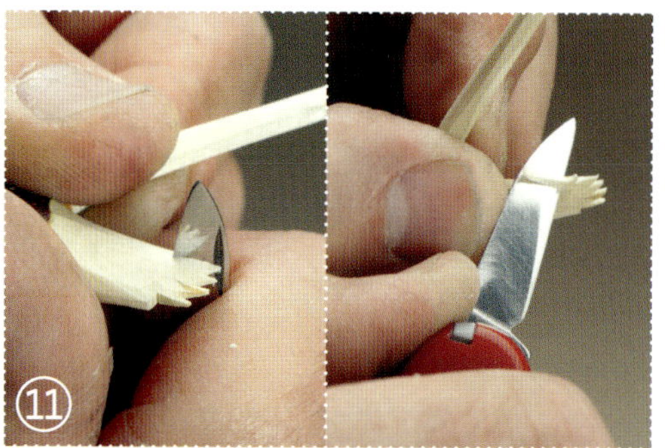

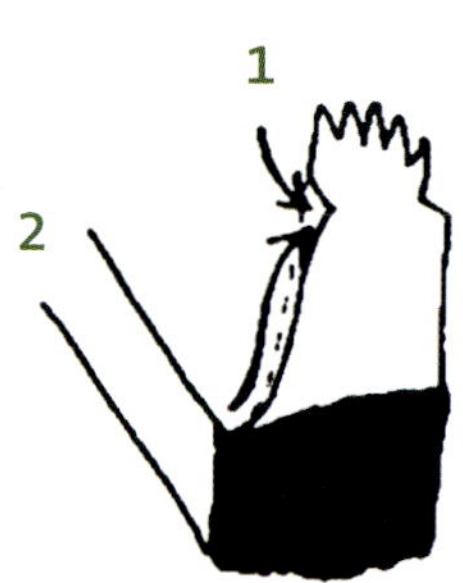

Die beiden Schnitte gemäß Abbildung für die Rückseite von Nacken und Kamm ausführen.

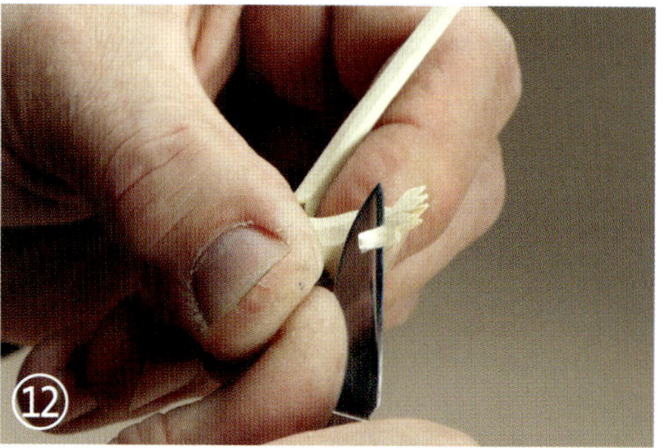

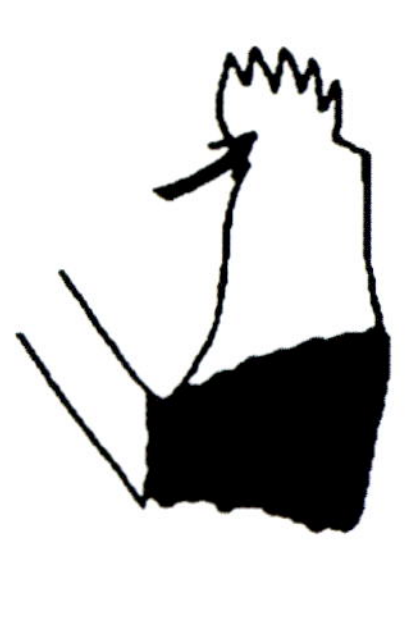

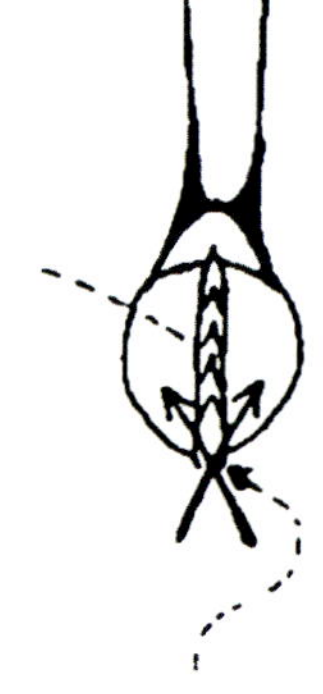

Sowohl Kammrücken als auch Schnabel anschärfen.

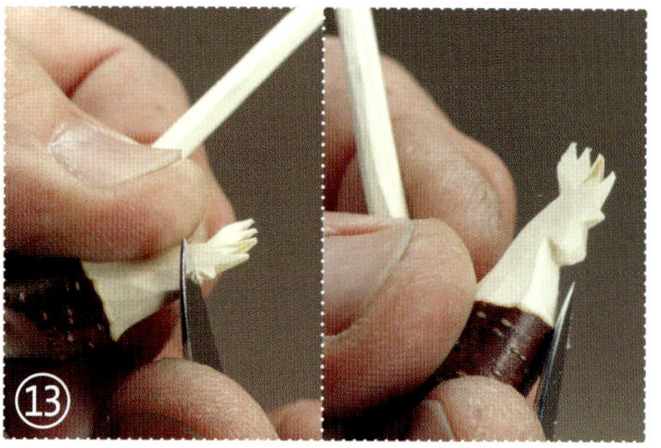

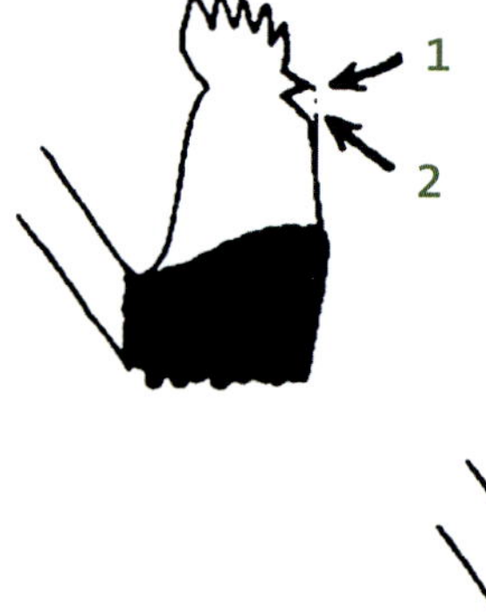

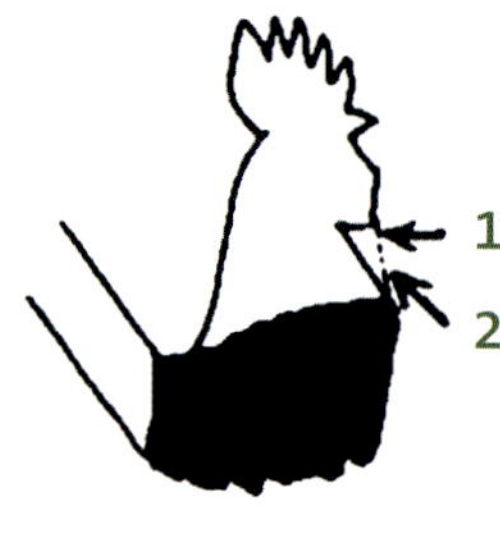

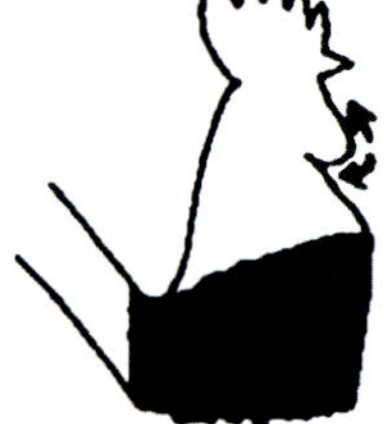

Schnabel und Kehllappen des Hahns formen. Ist die Grundform fertig geschnitzt, die Kehllappen und den Nacken runden und glätten.

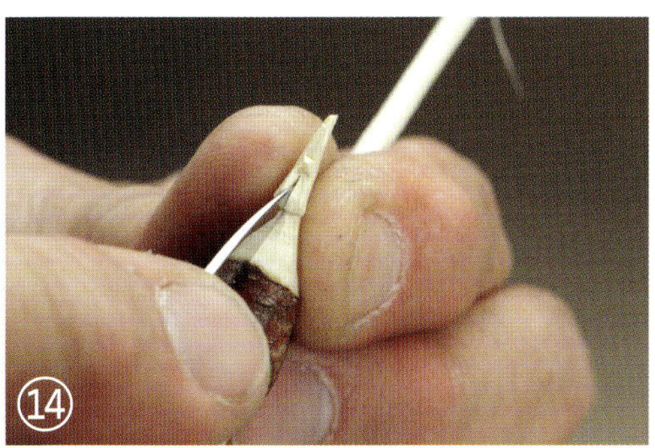

Mit einem kleinen V-förmigen Schnitt der Messerspitze die Kehllappen teilen.

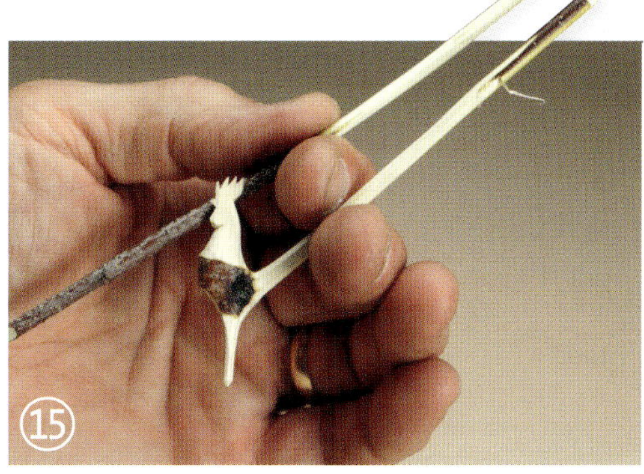

Nun kommt der Schwanz an die Reihe, ein Arbeitsgang, der den meisten Leuten etwas Kopfzerbrechen zu bereiten scheint. Bevor Sie sich an den Hahn wagen, sollten Sie vielleicht an einem Stück Abfallholz üben, das die gleiche Größe wie das Aststück für den Hahnenschwanz hat.

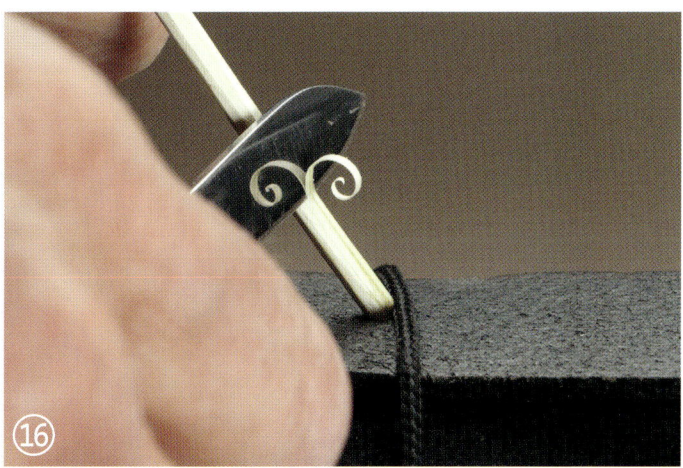

Stützen Sie das Astende auf einer Fläche ab, von der es nicht abrutschen kann. Dann mehrere kurze, nach vorne gerichtete Schnitte durchführen und auf diese Weise dünne Holzspäne erzeugen. Die Späne so dünn wie möglich machen, ohne sie jedoch abzutrennen.

Haustiere und Camping

Sie sollten lange und genau darüber nachdenken, ob Sie ein lebendiges Haustier (nicht Ihr gerade geschnitztes Hähnchen) mit auf einen Campingtrip nehmen wollen. Sie könnten es dadurch Krankheitsrisiken aussetzen, mit denen es zu Hause nicht konfrontiert wäre. Darüber hinaus könnte es im Wald auf giftige Pflanzen, Tiere oder Reptilien stoßen. Auch Bären und andere Fleischfresser sind eine Gefahr, die es zu beachten gilt, wenn Sie Ihr Haustier mitnehmen möchten.

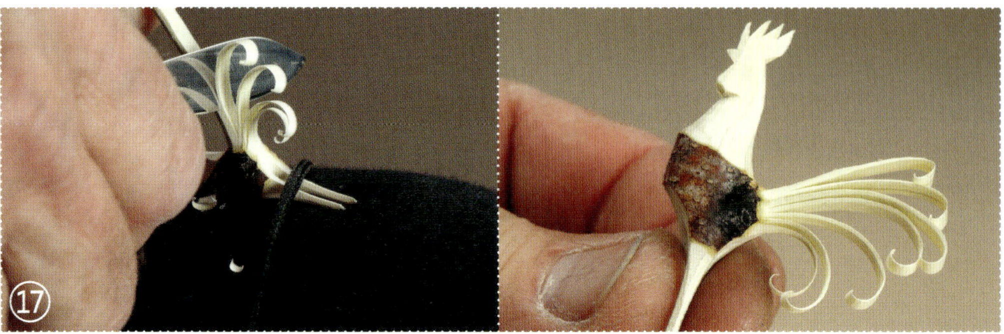

Nach dem Üben schnitzen Sie auf die gleiche Art den Hahn. (Wie Sie sehen, habe ich den Hahn an meinem Knie festgebunden, damit er sich während des Schnitzens nicht bewegt.) Vergessen Sie nicht, mehrere kurze und nach vorne gerichtete Schälschnitte zu machen. Dabei die Schnitte bis ganz unten zum Schwanzast führen.

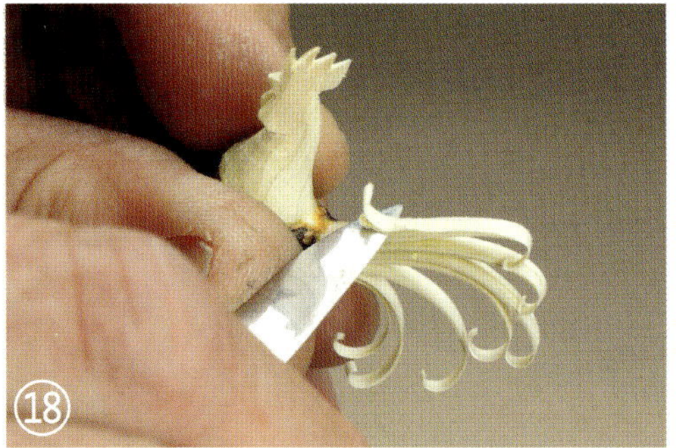

Ist die letzte (die oberste) Feder geschnitzt, dünnen Sie sie ein wenig aus, indem Sie von ganz unten nach oben schneiden.

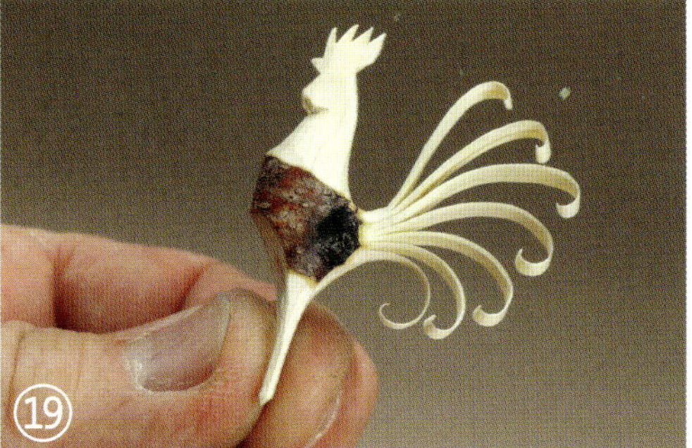

Mit der flachen Seite Ihrer kleinen Klinge die Federn so auseinanderspreizen, wie sie später stehen sollen.

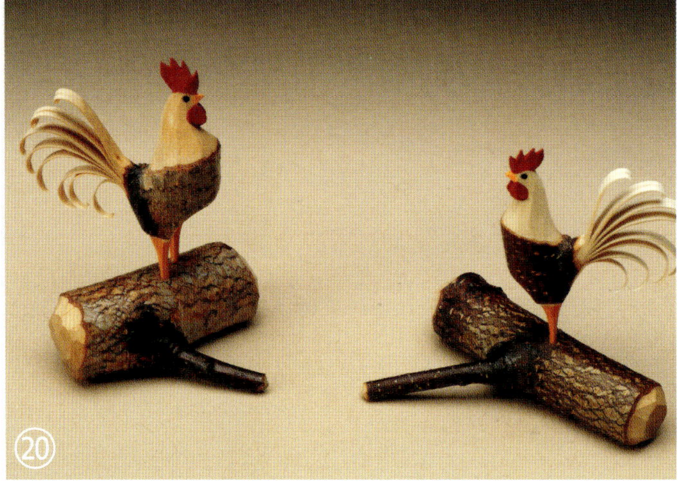

Den Hahn abschließend an Kopf und Beinen schleifen. Falls gewünscht mit roter, gelber und schwarzer Acrylfarbe bemalen; Kamm und Kehllappen in Rot, Schnabel und Beine in Gelb und die Augen in Schwarz.

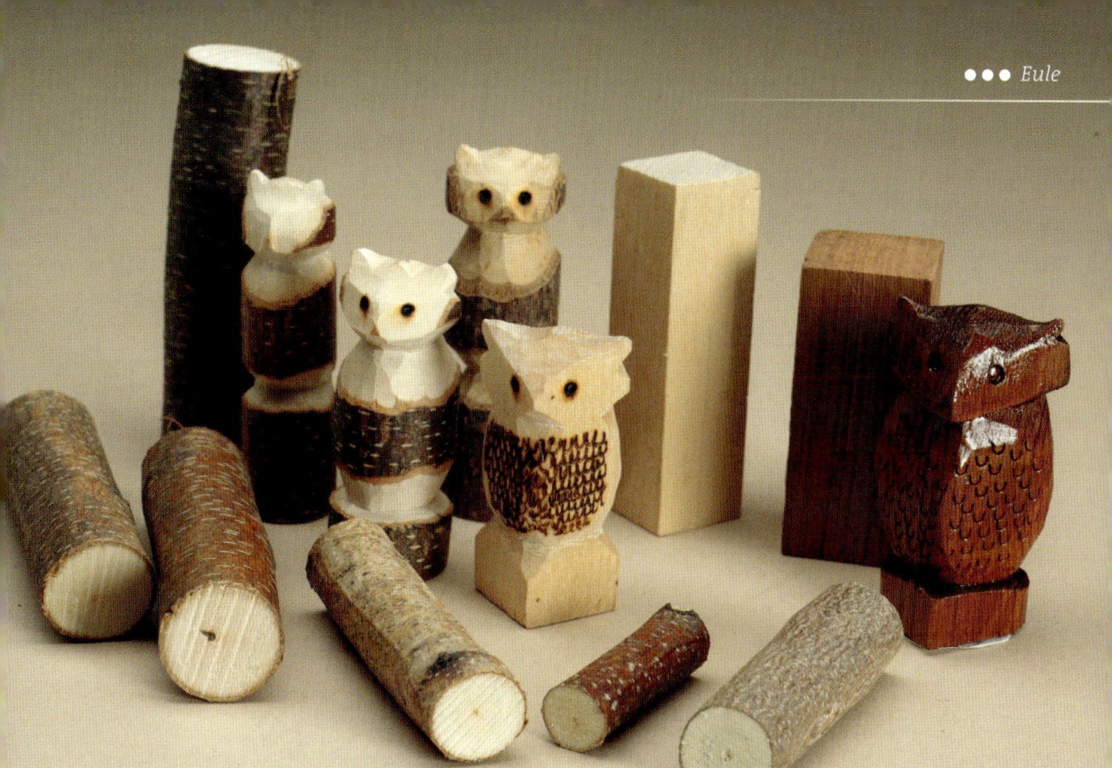

Eule

Damals im Sommer 2009 schickte mir D. K. Klug aus Mobile in Alabama freundlicherweise eine seiner kleinen, aus einem Stück Holz geschnitzten Eulen. Mit dabei waren einige Skizzen und handgeschriebene Anleitungen. Herr Klug war so großzügig, mir zu erlauben, seine Ideen an alle interessierten Leser weiterzuvermitteln. Für dieses Projekt habe ich nun die grundsätzliche Idee der kleinen Eule aus einem Holzklotz übernommen und sie auf Astmaterial übertragen. Natürlich sieht sie etwas anders aus, doch das Prinzip ist das gleiche. Herrn Klugs Eule ist die dunkle, rechts auf dem Foto oben.

MATERIALLISTE

- *Taschenmesser*
- *Gerader Ast in der gewünschten Stärke*
- *Bleistift*
- *Holzbrandgerät*

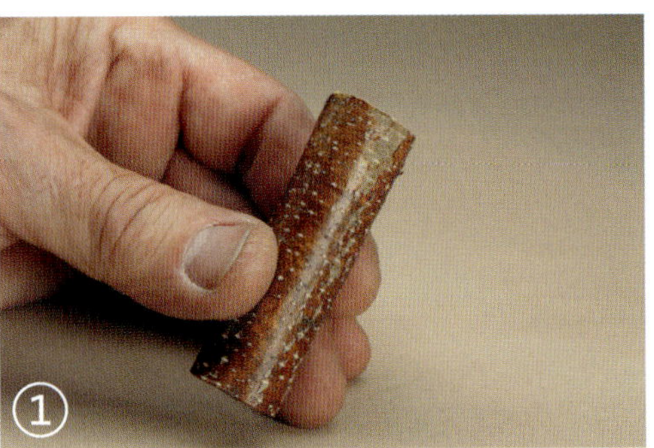

Suchen Sie einen geraden Ast, und schneiden Sie ein Stück davon ab. Stärke und Länge des Aststücks definieren die Größe der Eule. Das gezeigte hat etwa die Größe meines Daumens.

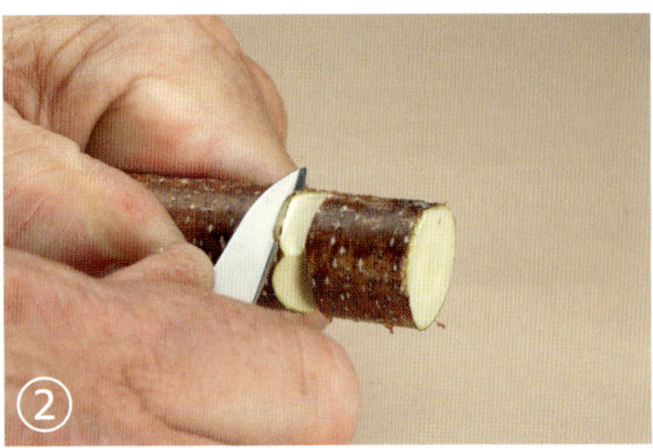

Etwas weniger als ein Drittel der Astlänge von einem Ende entfernt rund um das Aststück vier Kerben schneiden.

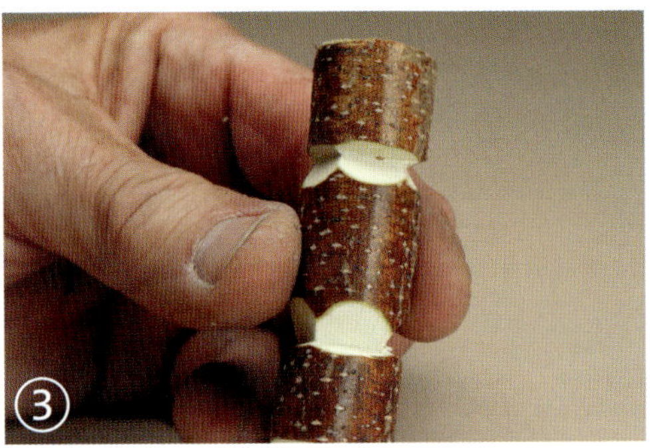

Am gegenüberliegenden Ende in der gleichen Weise verfahren.

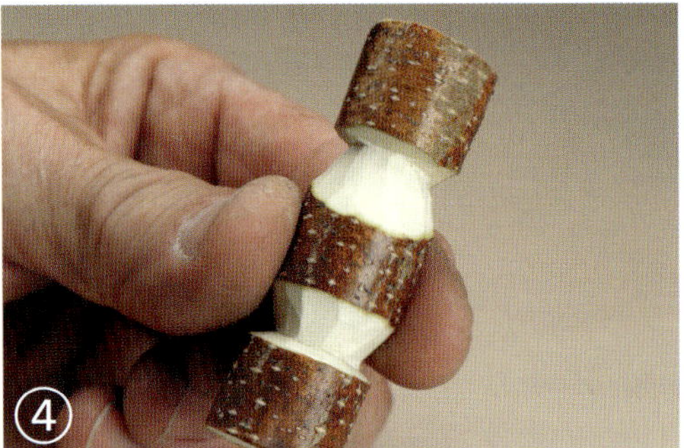

Das Holz in Richtung Kopf und Fuß konisch zuschnitzen. Dies jedoch nur auf etwa drei Viertel des Aststückumfangs.

Hilfe beim Schauen

Man weiß von Eulen, dass sie ihre Köpfe „nach hinten“ drehen können. Der Grund dafür ist, dass sie die Augen in den Augenhöhlen nicht bewegen können. Zum Sehen müssen sie daher ihre Köpfe in alle Richtungen drehen.

Unglück?

Schon in früher Vergangenheit war man der Meinung, dass der Schrei einer Eule Unglück verkündigte. Meist schreit eine Eule, um ihr Revier abzugrenzen. Hören Sie nachts eine Eule schreien, liegt es wahrscheinlich daran, dass Sie ein Gebiet betreten haben, das sie als ihr Territorium ansieht.

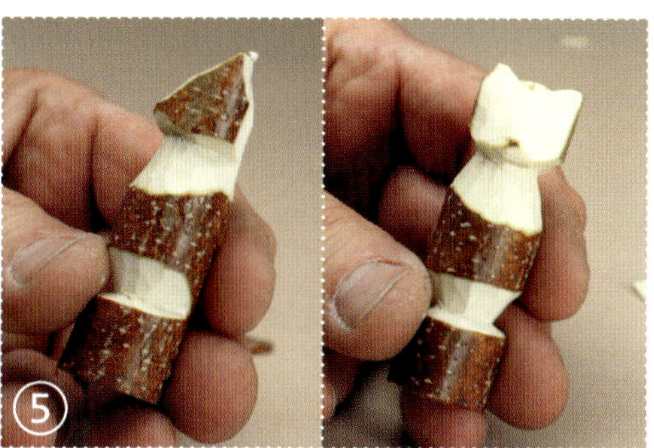

Den Eulenkopf formen, dabei besonders auf die Ohren achten. (Herr Klug erzählte, dass er aus Eulen, deren „Ohren" er abgeschnitten hatte, Pinguine machen musste!)

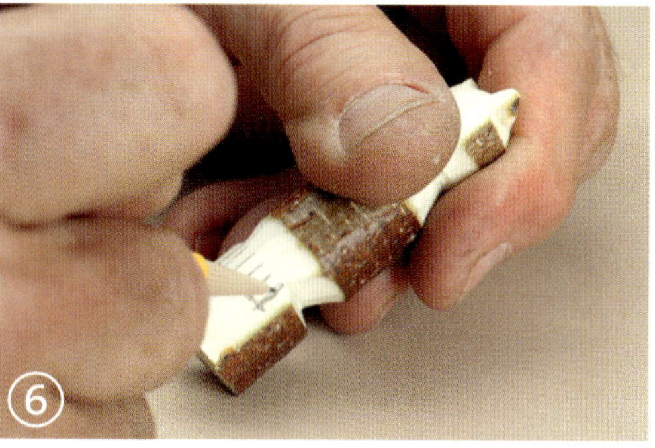

Die untere Rückseite des Astes entrinden und die Schwanzfedern der Eule anzeichnen.

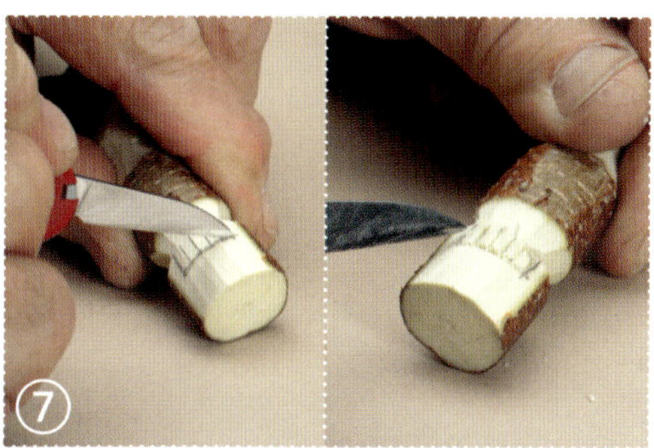

Mit der Messerspitze auf den Markierungslinien kleine Nuten schneiden.

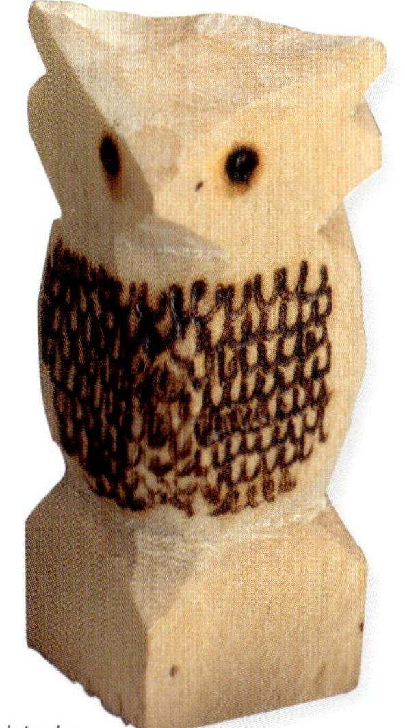

Während Herr Klug eine Reihe verschiedener kleiner Werkzeuge verwendet, um die Augen und die Brustfedern an seinem Eulenklotz zu gestalten, verwende ich dazu nur die Schreibspitze meines Holzbrandgeräts. Bestimmt gibt es viele Wege, um das gewünschte Ergebnis zu erzielen.

Projekte für Sport, Spiel und Freizeit

Seit ich ein kleines Kind war, habe ich mich bereits für alle Sportarten begeistert. So oft hat man mir die Geschichte erzählt, wie mein in New York geborener Vater (der als Kind in der Zeit von Babe Ruth und Lou Gehrig Baseball-Partien angesehen hatte) seinem kleinen, in Brasilien geborenen Sohn (mir) einen Baseball schenkte. Stellen Sie sich sein Leiden vor, als ich dagegen trat. Doch im Ernst, was hatte er erwartet? Schließlich bin ich in einem Weltklasse-Fußballerland geboren.

Zu seiner größten Freude, da bin ich mir sicher, bin ich letzten Endes doch ein halbwegs brauchbarer Baseballspieler geworden. Meine beste Sportart ist jedoch der Fußball geblieben. Dann kamen noch Basketball, Leichtathletik, Kanufahren, Volleyball, Tischtennis, Schwimmen, Murmelspiel, Kreiselspiel, Kronkorkenspiel (ja, in den schmutzigen Straßen von Contamana in Peru war das Kronkorkenspiel populär) und sogar gelegentlich Golf und Bowling hinzu. Ich glaube nicht, dass Baumklettern und Baumhausbau zu den Sportarten gehören, trotzdem haben sie mir auch viel Freude bereitet. Oh, Jagen mit der Steinschleuder und Fallenstellen auf Tauben und Gürteltiere habe ich noch vergessen.

Praktisch alle Sportarten, mit denen ich mich in meinen 67 Lebensjahren beschäftigt habe, fanden in normaler Lebensgröße statt. Weil mich meine Schnitzerfahrungen jedoch hauptsächlich zu Arbeiten im Bereich von Miniaturen geführt haben, ist der überwiegende Teil der nun folgenden Sport- und Spielprojekte im Bereich sehr kleiner Dimensionen angesiedelt.

Diese Miniaturen sind perfekt geeignet, um Ihre Lieblingssportart oder Ihren bevorzugten Zeitvertreib überall hin mitnehmen zu können.

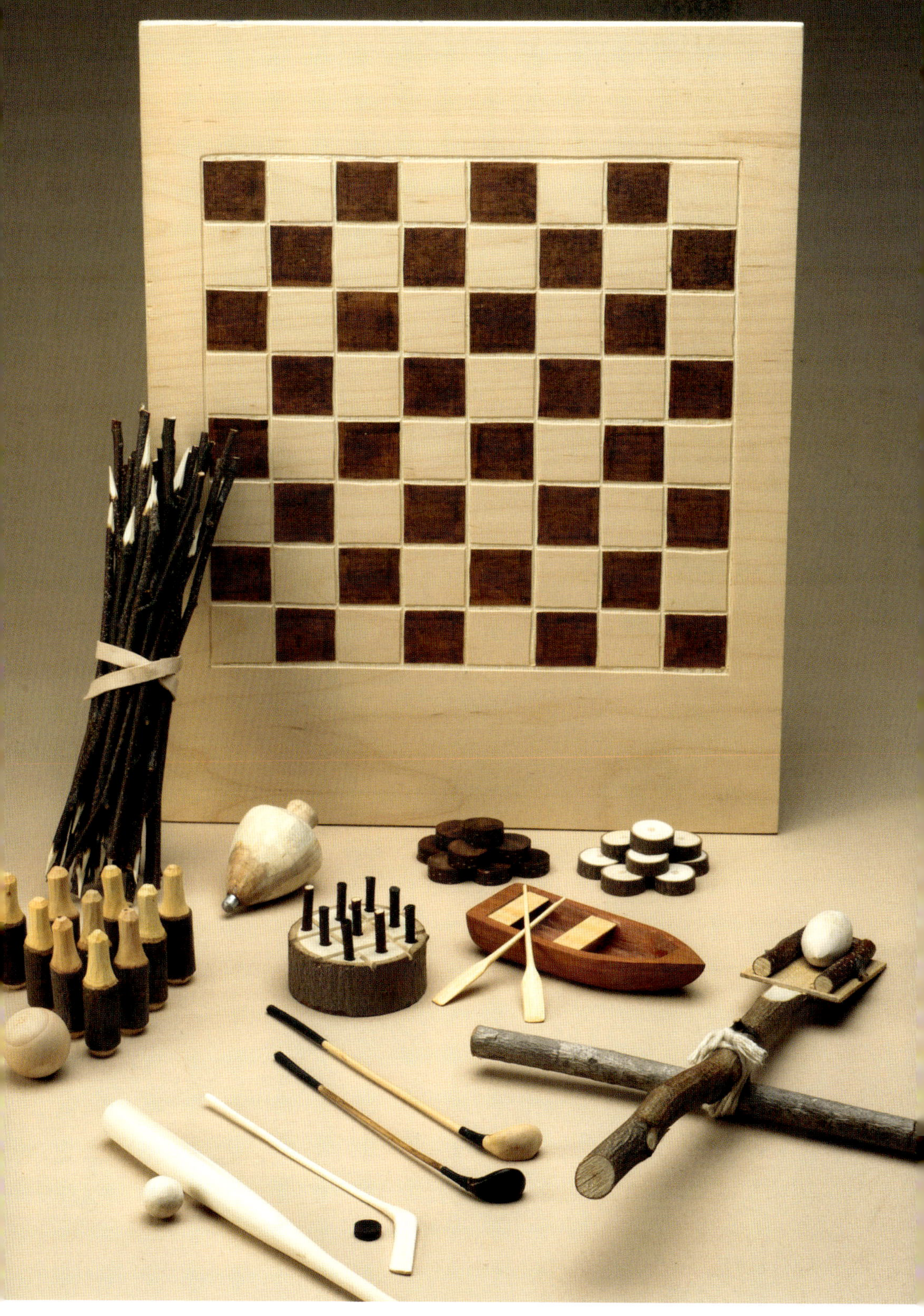

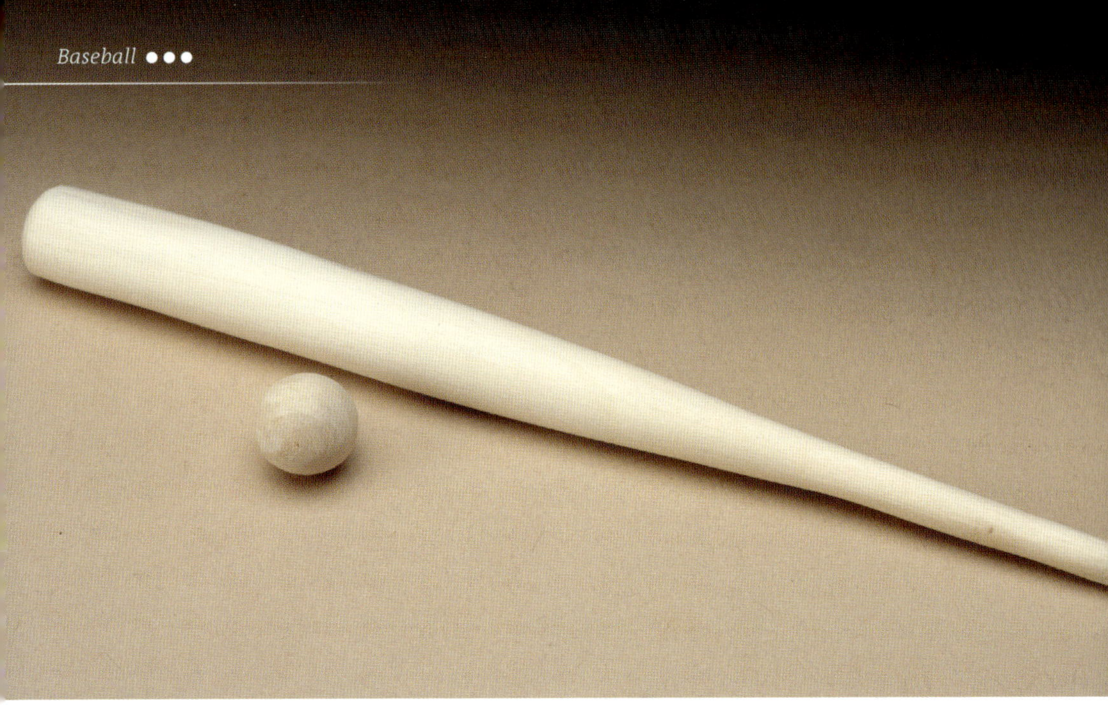

Baseball

Wenn Sie für ein Baseballbild einen coolen Rahmen machen wollen, kaufen Sie sich einen einfachen Holzrahmen und kleben Schläger, Ball und die Homeplate darauf; oder Sie stellen einige Teams aus Figuren zusammen und lassen Sie spielen! Für letzteren Vorschlag werden Sie allerdings vielleicht etwas Hilfe von Hasbro, Mattel (beides amerikanische Spieleherstelle) und Bill Gates benötigen.

Beim Schnitzen des Baseballs sollten Sie die auf Seite 89 angewandte Technik beachten. In späteren Projekten – beim Schnitzen des Footballs oder des Golfballs – werden Sie auf die gleiche oder eine ähnliche Vorgehensweise stoßen. Üben Sie also schon jetzt.

MATERIALLISTE

- *Taschenmesser*
- *Geradfaseriges Holzstücke*
- *Flaches Stück Bauholz*
- *Schleifpapier*
- *Bleistift*
- *Lineal*
- *Weiße Farbe (falls gewünscht)*

Übrigens: Die erste Profi-Baseballliga nahm 1871 ihren Spielbetrieb auf.

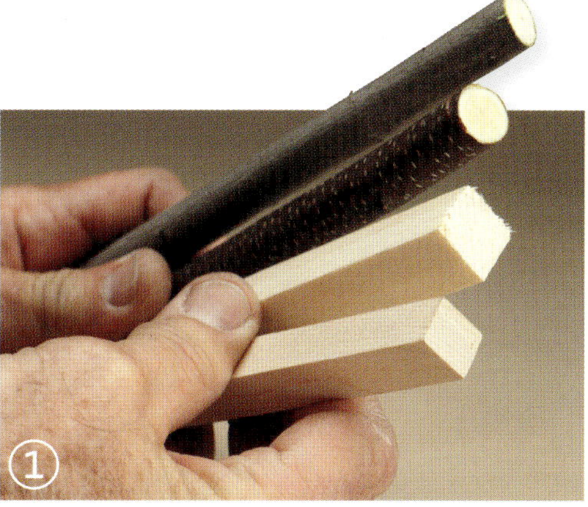

Für dieses Projekt benötigen Sie ein Stück Holz mit geradem Faserverlauf, etwa einen aststellenfreien Ast oder ein Stück Bauholz mit geradem Faserverlauf.

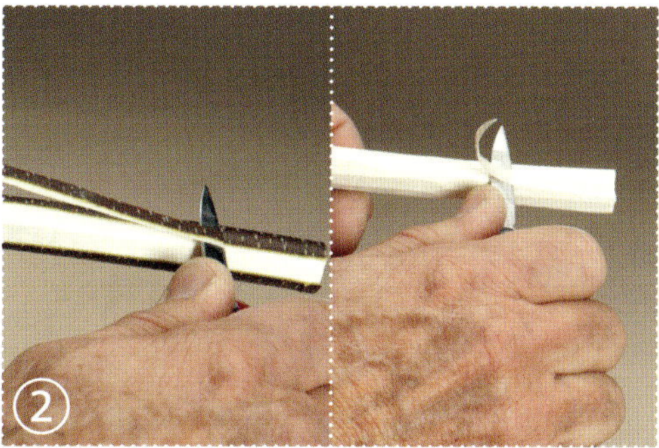

Mit langen, geraden Schnitten die Rinde entfernen. Der hier verwendete Ast hat einen Durchmesser von etwa 15 mm.

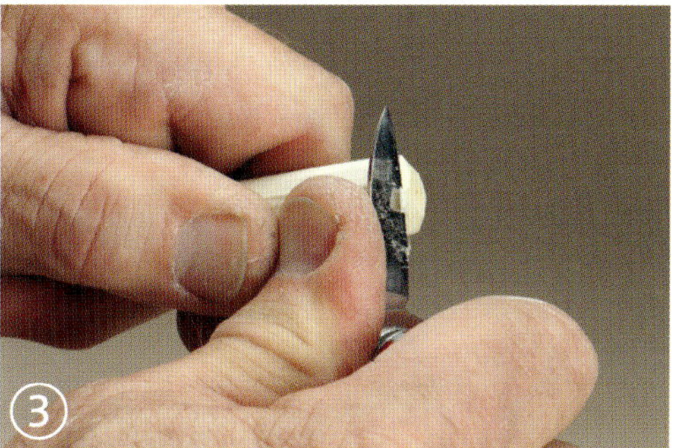

Das obere Ende des Schlägers abrunden.

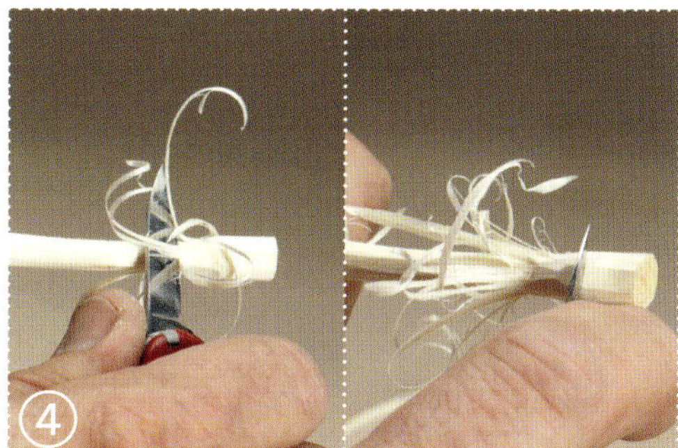

Den Schlägergriff konisch zulaufen lassen. Darauf achten, am Schlägerende genügend Material für den Knauf zu belassen.

Spiel für die Reise

Die Fahrt zu Ihrer nächsten Sportveranstaltung oder Ihrem Lieblings-Campingplatz könnte lang sein. Versuchen Sie es einmal mit diesem Spiel, und die Kilometer könnten wie im Fluge vergehen: Wählen Sie Kategorien wie Städte, Bundesstaaten, Länder, Tiere usw. Nun muss eine Person beginnen, indem sie etwas aus dieser Kategorie nennt. Die nächste Person nennt dann ebenfalls etwas aus der Kategorie, doch es muss mit dem letzten Buchstaben des vorherigen Wortes beginnen. Ein Beispiel: Als Kategorie wurden Städte gewählt und die erste Person nennt Paris. Der letzte Buchstabe ist ein S. Nun muss die nächste Person eine Stadt nennen, die mit S beginnt, z. B. Savannah. Die nun folgende Person muss eine Stadt mit H benennen, z. B. Heidelberg usw.

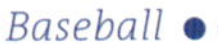

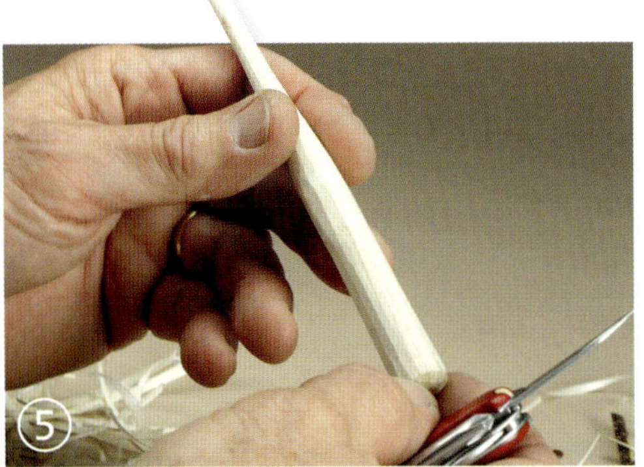

Am Ende sollte es in etwa so aussehen.

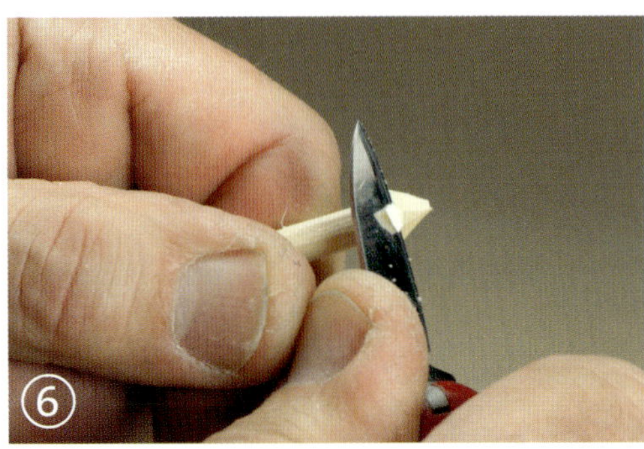

Den Knauf so zuschneiden, dass er zu den Proportionen des Schlägers passt.

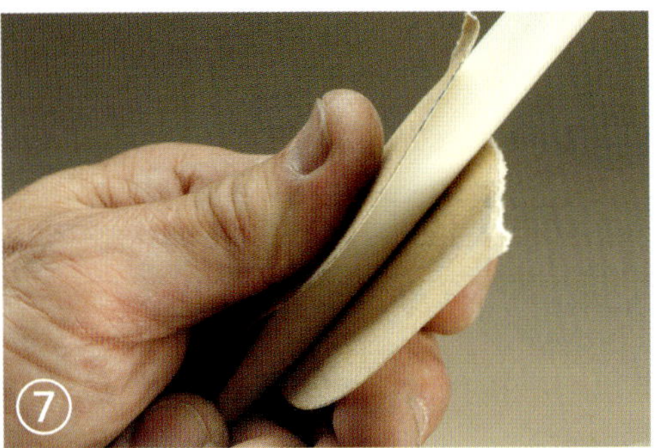

Den gesamten Schläger schleifen.

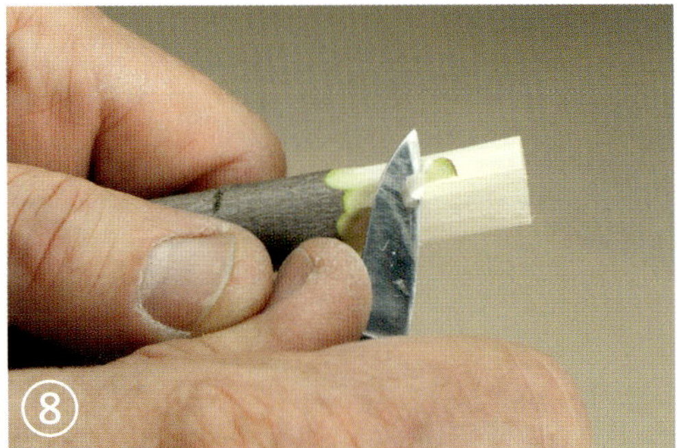

Ein weiteres Holzstück mit geradem Faserverlauf auswählen. Ein Ende entrinden.

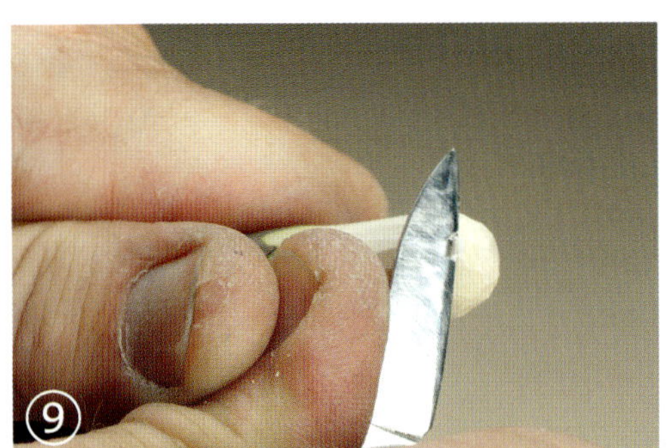

Das Ende des Holzes möglichst kreisförmig verrunden.

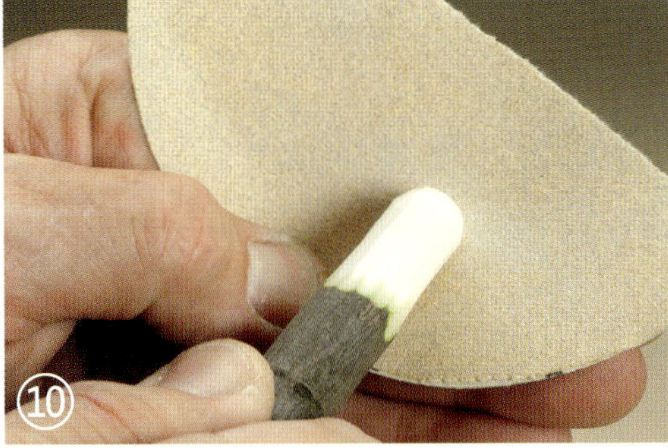

Das Holzende schleifen. Es sollte möglichst rund und glatt werden.

Übrigens: In den 1850er-Jahren stellten Baseballspieler ihre Schläger häufig selbst her.

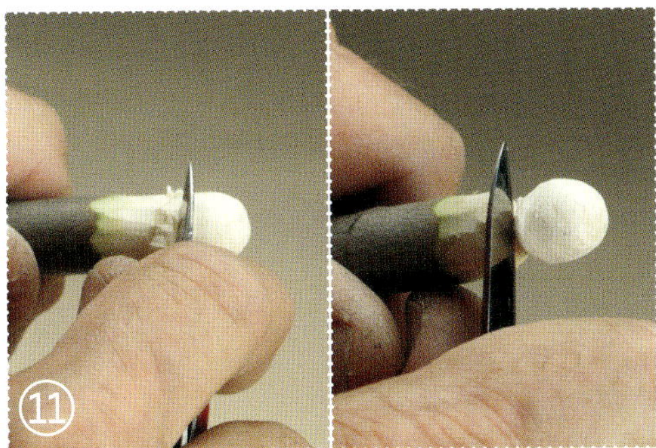

Nun mit dem Messer die andere Halbkugel schnitzen.

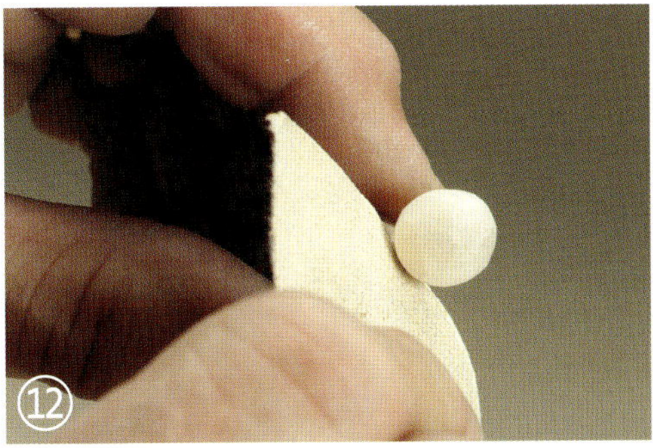

Noch während der Ball mit dem Aststück verbunden ist, den Ball so weit es geht schleifen.

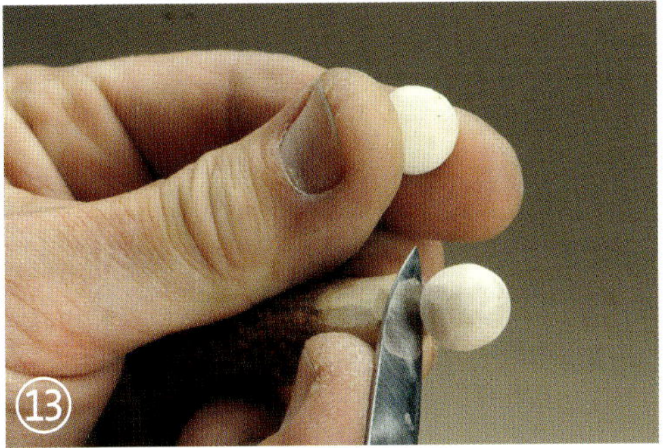

Den gesamten Schläger schleifen. Den Ball durch Wegschneiden des zwischen den beiden Holzpartien verbliebenen Holzes vom Ast abtrennen. Den Ball mit einem Stück Schleifpapier fertig schleifen.

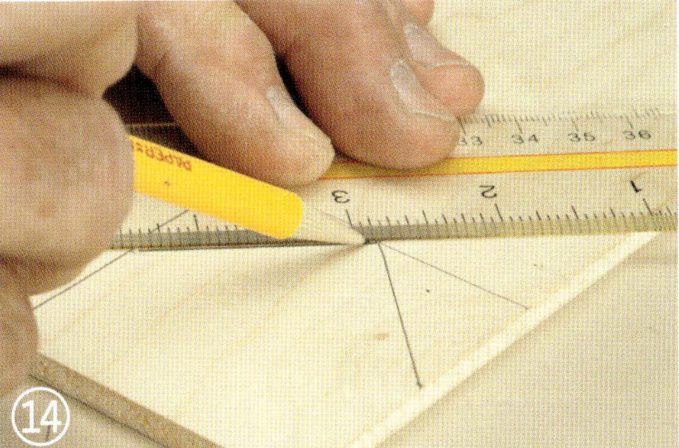

Auf einem kleinen Stück flachem Bauholz die Homeplate maßstabsgerecht aufzeichnen und ausschneiden. Schleifen und weiß bemalen.

Wie man einen Ball bogenförmig wirft

Der Curveball (bogenförmig geworfener Ball) ermöglicht dem Werfer ein hohes Maß an Kontrolle, da er den Ball dabei sehr gut halten kann. Es kommt bei diesem Wurf vor allem auf Topspin (spezielle Wurftechnik) an. Wenn der Werfer diese Technik nicht anwendet, nimmt der Ball keine bogenförmige Bahn.

Die Ballhaltung:

Suchen Sie am Ball die Stelle, an der die Nähte am weitesten auseinanderliegen. Den Mittel- und Zeigefinger auf eine Naht legen. Den Ball mit Daumen, Zeigefinger und Mittelfinger festhalten, dabei den Ringfinger und den kleinen Finger gegen die Handfläche einklappen. Der Ball darf die Handfläche nicht berühren. Nun sind Sie bereit zum Wurf.

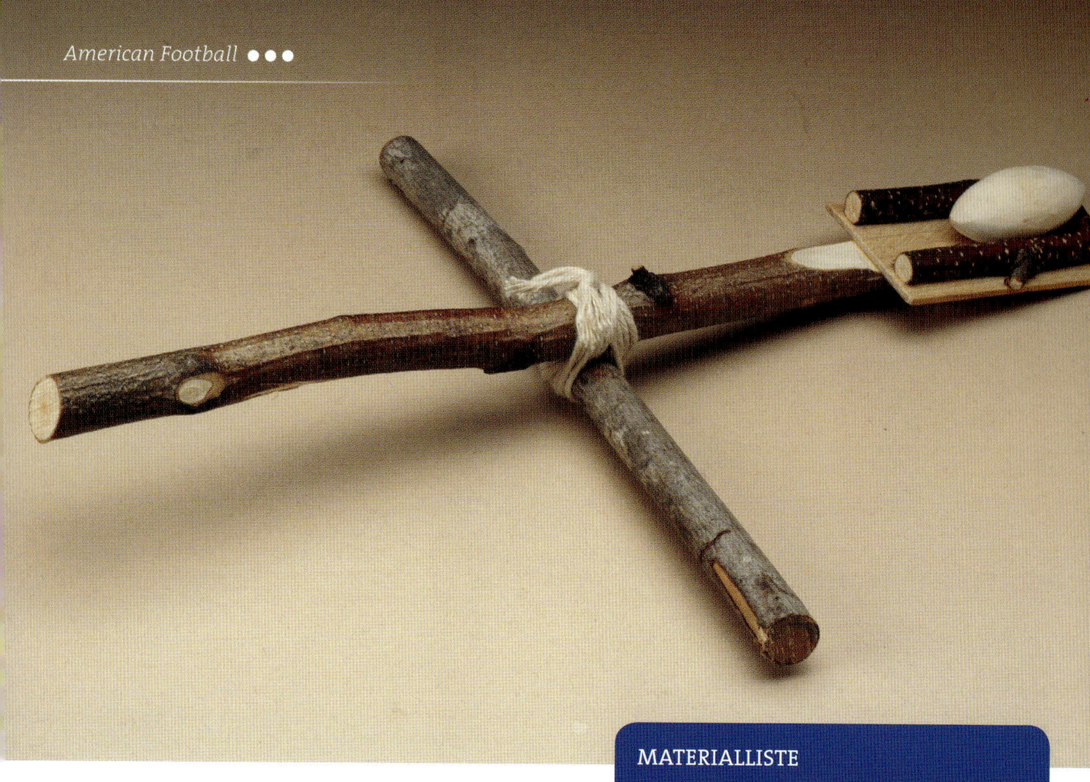

American Football

Zugegeben, dieser Football ist klitzeklein, doch ich wette, dass Aaron Rodgers und Peyton Manning damit einen Kick hinbekommen würden. Klar, sie sind Quarterbacks und keine Kicker, doch wer weiß, vielleicht träumten sie schon das ein oder andere Mal davon, ein spielentscheidendes Field Goal zu kicken. Immerhin gab es m. E. genug Gelegenheiten, bei denen sie mehr als glücklich sein konnten, dass die Kicker im Team für sie das Spiel gewannen.

MATERIALLISTE

- *Taschenmesser*
- *Dicker, gerader Ast für den Football*
- *Drei ca. 410 mm lange Stöcke für die Torpfosten*
- *Zwei ca. 255 mm lange Stöcke für das Katapult*
- *Abschussplatte nach Wahl*
- *Zwei Stöcke mit Astgabeln*
- *Platte für den Katapultsockel (falls gewünscht)*
- *Holzleim*
- *Schnur*
- *Schleifpapier*

Übrigens: American Football, Rugby und Fußball entwickelten sich vermutlich aus dem griechischen Ballspiel „Harpaston".

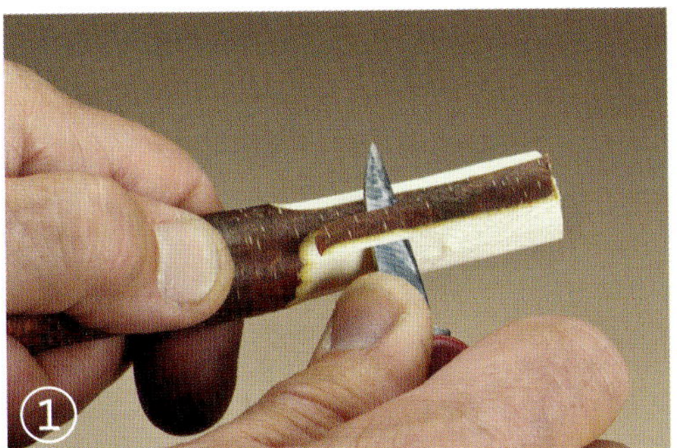

Sie benötigen einen dicken, geraden Ast als Rohling. Entfernen Sie an einem Ende die Rinde.

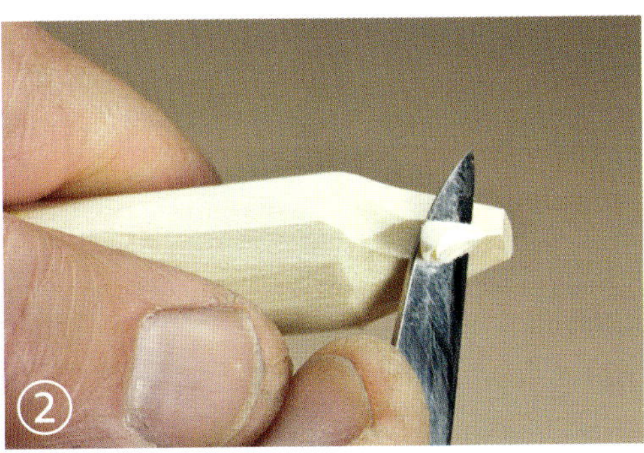

Das Astende zuspitzen und zu einer Spitze des Footballs formen.

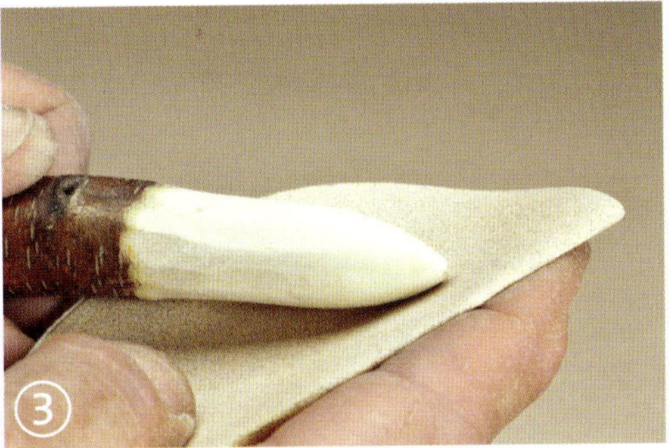

Die Form mit Schleifpapier vollenden und das geschnitzte Footballende glätten.

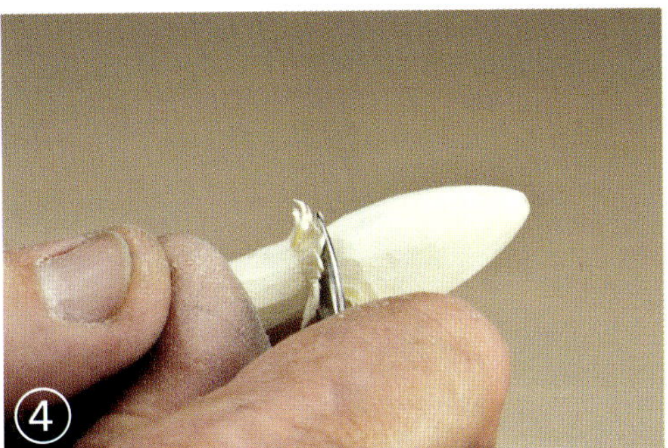

Von der Ballmitte aus rückwärts schnitzen und das andere Footballende formen.

Wie man den Ball in den Griff bekommt

Ausschlaggebend für einen guten Wurf ist der richtige Griff des Footballs. Dazu setzt man den Daumen und den Mittelfinger unmittelbar unter dem weißen Ring am Ende des Footballs an. (Die Finger sollten sich an der Seite des Ringes befinden, die zur Ballmitte zeigt.) Die anderen Finger auf den Nähten platzieren und den Zeigefinger nahe der Ballspitze.

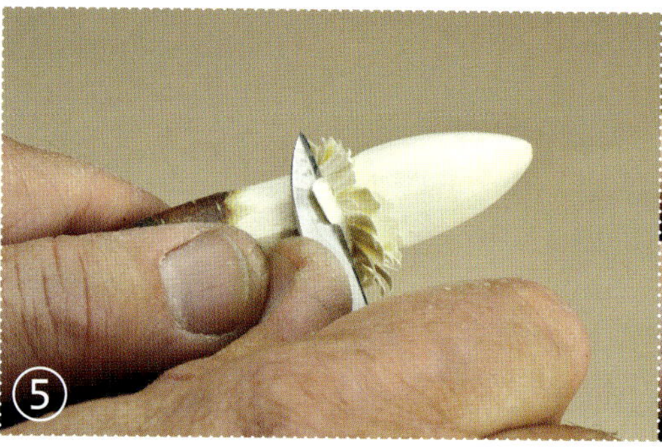

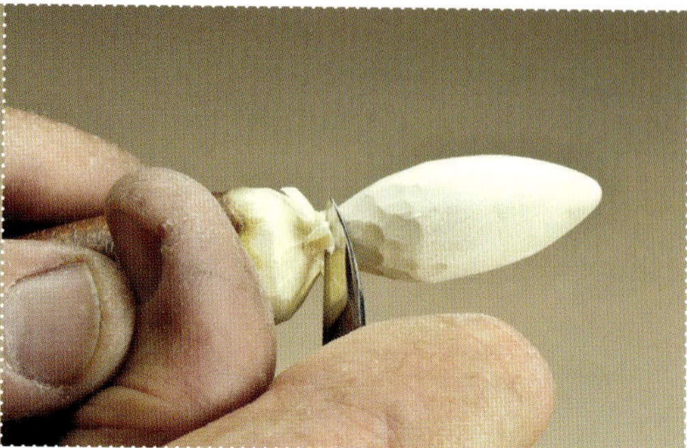

Das Ende weiter auskerben und zuspitzen.

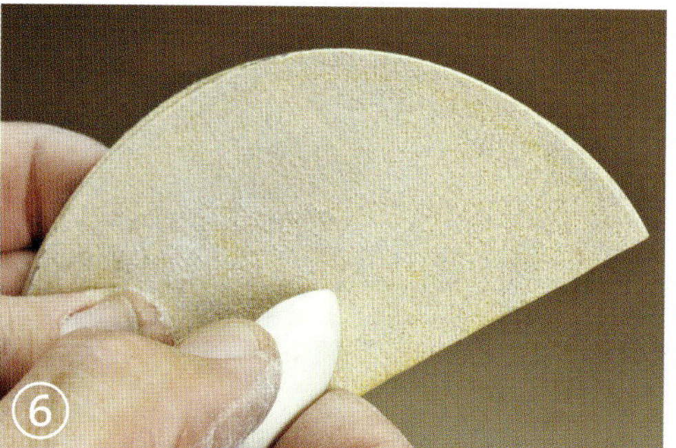

Den Ball vom Stock abschneiden. Die zuletzt fertig gestellte Hälfte schleifen und glätten und in den fertigen Teil übergehen lassen. Schnitzen und schleifen, bis der Football den Regeln entspricht.

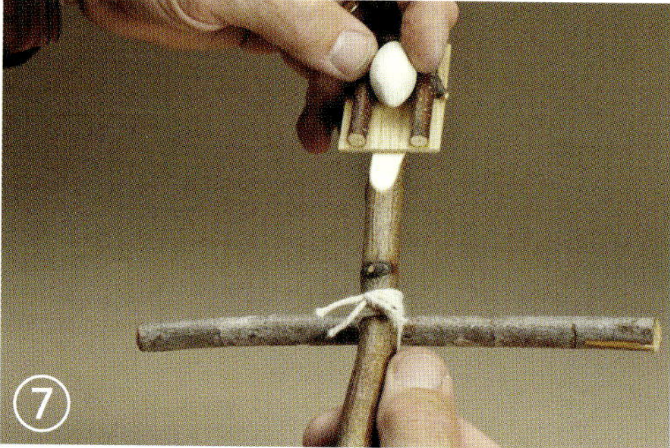

Jetzt benötigen Sie für den fertigen Football eine Wurfvorrichtung, mit dem Sie ihn abschießen können. Siehe die Anleitung im folgenden Kasten für den Bau eines Mini-Katapults.

Bau eines Katapults

Zwei kleine Äste auf eine kleine Holzplatte kleben und dieses Teil auf das Ende eines langen Stocks kleben. Einen kürzeren Stock mit Schnur quer daran festbinden, sodass ein Kreuz entsteht. Zwei Stöcke mit Astgabeln in einen Sockel schrauben (oder im Freien in den Boden stecken). Das Querstück des Kreuzes in die Astgabeln legen. Den Football in die Abschussplatte legen und dem anderen Ende einen Schlag verpassen, um den Ball in die Luft zu schleudern. Als Abschussplatte können Sie auch Kronkorken, kleine Konservenglasdeckel oder eine halbe Walnuss- oder Pecanschale verwenden. Machen Sie einen Torpfosten für Ihr Katapult, indem Sie einen Querpfosten an zwei vertikale Zweige oder Rundstäbe binden.

Übrigens: Walter Camp gilt als der „Vater des American Football".

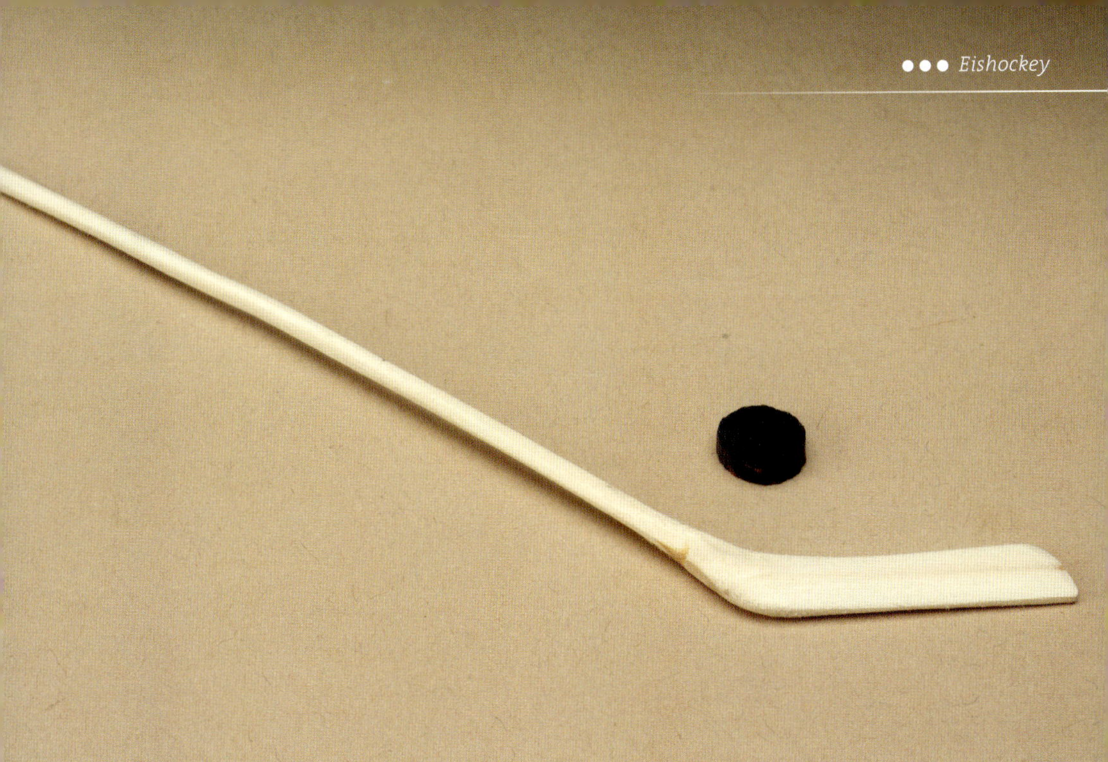

Eishockey

Da ich einen Großteil meiner Kindheit in den tropischen Regionen Brasiliens und Perus verbrachte, war das Eis in dem kleinen Eisfach unseres Kerosin-Kühlschranks praktisch das einzige Eis, das ich je zu Gesicht bekam. Wo ich gerade daran denke, erinnere ich mich an einige Male, als das Wasser in einem Eimer hinter unserem Haus in Aquidaunana, Mato Grosso, bei einem Kälteeinbruch eine dünne, gefrorene Kruste bekam. Ich bin ziemlich sicher, dass ich ein Spiel wie Eishockey erst später kennenlernte, als wir in Großmutters Heimat kamen. Und überhaupt, glauben Sie etwa, dass meine Mutter meinen Bruder und mich bei unter 27 °C in Nachbars Teich hätte schwimmen gehen lassen? Zu kalt! Doch ich schweife ab. Spielen wir ein bisschen Eishockey.

MATERIALLISTE

- *Taschenmesser*
- *Astgabel für den Schläger*
- *Kleine Astscheibe für den Puck*
- *Schleifpapier*
- *Schwarzer Permanentmarker*
- *Schwarze Farbe (falls gewünscht)*

Übrigens: Im Jahre 1877 war es die Montreal Gazette, die erstmalig Hockey-Regeln veröffentlichte.

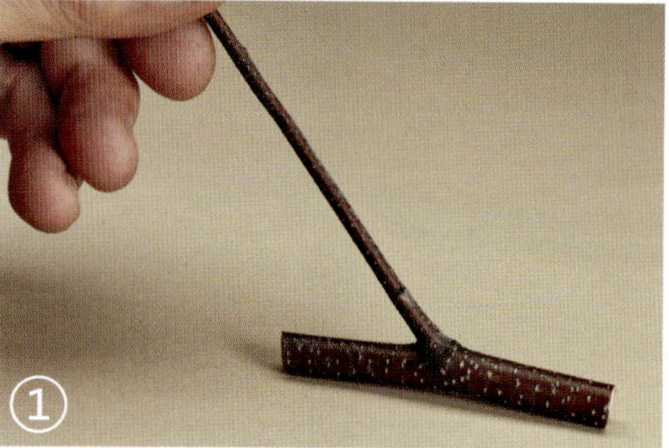

Suchen Sie ein verästeltes Holzstöckchen, bei dem ein gerader Ast vom dickeren Ast abzweigt, als Rohling für Ihren Hockeyschläger.

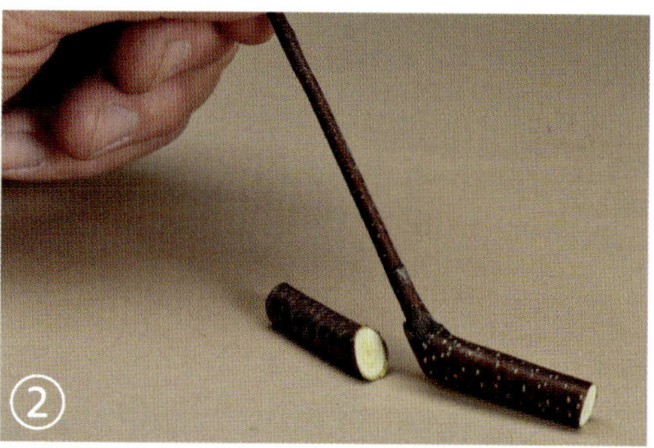

Den Ast so zuschneiden, dass eine L-Form wie bei einem Hockeyschläger entsteht.

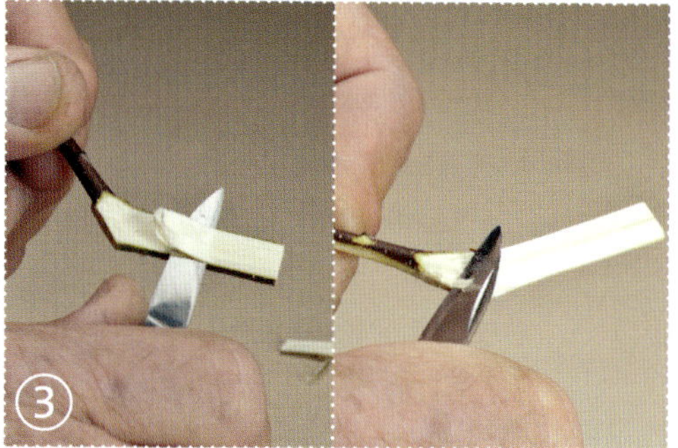

Den dickeren Ast beidseitig abflachen und sauber in den Stiel übergehen lassen. Dabei die Rinde entfernen. Dieses Stück wird zur Schlägerkeule.

Lagerfeuer-Pizza

Probieren Sie beim nächsten Wintercamping doch einmal dieses Pizza-Rezept aus. Während Sie sich am Feuer wärmen, können Sie gleichzeitig Pizza backen. Oder backen Sie sie im Ofen, wenn Ihre Kinder vom Hockey nach Hause kommen.

Zutaten:

1 Laib Brot

1 Glas Pizza-Soße

Reibekäse

Salami oder anderen (verzehrfertigen) Pizza-Belag

Butter

Waffeleisen (aus Gusseisen für offenes Feuer)

Zubereitung:

Das Waffeleisen über dem Lagerfeuer erhitzen. Das heiße Eisen öffnen und beide Flächen mit Butter einstreichen. Auf beide Flächen eine Scheibe Brot legen. Eine Seite mit Pizza-Soße, Salami und Käse belegen. Das Eisen schließen und darauf achten, dass die belegte Seite unten liegt. Über das Feuer halten und immer wieder wenden, damit beide Seiten getoastet werden.

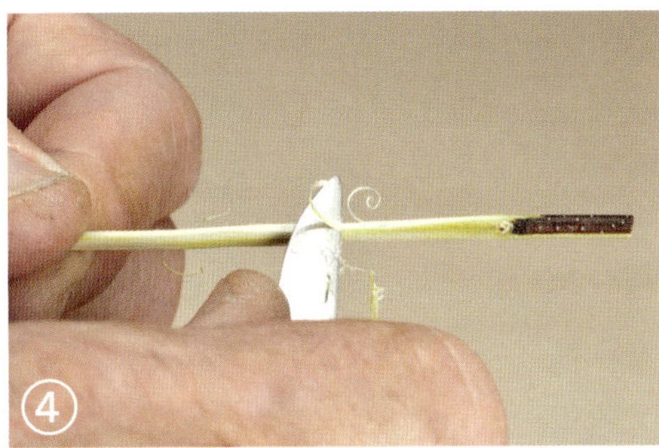

Mit langen, geraden Schnitten die Rinde vom Stiel entfernen.

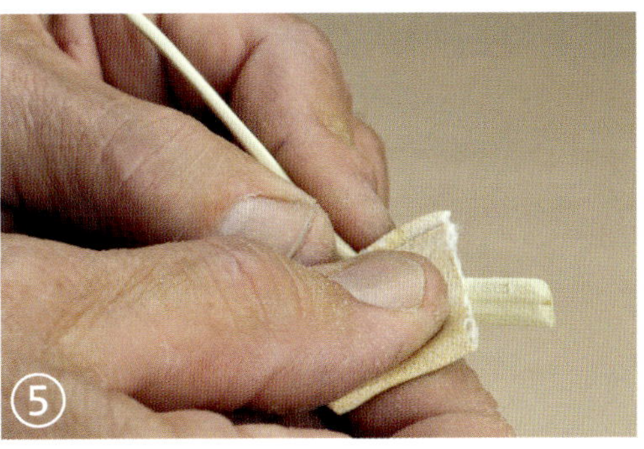

Den gesamten Schläger glatt schleifen.

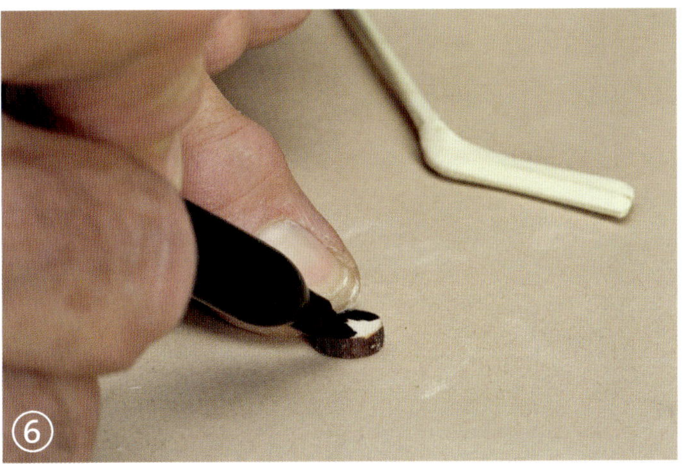

Um einen Puck anzufertigen, schneiden Sie eine Astscheibe zu, schleifen sie und malen sie schwarz an.

Eisangeln

Wenn Sie beim nächsten Campingausflug zum Eisangeln gehen, schneiden Sie Ihr Loch mit einem 100–130-mm-Handbohrer in das Eis. Mit Hammer und Meißel oder einem Elektrobohrer verursacht man zu viel Lärm und verscheucht die Fische.

Kleiner Tipp: Einen Hockey-Puck können Sie sich auch backen: Lassen Sie eine Kartoffel drei Stunden in der heißen Holzkohle liegen.

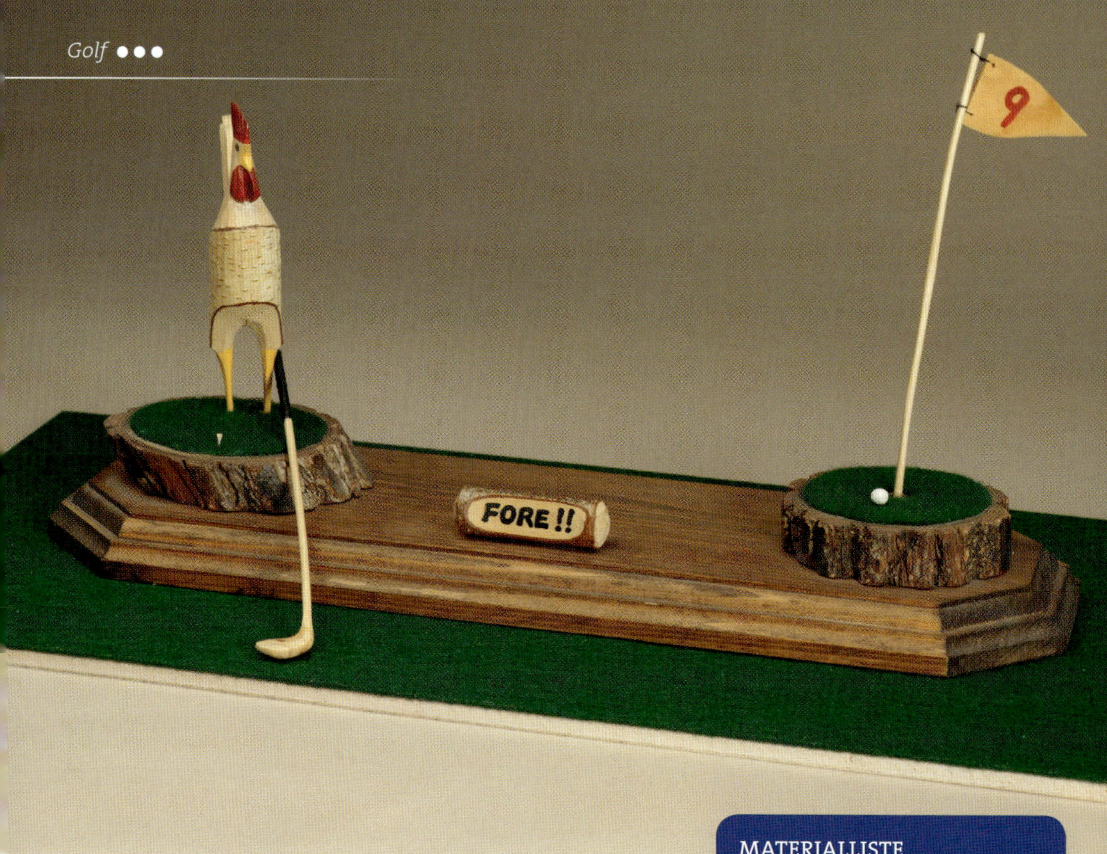

Golf

Golf ist eine weitere Sportart, in der ich wenig Erfahrung habe. Lassen Sie es insgesamt zehn Partien sein, die ich in meinem ganzen Leben gespielt habe. Mein größtes Glück sind die drei oder vier Klasse- (Zufalls-?) Schläge, die mir in einer 18-Loch-Runde gelingen. Es macht jedoch Spaß, kleine Golfschläger zu schnitzen. Wie aus dem Foto ersichtlich wird, habe ich sogar ein Golf spielendes Hähnchen geschnitzt. Es schaffte ein spektakuläres Hole-in-One mit einem Eisen 4 – und das von einem Tee aus! Den Ball habe ich aus seiner Hole-In-One-Position wieder herausgeholt und so neben das Loch gelegt, dass er geradewegs hineinrollen kann.

MATERIALLISTE

- *Taschenmesser*
- *Astgabel für den Schläger*
- *Dünner Ast für den Golfball*
- *Sehr dünner Zweig für das Golftee*
- *Dünner Zweig für die Fahnenstange*
- *Restholzplättchen für die Fahne*
- *Schnur*
- *Schleifpapier*
- *Bohrmaschine und Bohrer*
- *Handsäge oder Zugsäge*

Übrigens: Ein regelkonformer Golfball ist mit 300 – 450 kleinen Dellen versehen.

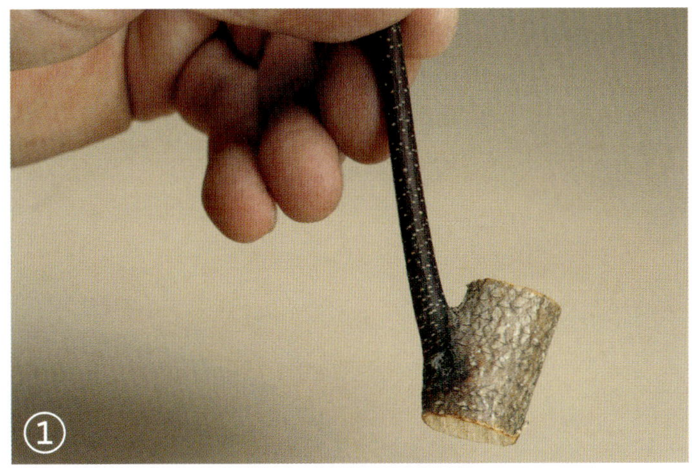

Wählen Sie einen Rohling für Ihren Golfschläger. Wie beim Hockeyschläger benötigen Sie ein Holzstöckchen, bei dem ein dünner Ast von einem dickeren Ast abzweigt.

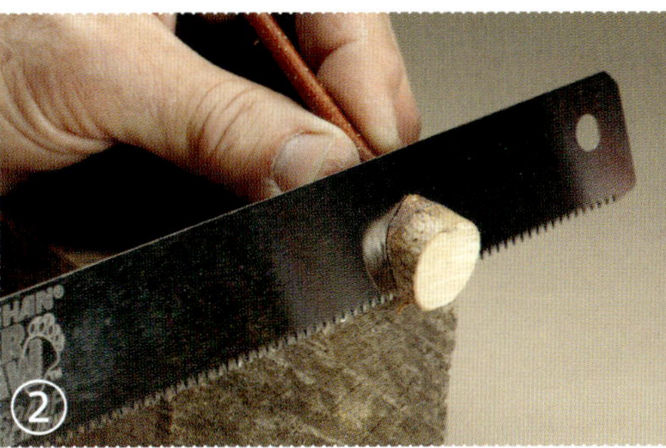

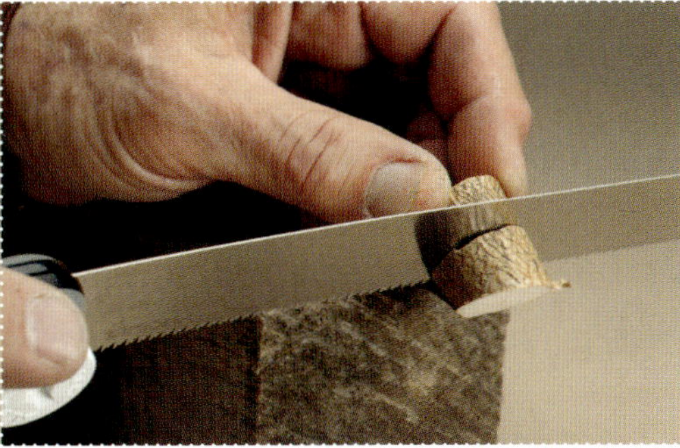

Die obere Hälfte des dickeren Astes (Schlägerkopf) absägen.

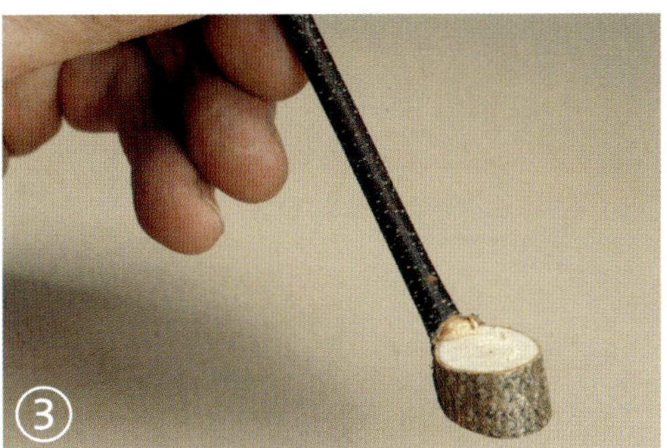

Hier sehen Sie, was übrig bleiben muss. Im Ansatz ist der Golfschläger bereits zu erkennen. Man muss nur noch etwas formen.

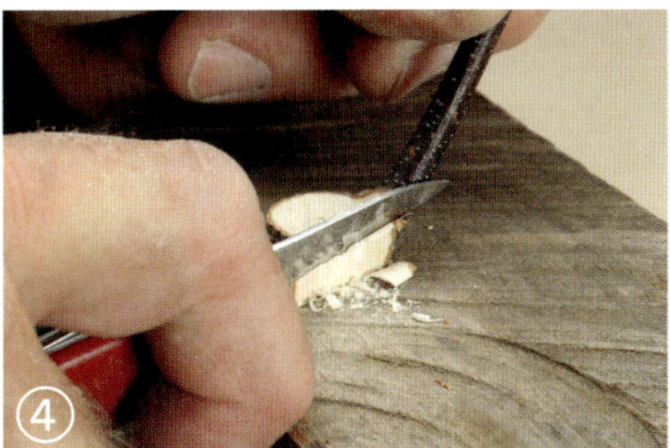

Die Form des Schlägerkopfes mit dem Messer herausarbeiten. (Sie können einen echten Golfschläger als Modell verwenden.) Dann den Kopf mit etwas Schleifpapier glatt schleifen.

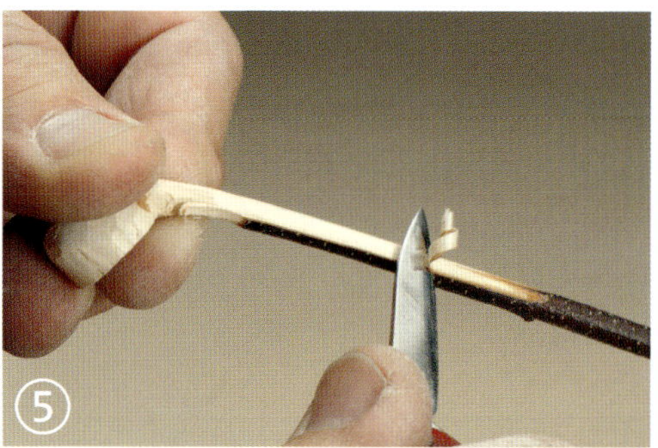

Den Schlägerstiel entrinden.

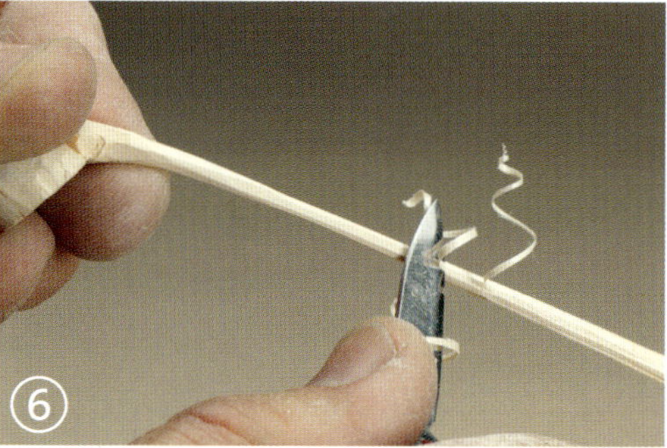

Den Schaft zum Schlägerkopf hin dünner und zum anderen Ende hin dicker zulaufen lassen. Das Verjüngen kann etwas knifflig sein, da die natürliche Form des Astes vollkommen entgegengesetzt verläuft, nämlich zum Kopf hin dicker und zum anderen Ende hin dünner.

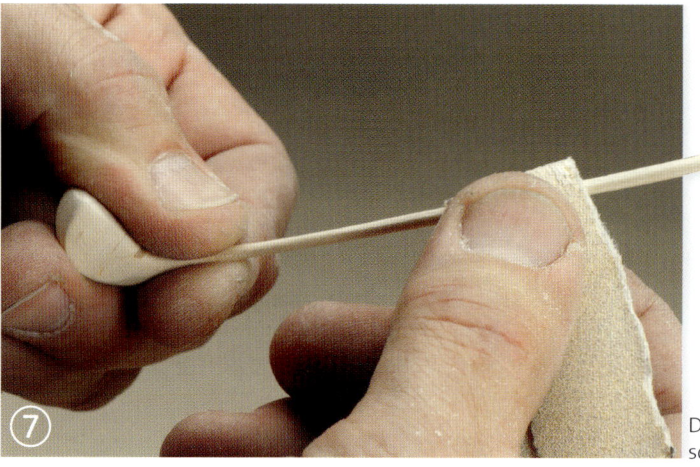

Den gesamten Schläger glatt schleifen.

Gesetzlich verboten

Ein schottisches Gesetz ordnete an, dass Männer täglich das Bogenschießen praktizieren sollten, um im Falle einer Invasion ihres Landes vorbereitet zu sein. Im 15. Jh. gab es jedoch viele Männer, die Golf spielten, statt sich in der Schießkunst zu üben und König James II. verbot das Spiel, um die männliche Bevölkerung zu nötigen, wieder ihren Pflichten nachzukommen.

Übrigens: Das erste Damenturnier wurde 1811 im Golfclub des schottischen Musselburgh abgehalten.

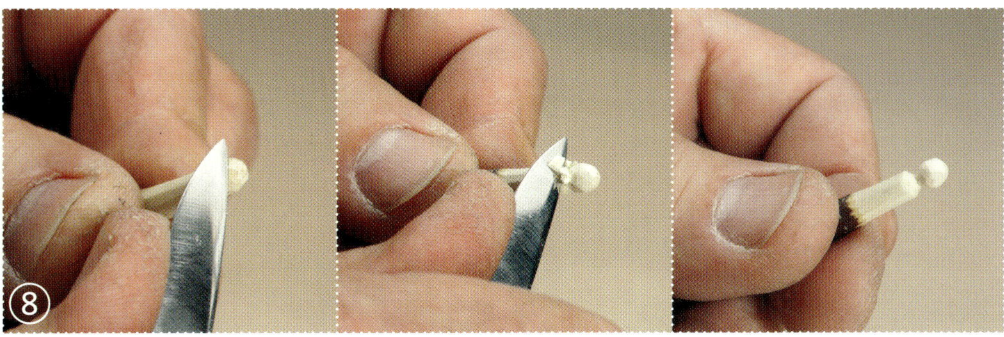

Einen Golfball schnitzt man im Grunde wie einen Baseball (siehe Seite 89), jedoch in einem kleineren Maßstab.

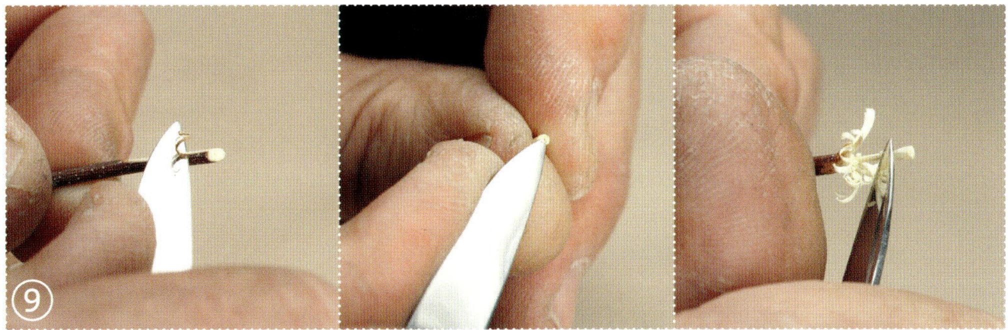

Das Golf-Tee schnitzt man aus einem sehr dünnen Zweig. Mit der Spitze der Messerklinge die kleine Vertiefung in der Oberseite des Tees, in der der Ball liegt, aushöhlen.

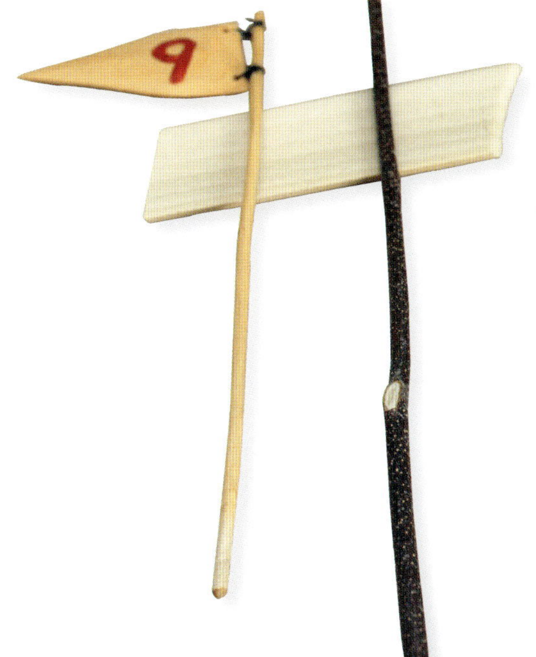

⑩

Wie man die Fahne macht, versteht sich von selbst. Die Stange aus einem dünnen Zweig herstellen. Die Rinde entfernen, den Zweig begradigen und schleifen. Aus einem dünnen Restholz eine Fahne zuschneiden. Zwei winzige Löcher hineinbohren und die Fahne mit Schnur an die Fahnenstange binden. Nun müssen Sie nur noch Ihren eigenen „Miniatur"-Golfplatz basteln.

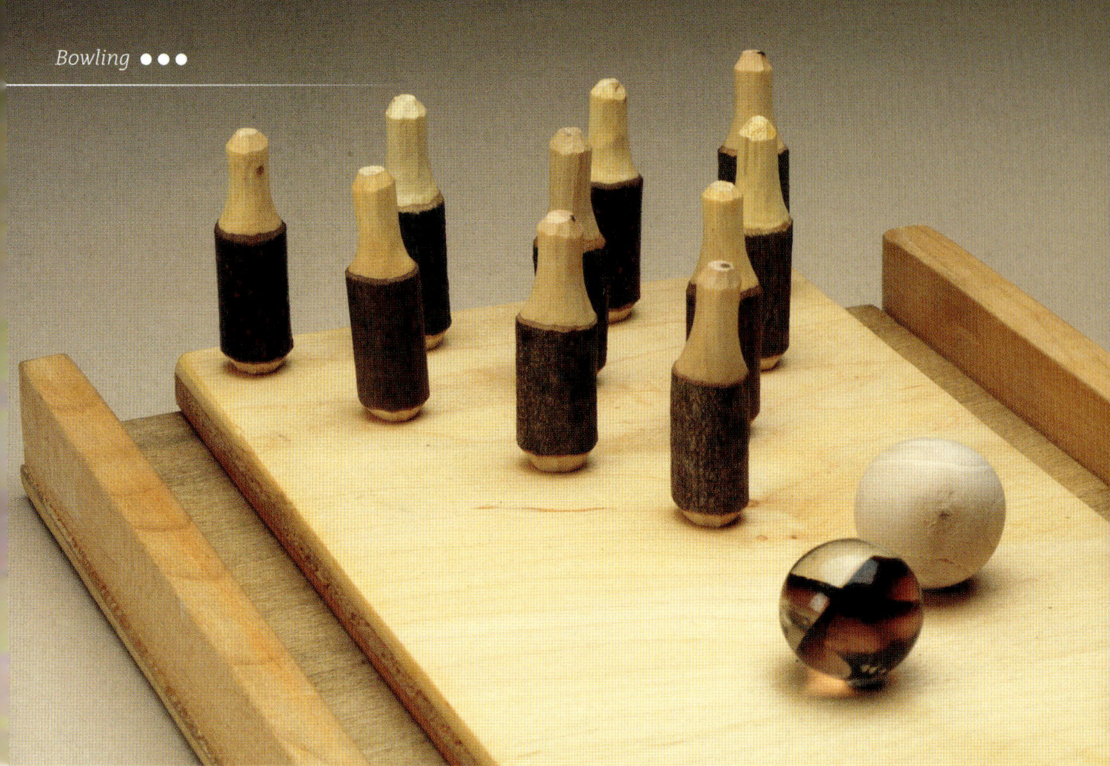

Bowling

Als Sportler bin ich eher ein Hansdampf in allen Gassen, der allerdings nichts richtig kann. Beim Bowlen bin ich aber wirklich ganz schlecht. Schon bei unseren ersten Treffen in der Studienzeit schlug mich darin sogar meine Frau Sheri. So sehr ich ihre zahlreichen wundervollen Fähigkeiten und Eigenschaften auch liebe und bewundere, selbst sie wird zugeben, dass sie nicht sehr athletisch und koordiniert ist. Trotzdem schlägt sie mich beim Bowlen nach über vierundvierzig sehr guten Ehejahren immer noch!

Bei diesem Projekt stellen wir zunächst die Bowling-Pins her. Obwohl man nicht wirklich eine formale Bahn benötigt, zeige ich Ihnen, wie man eine komplette Bahn mit Startlinie und Rinnen macht (was wäre Bowling schließlich ohne Bälle, die in der Rinne landen?). Ich habe die Bahn getestet und es funktioniert. Fast möchte ich jedoch wetten, dass man darauf nicht viele perfekte Spiele mit 300 Punkten erreicht.

MATERIALLISTE

- *Taschenmesser*
- *Mehrere gerade Äste*
- *Bowling-Ball nach Wahl*
- *Sperrholzstreifen und/oder Bauholzstreifen*
- *Handsäge oder Zugsäge*
- *Hammer und Nägel*
- *Holzleim*
- *Farbe oder farbige Permanentmarker*

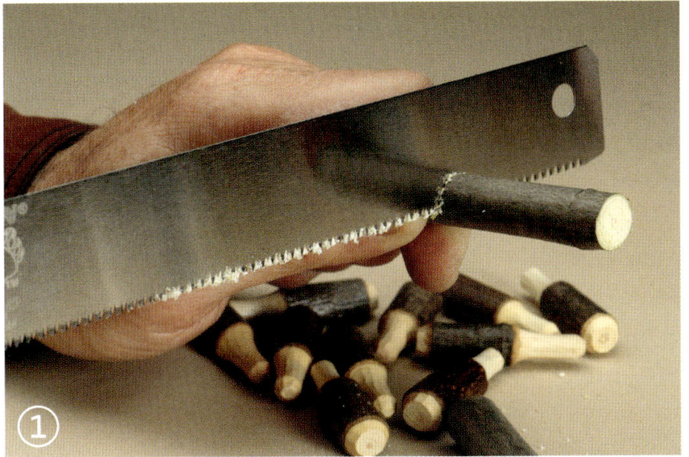

Schneiden Sie zehn gleich große Stücke aus geraden Ästen als Rohlinge für die Pins. Die Größe dieser Stücke bestimmt Größe und Format der Pins. Die Größe meiner Pins war mehr oder weniger vorbestimmt durch die Größe der von mir gebauten Bahn – die wiederum bestimmt wurde durch die Größe der Resthölzer, die ich zur Hand hatte.

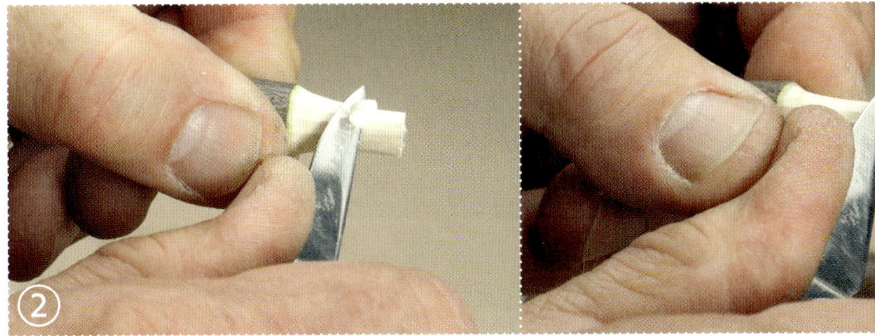

An jedem Pin das obere Ende entrinden und verjüngen. Dann die obere Spitze verrunden.

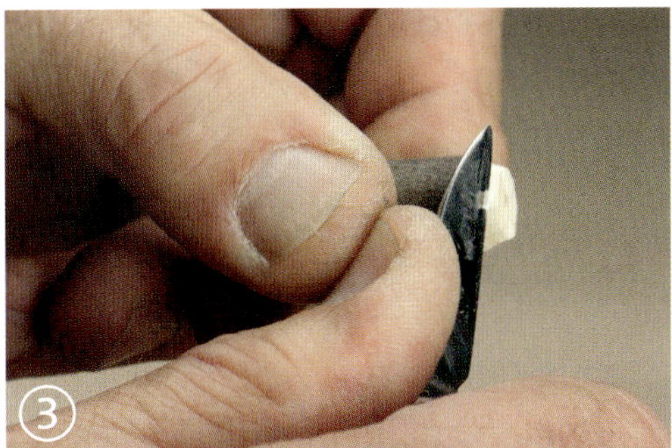

An jedem Pin die Unterkante etwas verrunden. Dabei darauf achten, dass die Unterseite gerade bleibt, damit er kerzengerade steht.

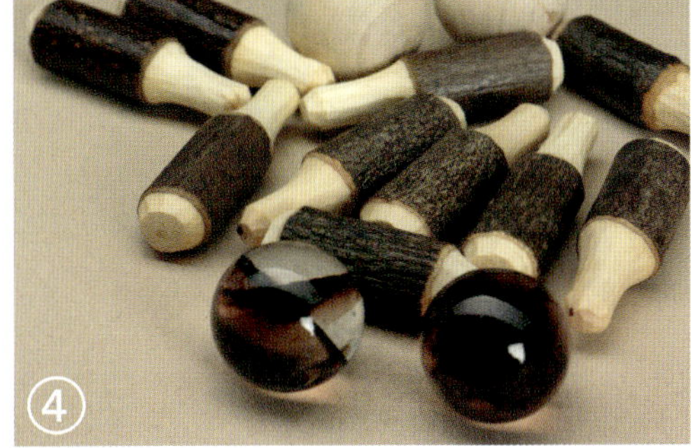

Hier haben wir zehn Bowling-Pins und einige Bowling-Bälle. Als Bowling-Ball kann auch eine große Murmel dienen oder eine fertige Holzkugel, die es im Fachgeschäft für Künstlerbedarf zu kaufen gibt. Sie können den Bowling-Ball wie den Baseball (Seite 89) aber auch selbst anfertigen.

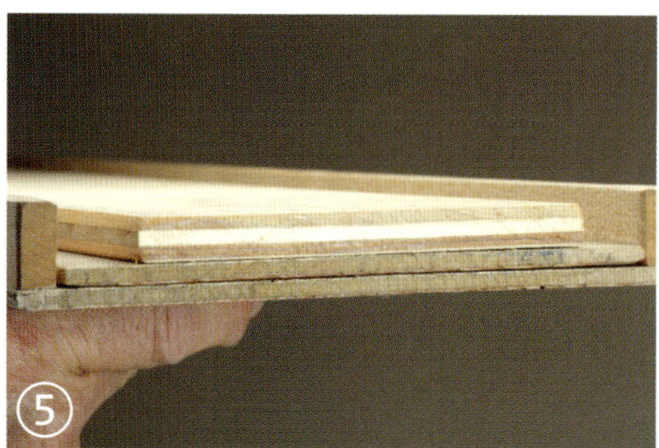

Die Bowling-Bahn selbst zu bauen, ist einfach. Verwenden Sie beliebiges Sperrholz und Bauholz, das Sie zur Verfügung haben und leimen und nageln Sie die Stücke zusammen.

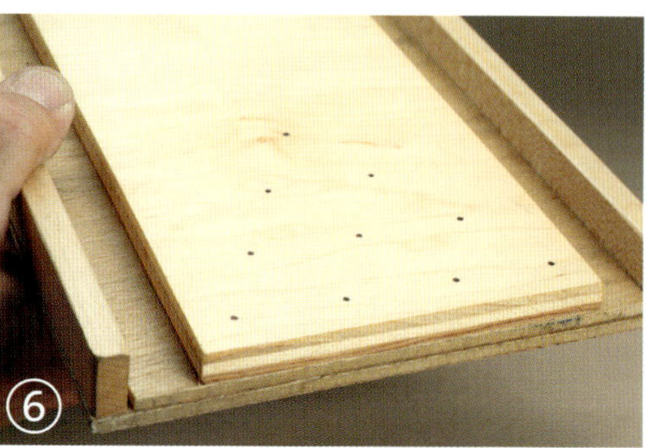

Auf dem Pindeck markieren Sie die Pinpositionen als Punkte mit einem farbigen Permanentmarker.

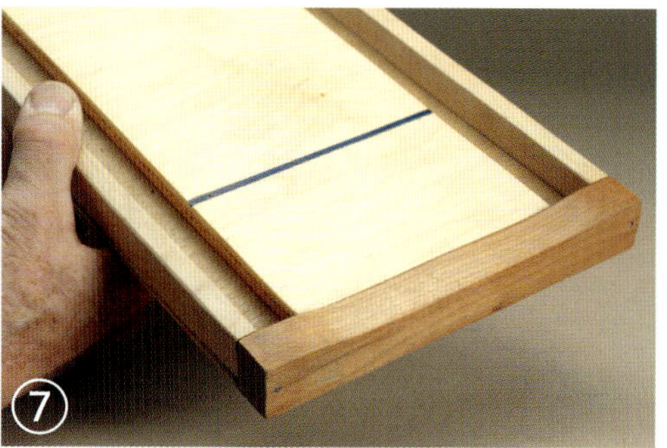

Im Anlaufbereich zeichnen Sie eine schwarze Linie ein. Unten habe ich ein Endstück vor die Bahn gesetzt, das ich zur Mitte hin auf das Oberflächenniveau der Bahn angeschrägt habe.

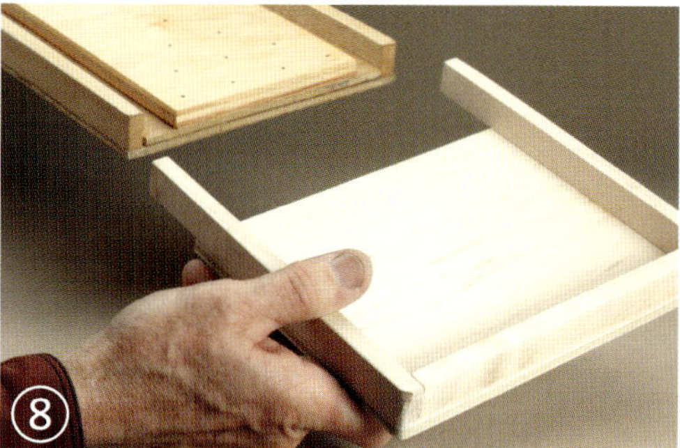

Sie können Ihrer Bowlingbahn mit einem kleinen Auffangkasten für die abgeräumten Pins einen besonderen Touch geben. Bauen Sie die Innenwände des Kastens minimal breiter als die Außenwände der Bahn, sodass Sie den Kasten leicht hineinschieben können. Dann ist es Zeit, mit dem Spiel zu beginnen!

Wie viele?

Die meisten Bowling-Bälle haben drei Bohrungen, doch wie viele Bohrungen dürfen sie maximal haben? Sie können ein Loch für jeden Finger und den Daumen haben sowie je ein Lüftungsloch. Darüber hinaus sind ein Gewichtsausgleichloch (damit man den Ball besser ausbalanciert) und ein Materialausgleichloch (zur Inspektion) erlaubt. Insgesamt sind das zwölf!

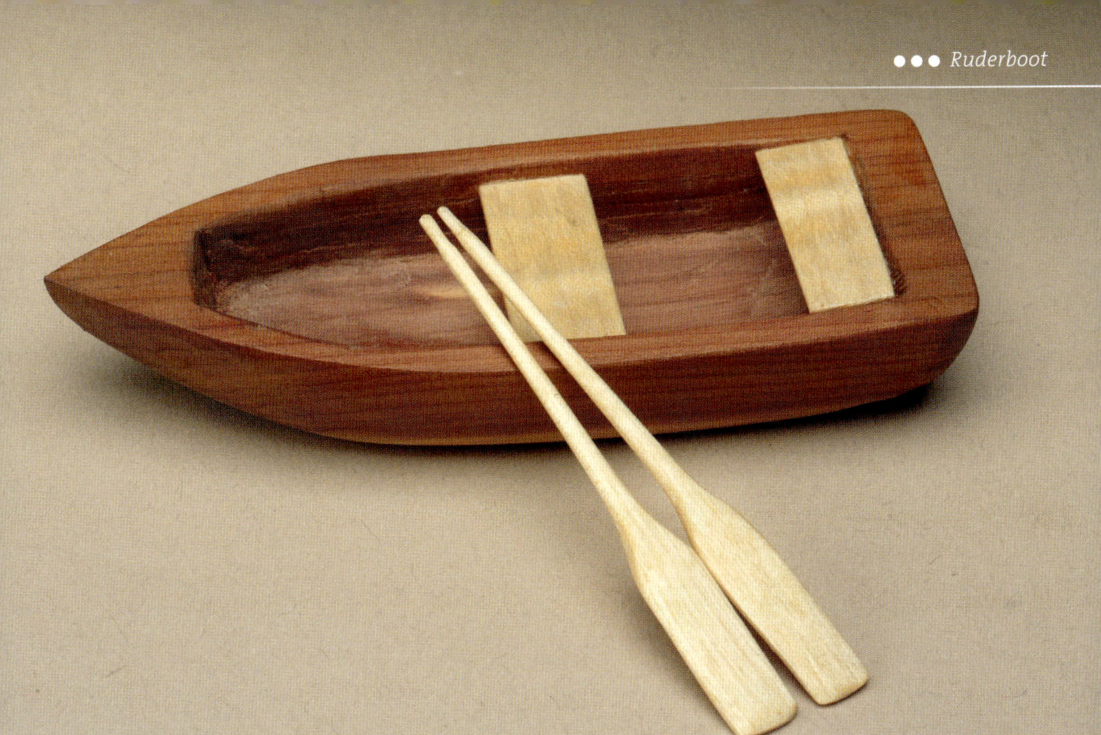

Ruderboot

Ganz bestimmt bin ich kein Musiker, habe aber dennoch gelernt, wie man aus meiner Hohner Echo 48-Loch-Mundharmonika recht viele Melodien herausholen kann (übrigens ein sehr fehlertolerantes Instrument und genau das Richtige, wenn man nur halb bei der Sache ist). Manchmal habe ich sogar dank eines Mundharmonika-Halters gleichzeitig geschnitzt und gespielt.

In all den Jahren waren meine Enkel zweifellos die größten Fans meiner begrenzten musikalischen Fähigkeiten und Gute-Nacht-Harmonika-Konzerte. Ist im Moment auch bei meiner Enkelin Kennedy das Lied vom Alphabet beliebt, so war es noch vor kurzem das Ruderlied. Ich habe Kennedy mein kleines Ruderboot noch nicht gezeigt, doch wenn ich es tue, dann wette ich, dass das Ruderlied bei ihr wieder auf Platz 1 stehen wird.

MATERIALLISTE

- *Taschenmesser*
- *Holzklotz für das Boot*
- *Reste von dünnem, geradfaserigen Holz für die Ruder und die Sitze*
- *Trockendock*
- *Bleistift*
- *Kleiner Beitel*
- *Schleifpapier*
- *Holzleim*
- *Gummiband*

Übrigens: Die besten Ruder sind aus Fichte oder Esche.

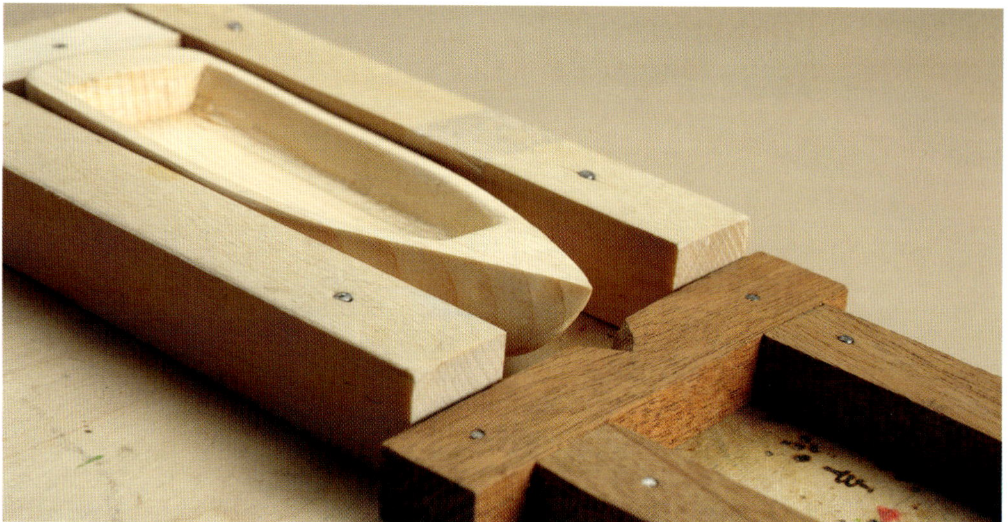

Ich schnitze meine kleinen Ruderboote in einem Trockendock aus einfachen Holzstücken, die ich auf meine Werkbank nagele und in denen das Werkstück beim Arbeiten gehalten wird.

Das meiste Holz entferne ich bei diesem kleinen Boot zwar mit der Freihandschnitzmethode, d. h. man hält das Holzstück in der einen und das Messer in der anderen Hand. Aber es gibt einige Schritte, bei denen es wesentlich praktischer und sicherer ist, das Boot in einem wie oben abgebildeten „Trockendock“ zu halten. (Selbstverständlich können Sie auch eine Art Schraubzwinge verwenden, solange sie das Holz nicht zu stark quetscht und verbeult.)

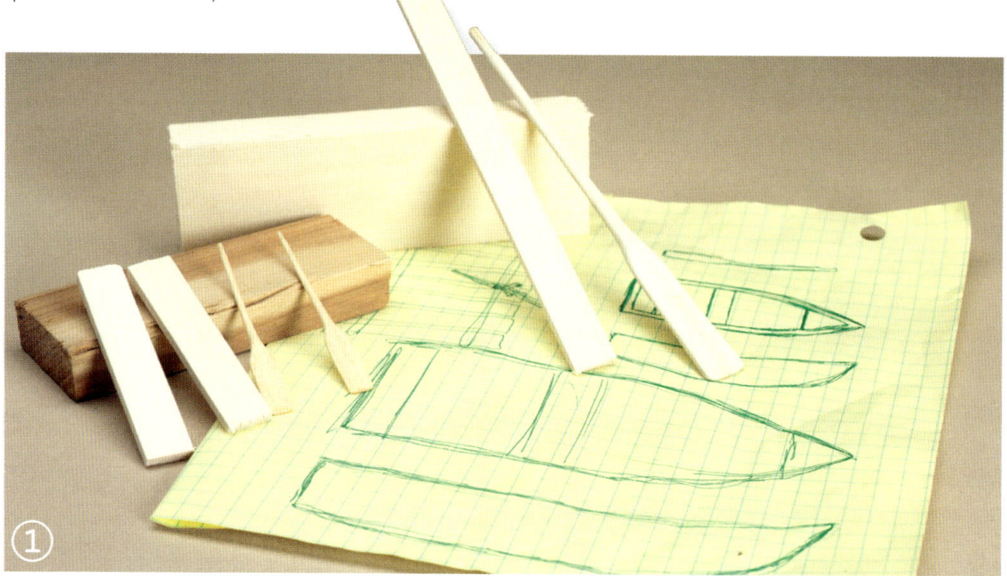

Stellen Sie Ihr Rohmaterial zusammen und achten Sie darauf, dass die Teile von der Größe her zueinander passen. Bei einem größeren Holzstück für das Boot müssen Sie auch entsprechend größere Reststücke für die Ruder haben. Sie können die Bootskontur auf Papier skizzieren, um sich von der Fertiggröße ein Bild machen zu können.

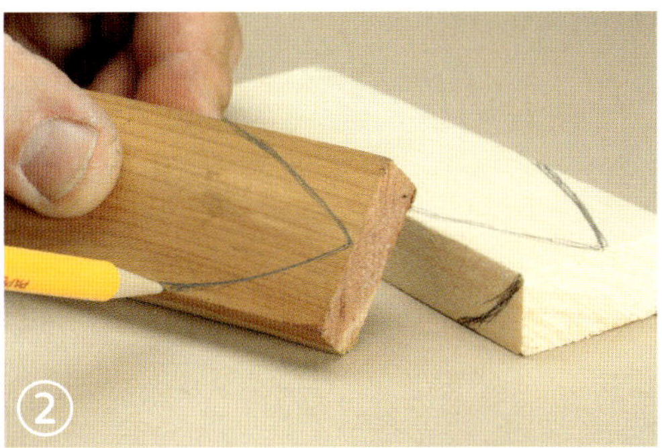

Die Bootskontur auf das Holzstück zeichnen.

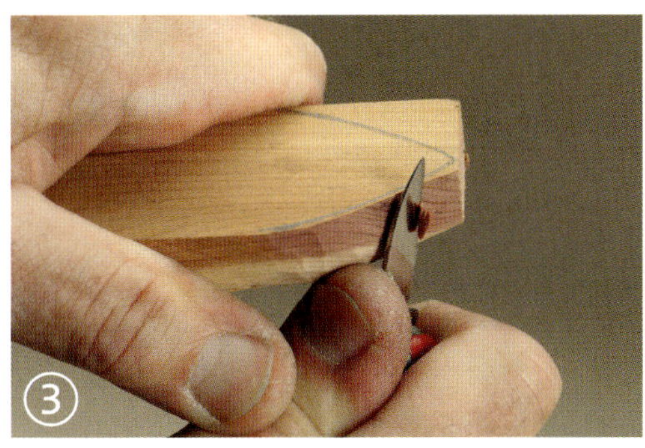

Den Bug entsprechend der Kontur zuschneiden.

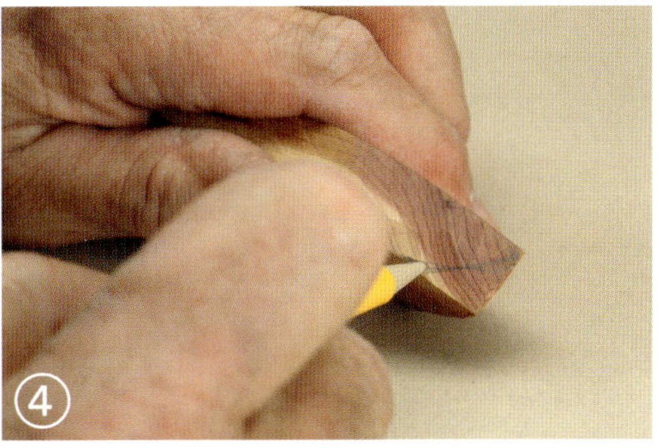

Die Bodenkontur seitlich auf das Holzstück zeichnen und zuschneiden.

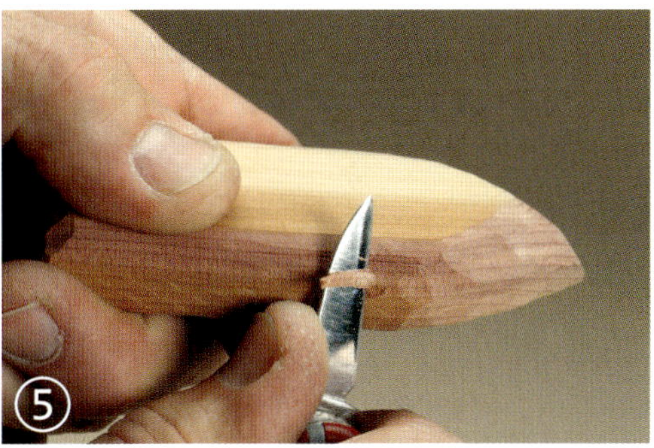

Den Boden des Bootsrumpfes rundherum formen.

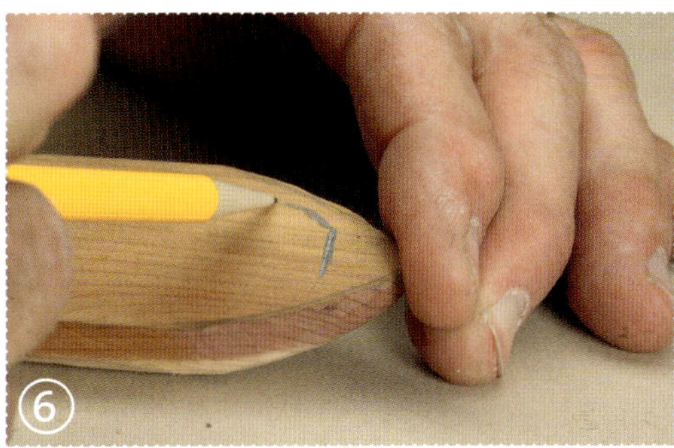

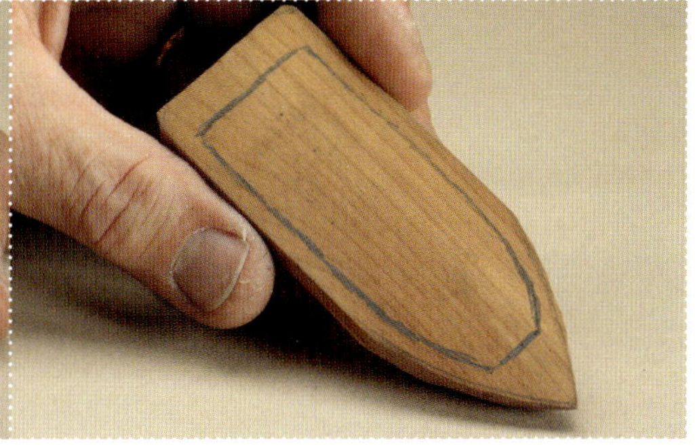

Die Innenwandung auf das Holzstück zeichnen.

Kleiner Tipp: Ob Kanu, Kajak oder Ruderboot – nehmen Sie stets ein Ersatzruder oder -paddel mit.

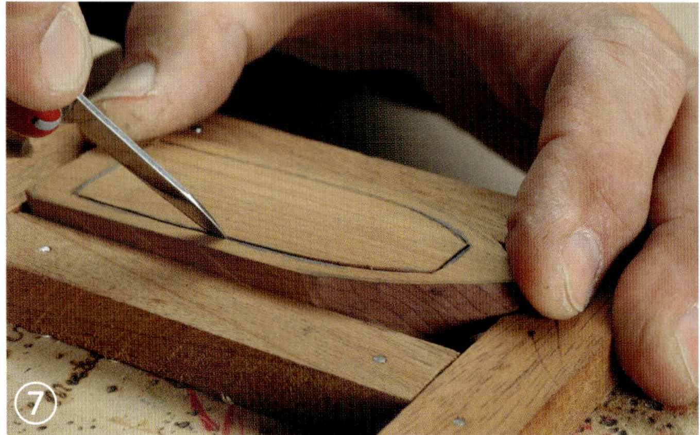

Mit der Messerspitze die eingezeichnete Innenwandung einritzen. Ab nun sollte das Trockendock zum Einsatz kommen. Wenn Sie das Boot in der Handfläche halten, laufen Sie Gefahr, auszurutschen und eher sich zu schneiden als die Innenwand des Bootsrumpfes!

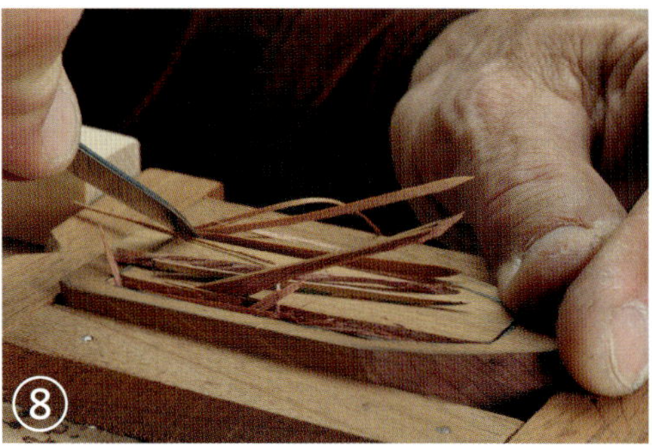

Führen Sie eine Reihe V-förmiger Schnitte aus, um das Holz aus der Bootsmitte zu entfernen. Den Rumpf auf diese Weise grob aushöhlen.

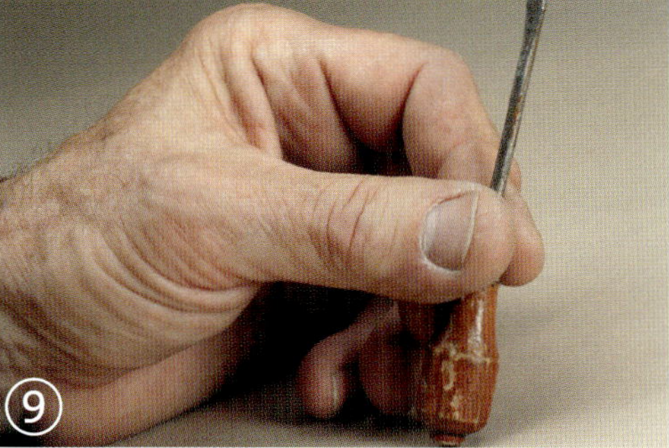

Für den nächsten Schritt benötigen Sie einen sehr kleinen Beitel. Ich habe dieses Exemplar aus einem kleinen Schraubendreher, den ich auf einem Garagenflohmarkt ergatterte, gemacht. Wenn Sie nicht schon irgendeinen kleinen Beitel haben, können Sie einfach einen wie meinen selbst machen.

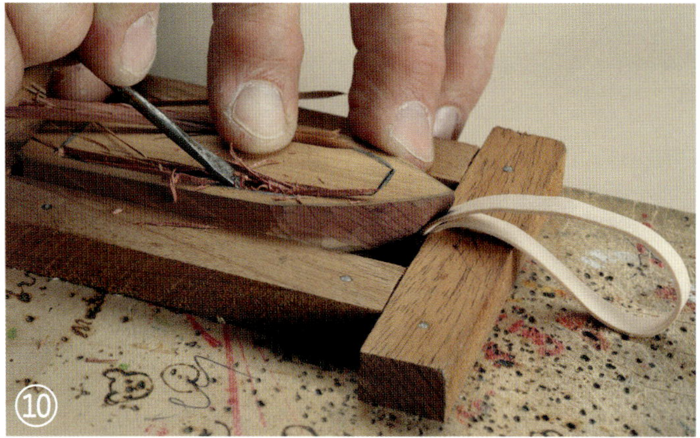

Mit dem Beitel das Holz in der Bootsmitte aushöhlen, dabei die kleinen Splitter, die mit dem Messer entstanden sind, entfernen. Achten Sie darauf, dass Sie nicht zu weit schneiden und in die Wandung geraten. Man beachte, dass ich ein gefaltetes Gummiband vor das Boot gelegt habe. Es verhindert, dass das Boot beim Aushöhlen der Mitte, wenn man es gegen das Trockendock drückt, beschädigt wird.

Apropos Rudern

Soll's raus aufs Wasser gehen? Dann sorgen Sie dafür, dass Sie die richtigen Ruder dabei haben. Richtig heißt, dass Sie sie fest im Griff haben und bequem handhaben können. Dem Anfänger kommen sie zunächst vermutlich unhandlich vor. Sie dürfen nicht so lang oder schwer sein, dass man das Boot nicht unter Kontrolle hat. Sie sollten in der Lage sein, das gesamte Ruderblatt ins Wasser eintauchen zu können. Müssen Sie sich dazu beugen oder hinablehnen, sind die Ruder für Sie zu lang. Machen Sie eine Tour mit einem erfahrenen Ruderer und probieren Sie verschiedene Ruder aus, bis Sie die für Sie am besten geeigneten gefunden haben.

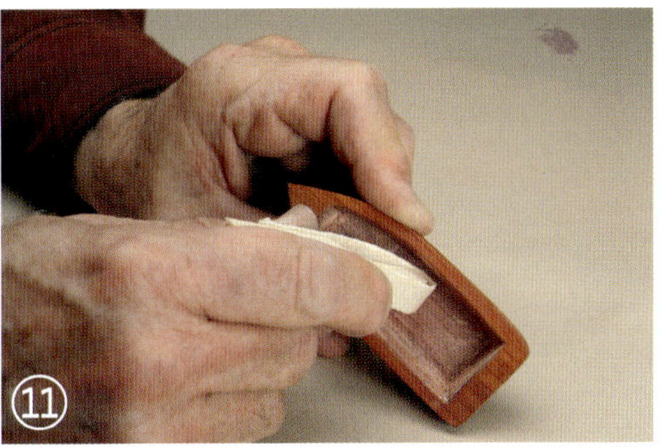

Sowie das Bootsinnere mit dem Beitel möglichst glatt geworden ist, wickeln Sie etwas Schleifpapier um einen kleinen Klotz und schleifen das Bootsinnere, beide Seiten und den Boden.

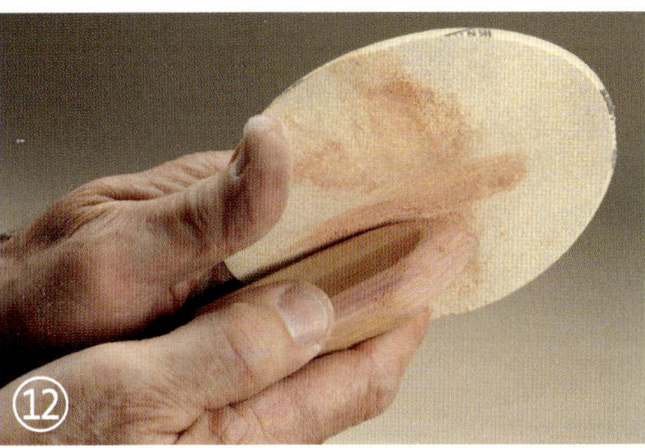

Das Boot von außen schleifen.

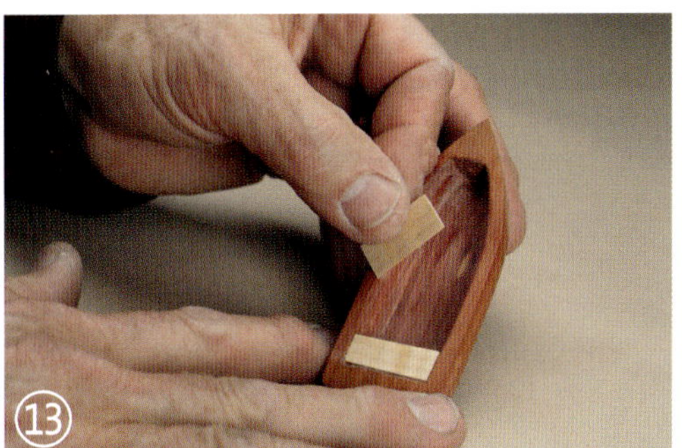

Für die Sitze dünne Stückchen geradfaseriges Restholz messen, zuschneiden und festleimen.

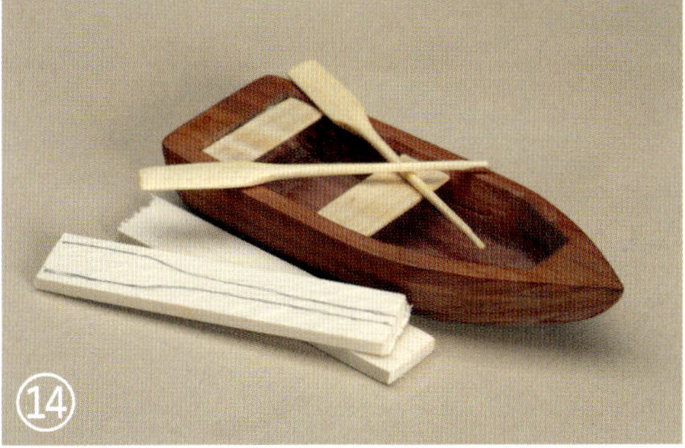

Die Ruder aus dünnen, ebenen, geradfaserigen Restholzstückchen schnitzen. Nach Belieben können Sie winzige Ruderdollen für die Ruder machen. Das ist auf verschiedene Arten möglich, und ich wette, Sie finden mindestens eine oder zwei heraus.

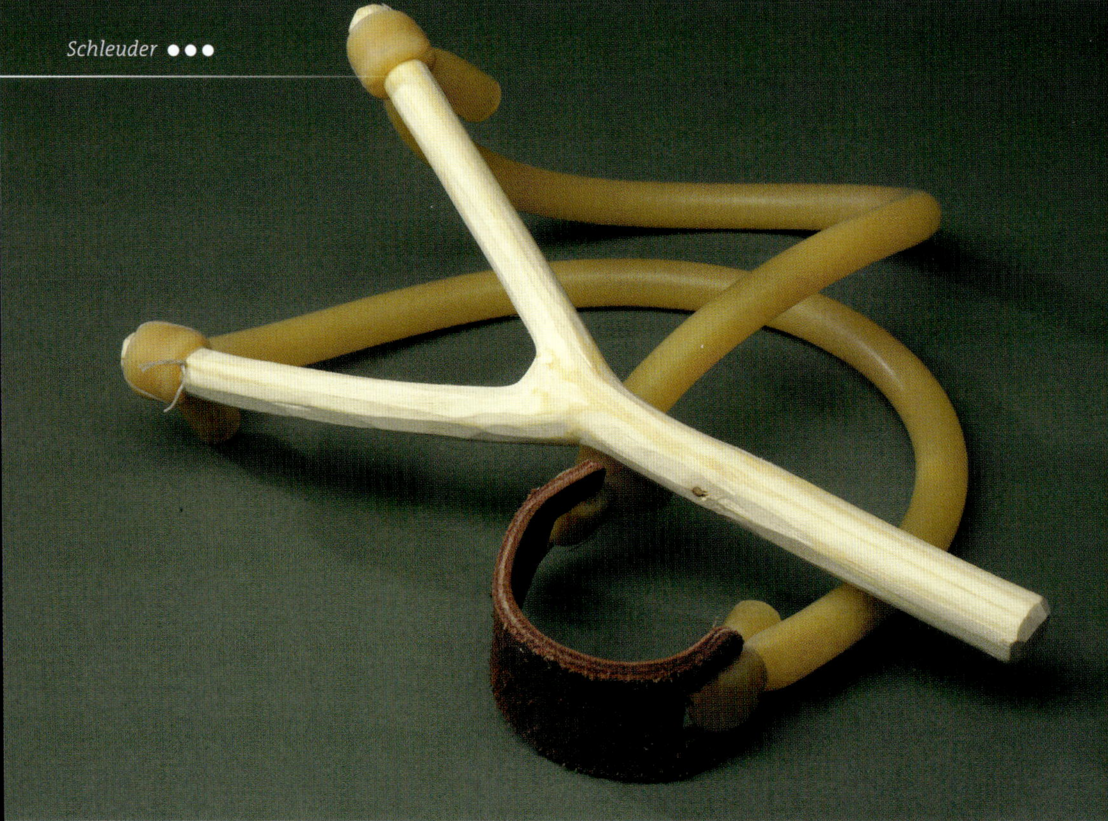

Schleuder

Mein Interesse an Schleudern entwickelte sich wie bei Bogen und Pfeilen, verschiedensten Fallen, Baumhäusern und Blasrohren zum Erbsenschießen (manchmal machten wir auch Lehmkügelchen, um sie durch unsere schönen, geraden Bambusröhrchen zu schießen) von ganz allein. Wenn ich auch nicht auf alles stolz bin, was ich als Kind mit meinen Schleudern angestellt habe, so waren doch eine ganze Menge lustige und nützliche Dinge darunter; zum Beispiel verschafften sie mir manche unerreichbare Mangos aus weiter Entfernung.

MATERIALLISTE

- *Taschenmesser*
- *Relativ symmetrische Laubholzastgabel*
- *Schleifpapier*
- *Medizinschlauch guter Qualität*
- *Ein Stück Leder*
- *Zahnseide*

Das war natürlich eine Aufgabe für zwei Personen. Einer stand unter der riesigen, schönen, reifen Mango und der andere etwas abseits mit einer guten Schleuder und einer schönen, harten, grünen Guave oder Palmnuss. Wichtig war natürlich, die Mango nicht zu treffen, was diese übel zugerichtet hätte. Das tatsächliche Ziel war der lange Stiel gerade oberhalb der Mango. Wurde dieser von der heranfliegenden „Kugel" durchgetrennt, fiel die Mango geradewegs hinunter (hoffentlich) in die Hände des wartenden Fängers.

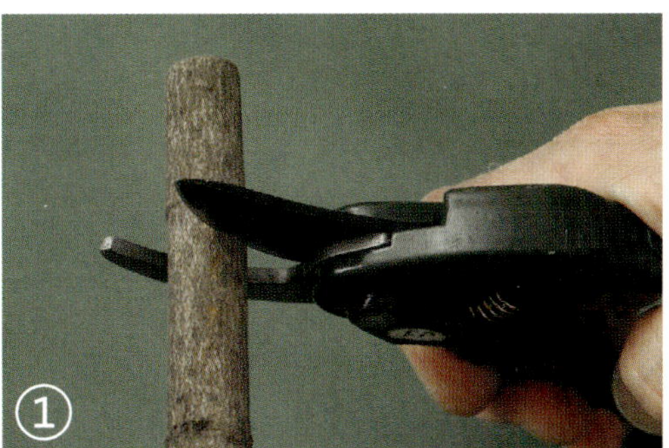

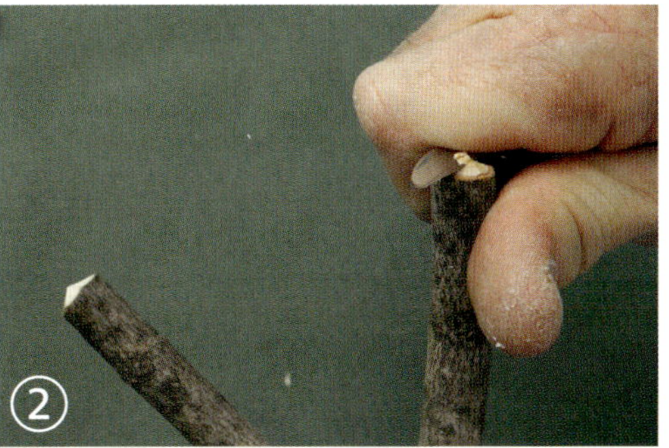

Den Griff der Astgabel auf angenehme Länge schneiden.

Die beiden Kopfenden der Gabeläste abrunden.

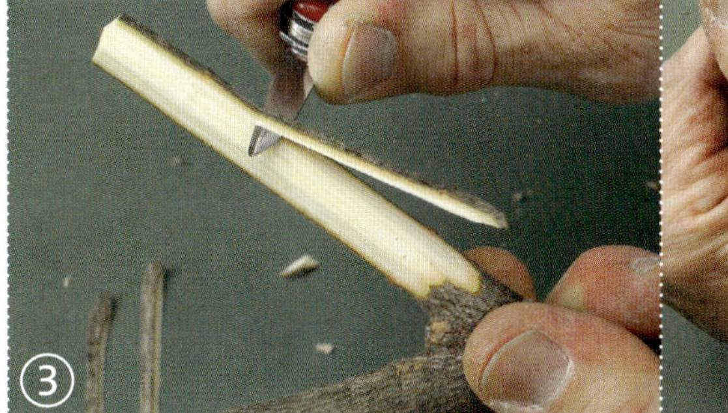

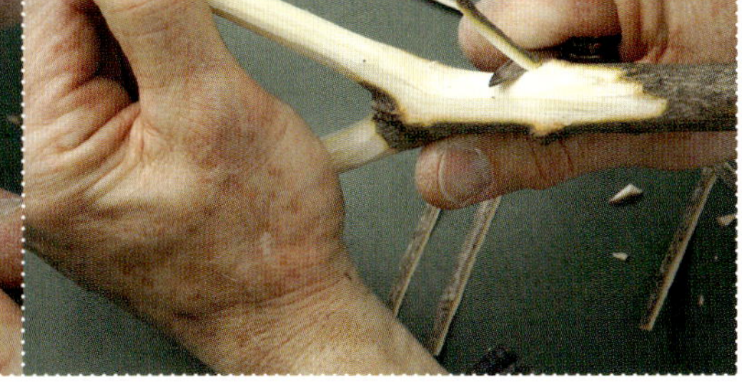

An der abgebildeten Gabel nehmen wir die Rinde komplett ab. An anderen Schleudern habe ich die Rinde teilweise belassen, je nachdem wie die Gabel aussehen sollte.

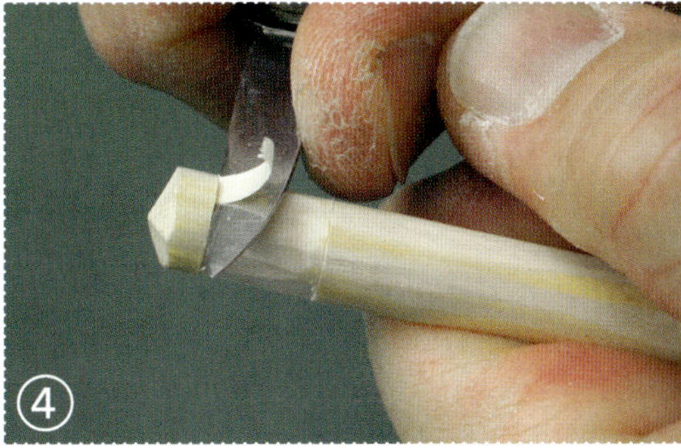

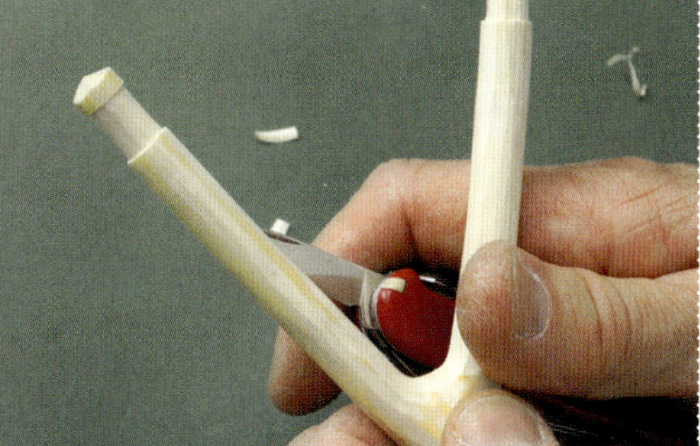

Eine flache umlaufende Nut um die oberen Enden der den Gummischlauch haltenden Äste schneiden.

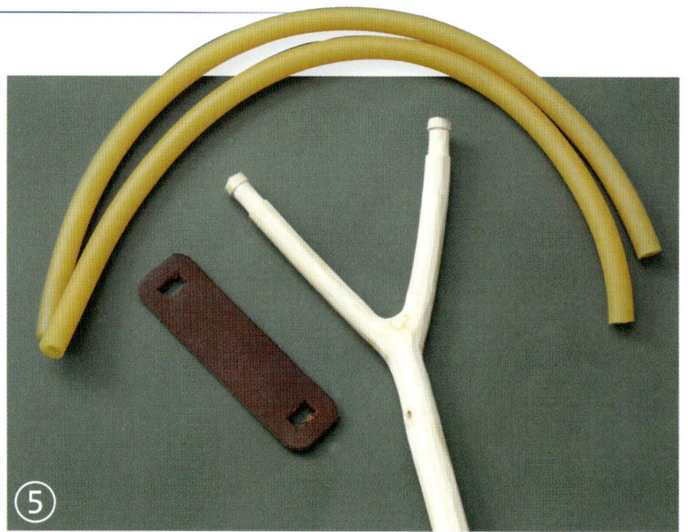

Den Schlauch auf die gewünschte Länge schneiden. Vergessen Sie nicht, dass Sie den Schlauch um die flachen Nuten in den beiden Gabelästen herum und durch die Löcher, die Sie vorsichtig in das Lederstück geschnitten haben, hindurchführen müssen. Beim Schneiden der Löcher in die Ledertasche müssen Sie sehr vorsichtig sein und nicht zu weit schneiden. Andernfalls kann das Leder an diesen Stellen auf Dauer reißen.

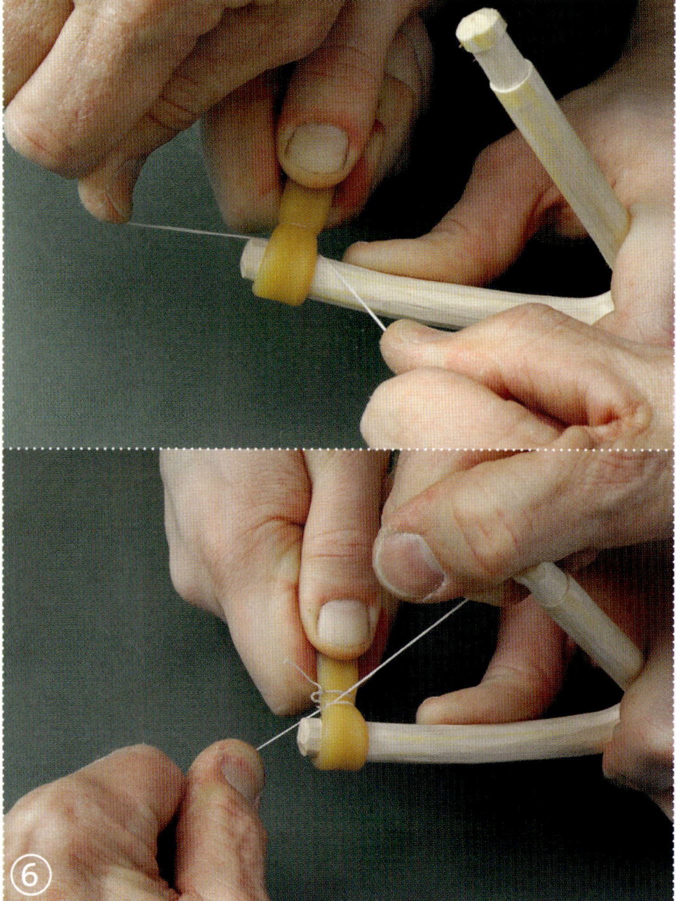

Zum Befestigen des Gummischlauchs an der Gabel braucht man auf jeden Fall zwei Personen. Eine Person hält die Gabel und spannt den Schlauch (mit dem Schlauchende außen an der Gabel). Die andere Person wickelt die Zahnseide fest um den gespannten Gummischlauch und zieht sie fest. Sparen Sie nicht an Zahnseide! Nehmen Sie sie doppelt und verwenden Sie reichlich. Machen Sie zwischendurch immer wieder Knoten, wenn Sie sie herumwickeln und festziehen.

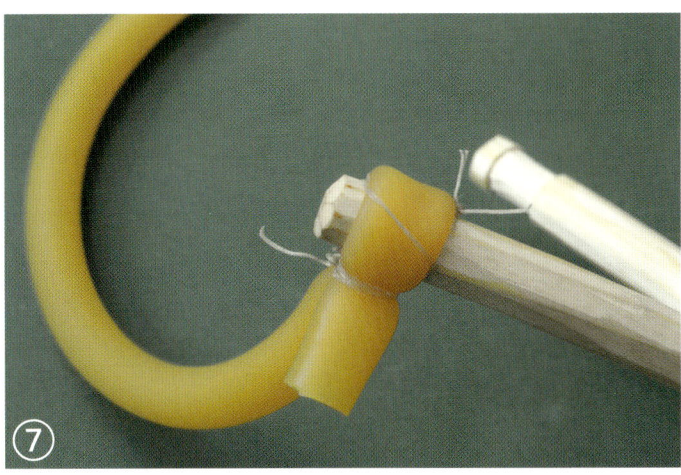

Als besondere Haltetechnik führe ich die Zahnseide kreuzförmig mehrmals über die Front der Gummilasche und um den eingekerbten Gabelast.

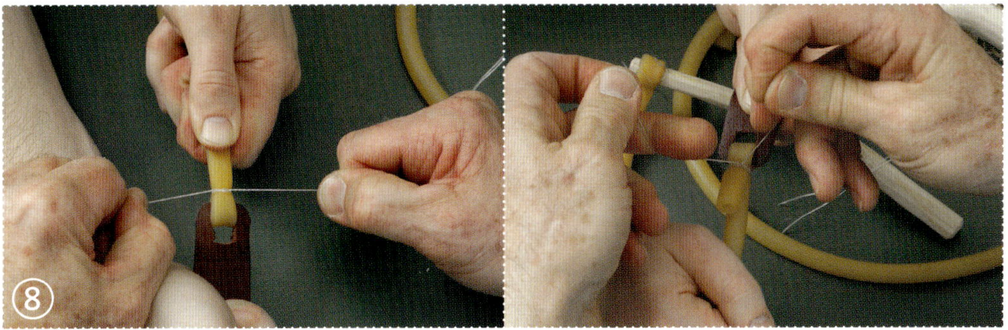

Den Schlauch an beiden Seiten der Ledertasche festbinden.

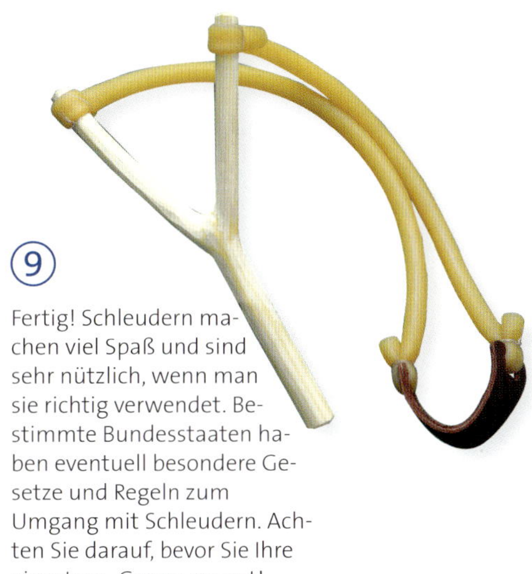

Fertig! Schleudern machen viel Spaß und sind sehr nützlich, wenn man sie richtig verwendet. Bestimmte Bundesstaaten haben eventuell besondere Gesetze und Regeln zum Umgang mit Schleudern. Achten Sie darauf, bevor Sie Ihre einsetzen. Genug gesagt!

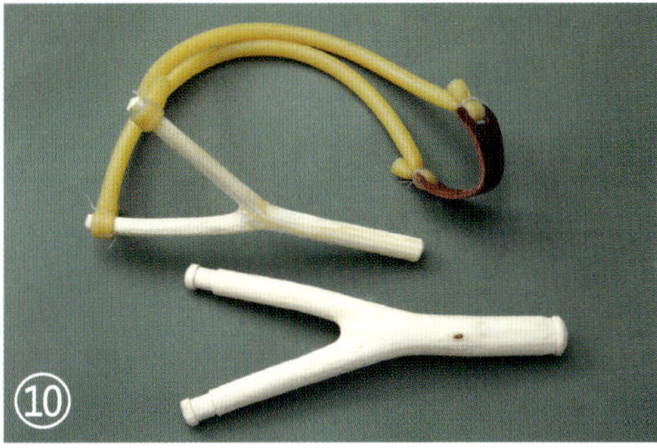

Auch wenn die für unsere Schleuder verwendete Gabel aus starkem Holz ist, ist sie etwas dünner als ich sie normalerweise für diesen etwas stärkeren Medizinschlauch verwendet hätte. Die dickere Gabel unten wäre die bessere Wahl.

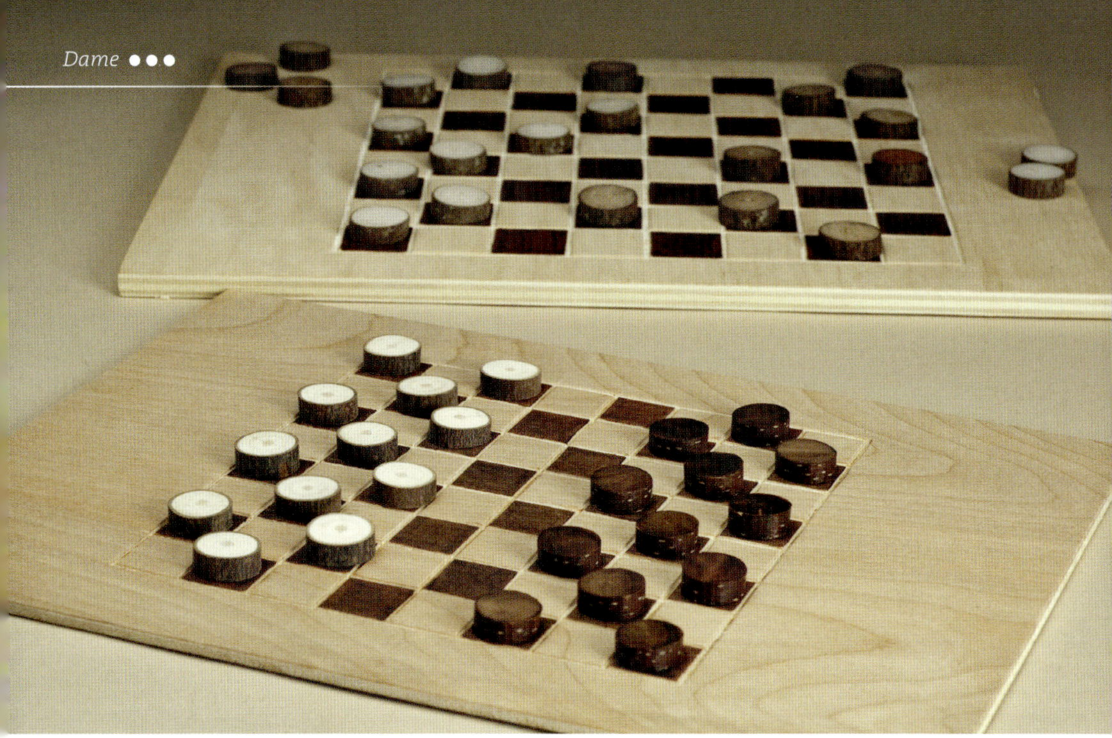

Dame

Ich vermute, dass man Dame so ziemlich auf der ganzen Welt spielt. Vor meiner Werkstatt in The Amish Farm and House steht ein riesiges Dame-Spielbrett aus einer 150 mm dicken Scheibe aus dem riesigen Stamm einer Amerikanischen Ulme, die früher in meinem Vorgarten für Schatten sorgte. Tausende Menschen aus aller Welt haben dieses überdimensionale Dame-Spielbrett gesehen und unzählige haben darauf gespielt. Ich habe festgestellt, dass es in unterschiedlichen Teilen der Erde unterschiedliche Sprungregeln gibt. Vorschlag: Legen Sie vor dem Spielbeginn die Regeln fest, die für Sie und Ihren Gegner gelten, insbesondere wenn Damen wie bei Internationaler Dame auch diagonal beliebig weit ziehen und springen dürfen.

MATERIALLISTE

- *Taschenmesser*
- *Sperrholzplatte*
- *Gerader Ast oder Rundstab*
- *Lineal*
- *Bleistift*
- *Permanentmarker*
- *Handsäge oder Zugsäge*

Mein Riesentisch ist super dort, wo er steht, allerdings nicht transportabel. Hier kommt ein guter Entwurf für eine Miniatur-Variante eines Dame-Bretts und Spielsteinen, die Sie fast überall mitnehmen können. Solange Sie 64 Quadrate (je 32 helle und dunkle) und zweimal 12 Spielsteine passend zu den Quadraten haben, spielt die Größe keine Rolle.

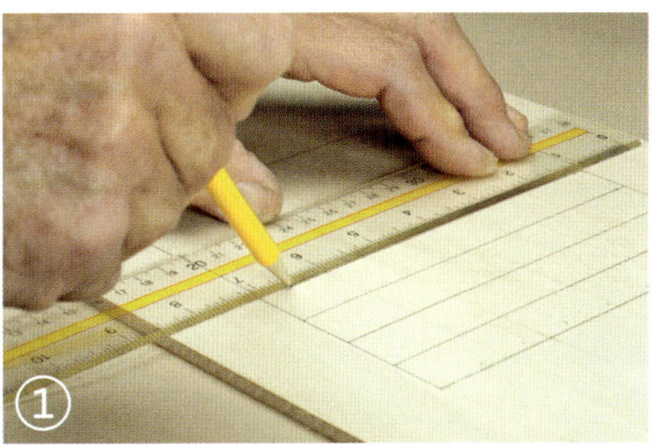

Mit Lineal und Bleistift auf die Sperrholzplatte ein Raster aus 8 x 8 quadratischen Feldern aufzeichnen. Das Raster kann beliebig groß oder klein sein, passen Sie einfach nur die Größe der Quadrate an.

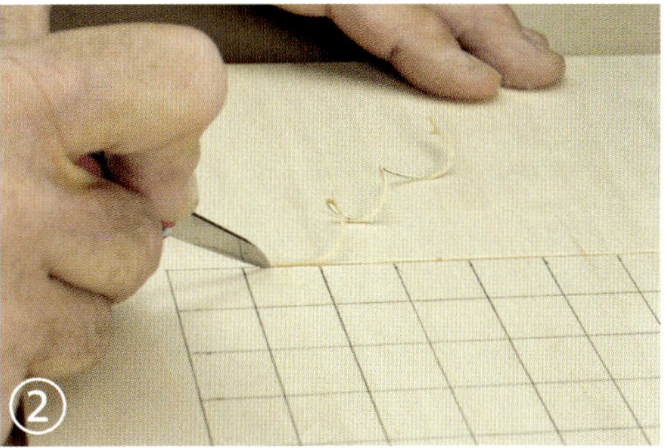

Mit der Messerspitze entlang einer Seite der Rasterlinie einen leichten Schrägschnitt schneiden. Entlang der anderen Flanke dieser Linie einen Schnitt im entgegengesetzten Winkel ausführen. Wahrscheinlich müssen Sie mehrmals schneiden, damit eine V-förmige Kerbe entsteht.

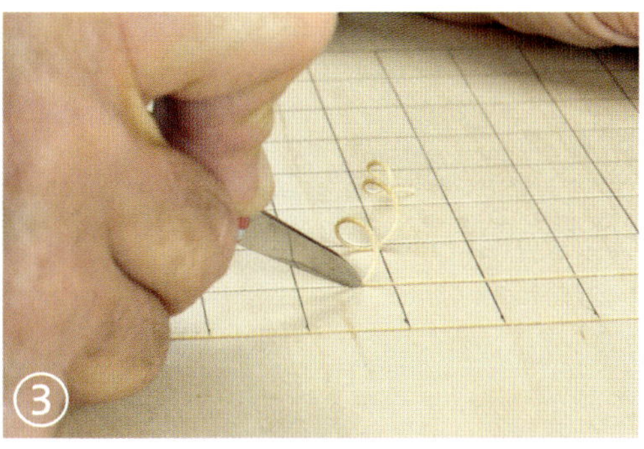

In dieser Weise alle Rasterlinien sauber einkerben.

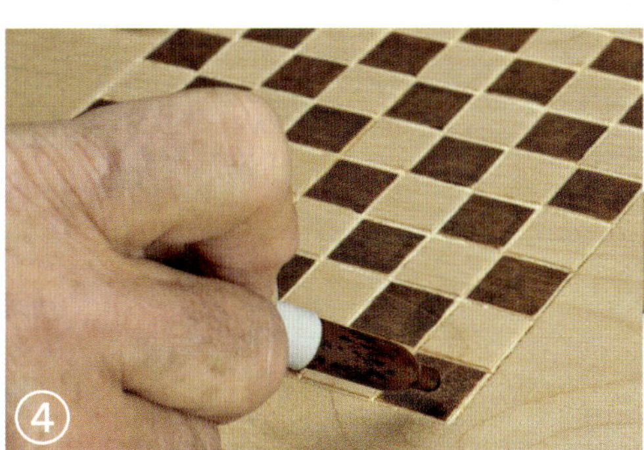

Jedes zweite Feld mit dem Permanentmarker dunkel färben.

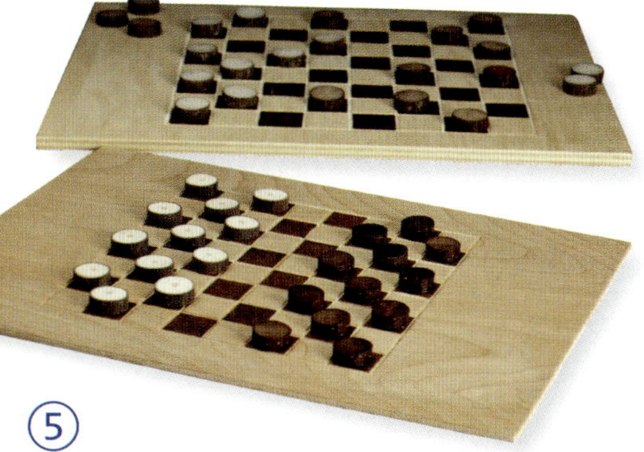

Um die Spielsteine herzustellen, ist nichts Kompliziertes oder Ausgefallenes erforderlich. Schneiden Sie einfach mit Ihrer Säge 24 kleine Holzscheiben gleicher Stärke von dem Ast. Schleifen und ein 12er-Set kolorieren, damit man sie unterscheiden kann.

Übrigens: Bei Ausgrabungen in Mesopotamien fand man ein Damespiel aus dem Jahre 3000 v. Chr.

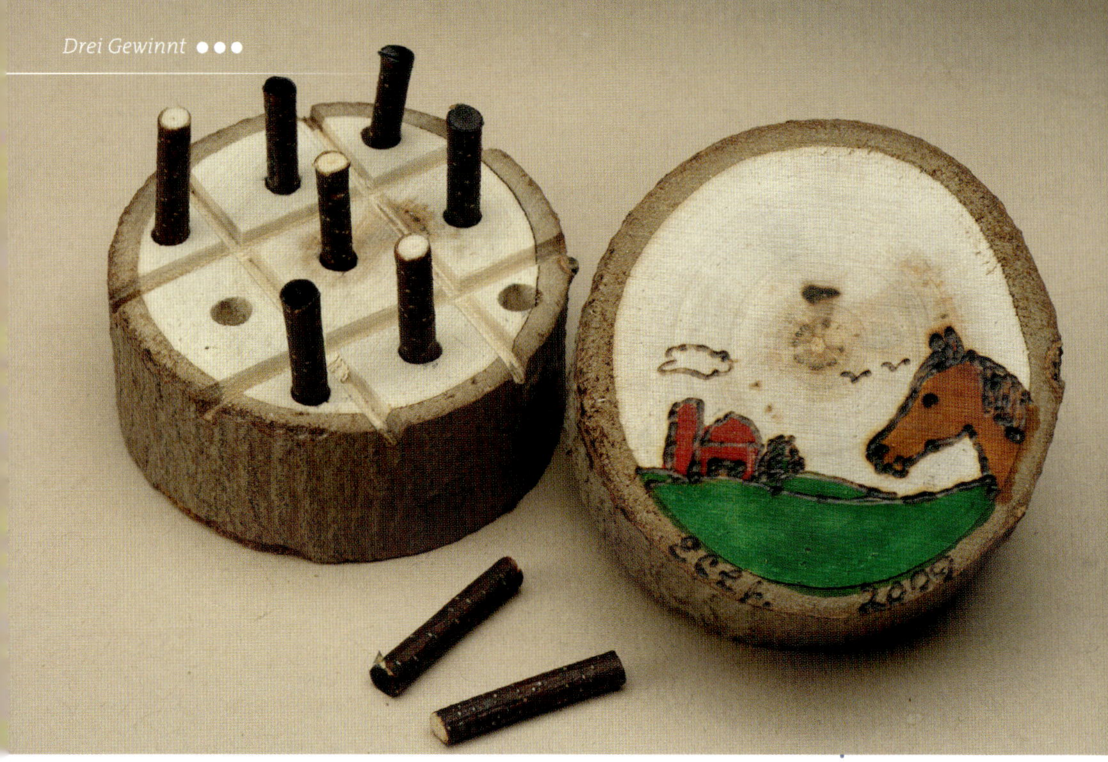

Drei Gewinnt

In vielen Restaurants, in denen ich gegessen habe, gab es verschiedene Varianten von Steckhalmaspielen, mit denen sich die Gäste (oder vielmehr die hungrigen Kinder der Gäste) die Zeit vertreiben, wenn sie auf ihre Rib-Eye-Steaks und Folienkartoffeln (und die Super Burger und Pommes Frites für die Kids) warten. Dieses besonders kleine Drei-Gewinnt-Spiel ist ideal für eine solche Situation.

Bei meinem Spiel erzeuge ich auf der Rückseite der Holzscheibe eine mit dem Holzbrandgerät gemalte kleine Plakette. So erfüllt das Stück auch noch dekorative Zwecke, wenn man nicht damit spielt. Ich vermute, der einzige Haken ist, die kleinen Stecker sicher unterzubringen, damit sie nicht verloren gehen oder vom Hund verschluckt werden. Ich bin mir sicher, dass jeder Tüftler dort draußen dafür eine passable Lösung findet.

MATERIALLISTE

- *Eine Scheibe von einem luftgetrockneten Ast mit ca. 50 – 100 mm Durchmesser*
- *Mehrere gerade, dünne Zweige*
- *Bleistift*
- *Lineal*
- *Handsäge oder Zugsäge*
- *Schleifpapier*
- *Bohrmaschine und Bohrer*
- *Gartenschere*
- *Holzbrandgerät*
- *Farbige Permanentmarker*

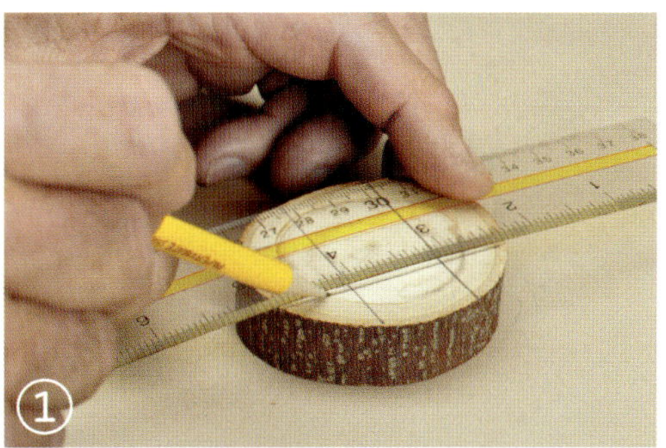

Eine Scheibe von einem luftgetrockneten Ast abschneiden und beide Seiten glatt schleifen. Mit Lineal und Bleistift auf eine Seite das Spielfeld-Raster aufzeichnen.

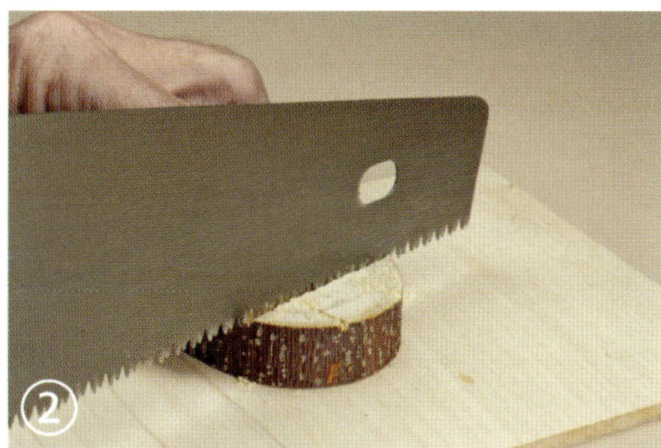

Die Rasterlinien mit der Säge einschneiden. Sägen Sie so tief, dass die Linien erkennbar sind, jedoch nicht zu tief hinein.

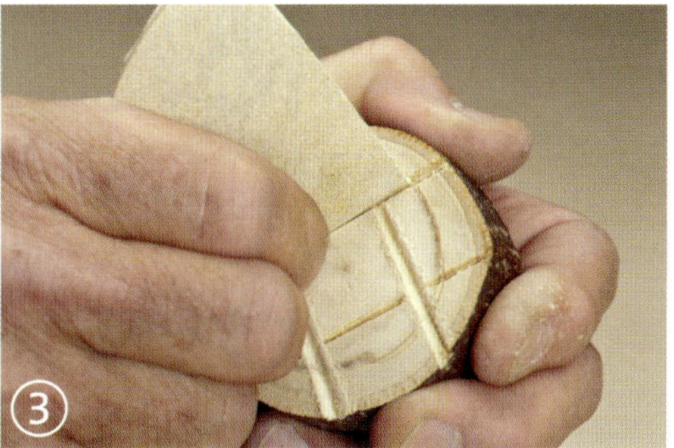

Die eingesägten Kerben mit einem gefalteten Stück Schleifpapier sauber schleifen.

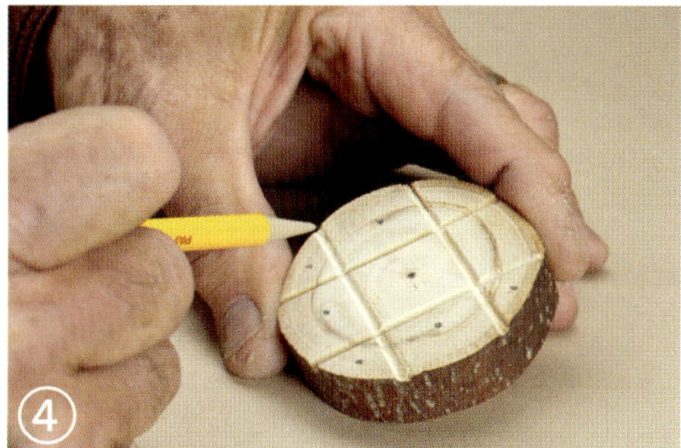

Die neun Lochpositionen für die Aststecker (jeweils mittig in die Felder) einzeichnen.

Nie mehr verlieren

Wenden Sie die einfache Rechts-Links-Darüber-Darunter-Strategie an, und Sie beenden Ihr Steckspiel stets mit einem Sieg oder einem Remis. Doch Vorsicht – damit diese Strategie funktioniert, müssen Sie das Spiel beginnen. Setzen Sie Ihren Stecker in die Mitte des Spielbretts. Nachdem Ihr Gegner am Zuge war, setzen Sie Ihren Stecker in das Feld rechts von seinem. Falls das nicht möglich ist, setzen Sie Ihren Stecker in das Feld links davon. Geht das auch nicht, setzen Sie ihn in das Feld darüber und schließlich darunter. Das ist der schnellste Weg zur Drei-Gewinnt-Meisterschaft.

Übrigens: *Das Spiel „Drei Gewinnt“ heißt im Englischen „Tic-Tac-Toe“ oder „Noughts and Crosses“ (Nullen und Kreuze).*

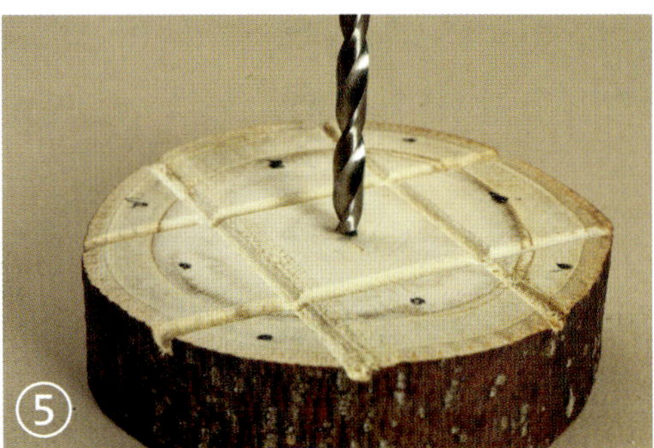

Vorsichtig die Löcher bohren. Dabei die Scheibe nicht durchbohren.

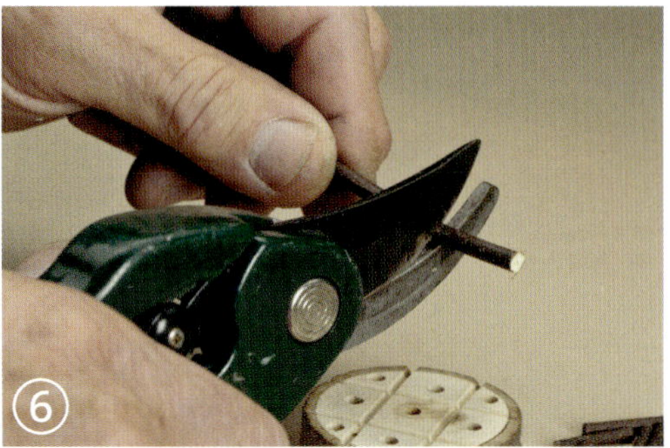

Mit der Drahtschere oder einem ähnlichen Werkzeug einen dünnen Zweig in neun gleich lange Stücke schneiden.

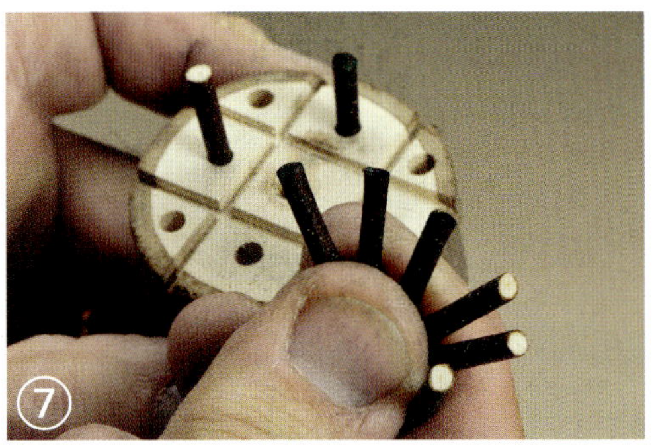

Das eine Steckerende mit einem Marker dunkel färben und das andere Ende hell belassen.

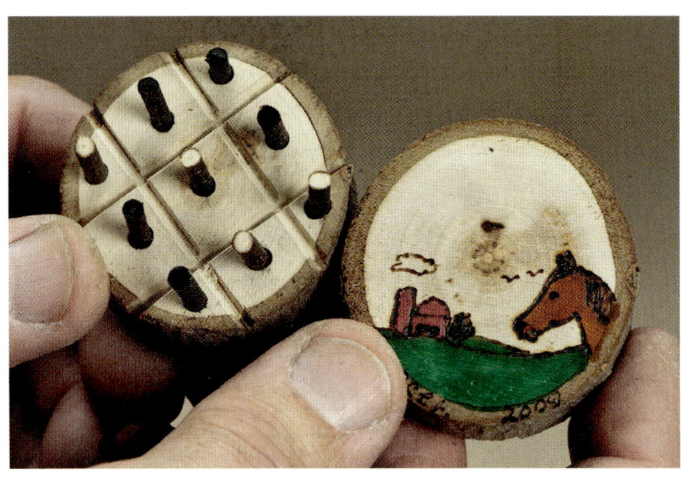

Mit dem Holzbrandgerät und den farbigen Permanentmarkern können Sie aus dem Stück auf der Rückseite eine Miniplakette machen. Man kann es in einem der rückwärtigen Steckerlöcher an einem Nagel oder einer Nadel aufhängen.

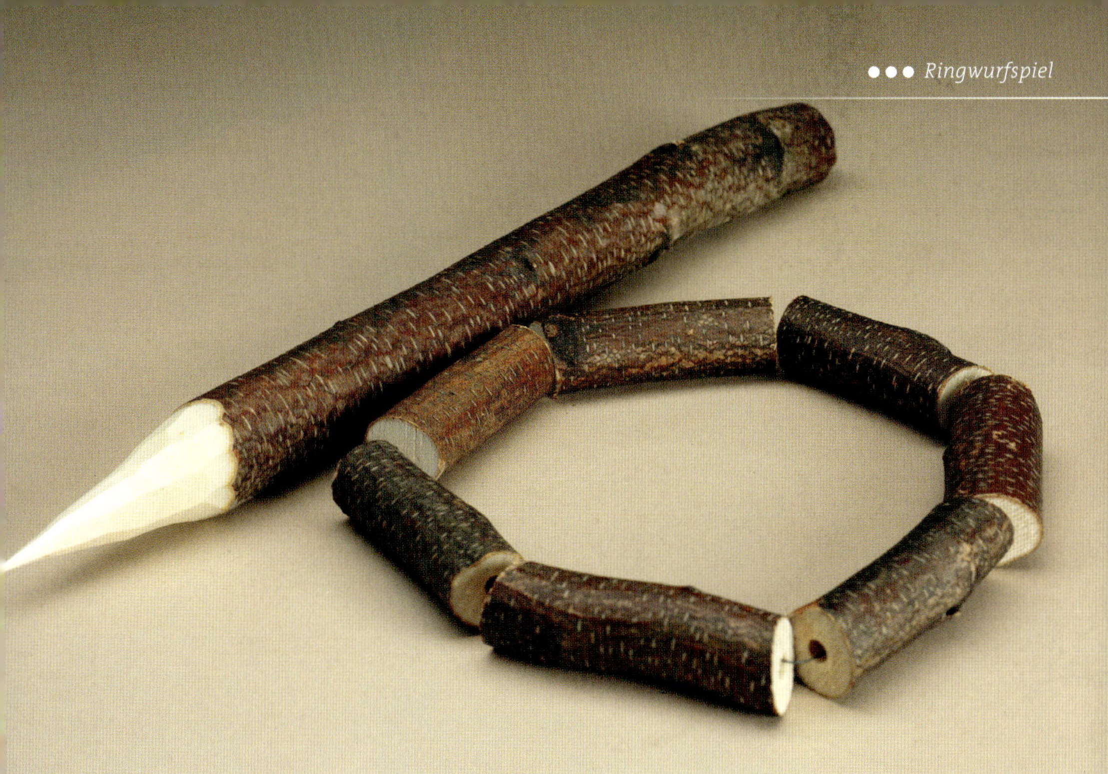

Ringwurfspiel

Hier handelt es sich um eine andere Interpretation eines sehr, sehr, sehr alten Spiels; das Tolle daran ist, dass es allbekannt ist. Sie können dieses Spiel mit beliebig vielen Spielern jeden Alters fast überall und mit den von Ihnen festgelegten Regeln spielen. Sie können das offizielle Regelwerk verwenden oder sich für eine der unten erwähnten Varianten entscheiden. Es gibt keine richtige oder falsche Art, ein Ringwurfspiel zu spielen!

MATERIALLISTE

- *Taschenmesser*
- *Mehrere trockene Äste oder Stöckchen*
- *Bohrmaschine und Bohrer*
- *Schnur nach Wahl*
- *Handsäge oder Zugsäge*

Varianten des Ringwurfspiels

Das Tolle am Ringwurfspiel ist, dass man es nach Belieben variieren und individuell anpassen kann. Das Spiel ist transportabel. Nehmen Sie es also mit zum Strand und spielen dort oder machen Sie schwimmende Stäbe für den Pool. Spielt eine größere Gruppe, stecken Sie mehrere Stäbe statt nur einem und bilden Teams, die, wenn sie an der Reihe sind, die Ringe in einem bestimmten Zeitfenster werfen. Das Team mit den meisten Treffern gewinnt.

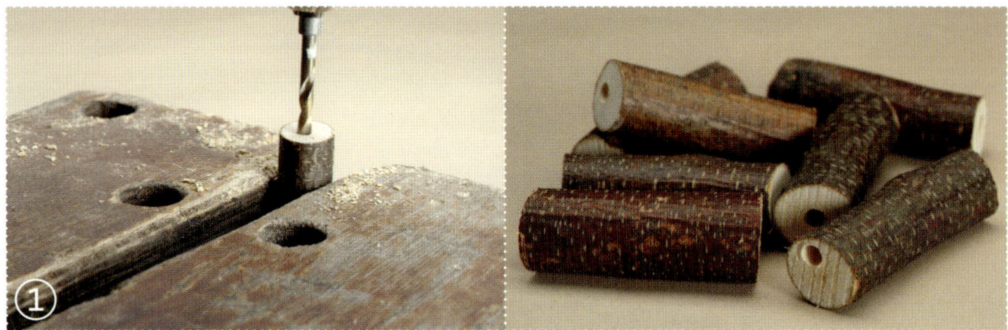

Einen trockenen Ast oder Stock in mehrere gleich lange Stücke schneiden und diese mittig durchbohren. Schneiden Sie die Aststücke etwas schräg, passen Sie als Ring besser aneinander.

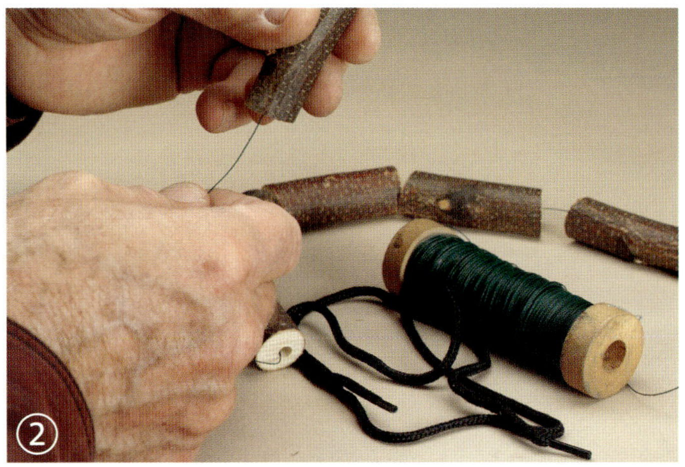

Die Stücke auf Schnur, Blumendraht oder Schnürsenkel fädeln. Wie in Punkt 1 und 2 beschrieben, beliebig viele Ringe herstellen.

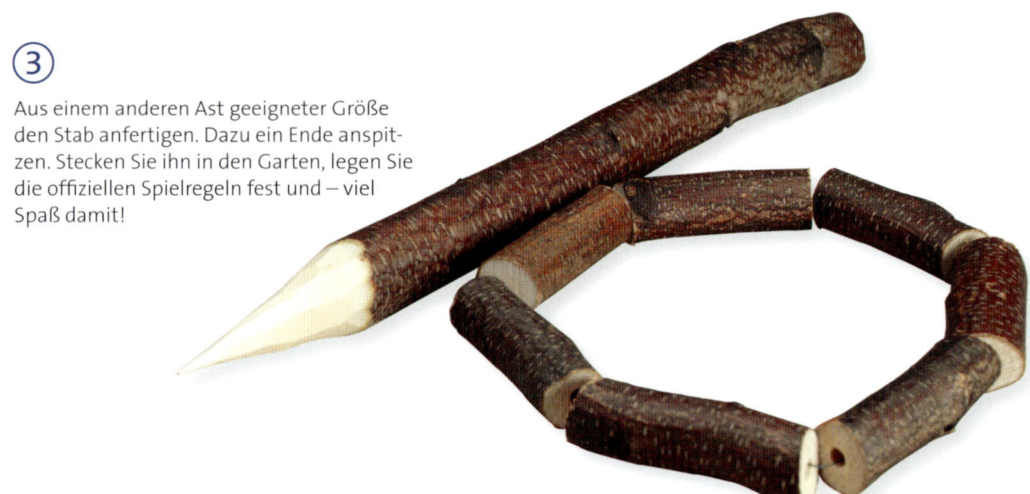

③

Aus einem anderen Ast geeigneter Größe den Stab anfertigen. Dazu ein Ende anspitzen. Stecken Sie ihn in den Garten, legen Sie die offiziellen Spielregeln fest und – viel Spaß damit!

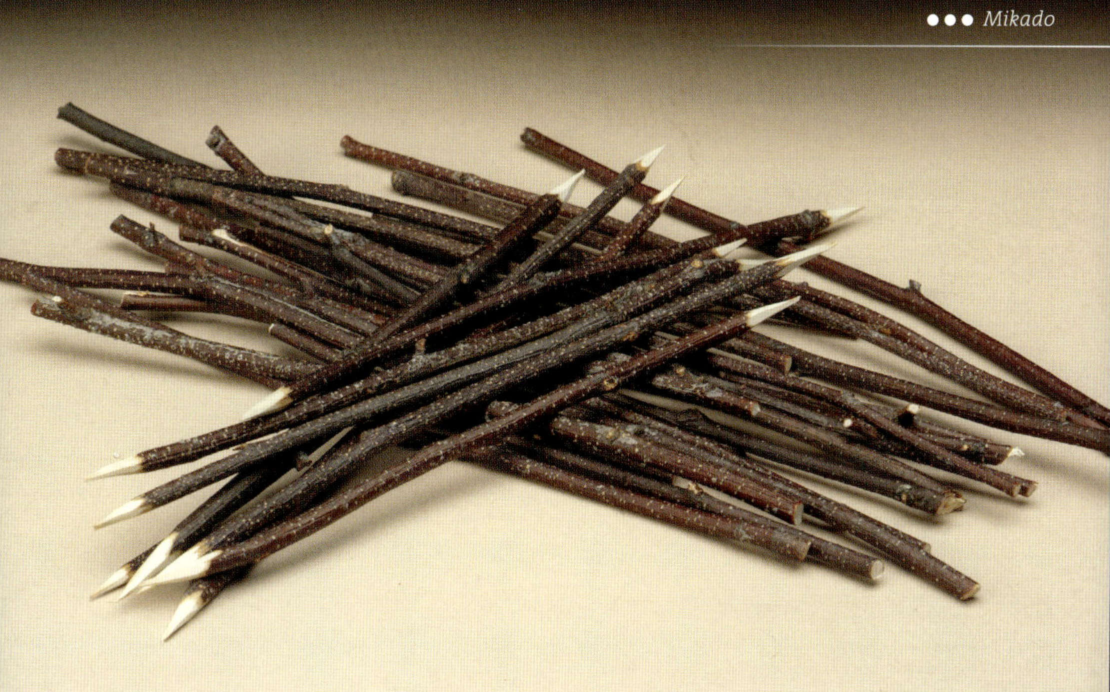

Mikado

Wo und wann das Mikado-Spiel erfunden wurde, ich weiß es nicht. Als ich als Kind anfing, Mikado zu spielen, bekam man die bunten Holzstäbchen sauber verpackt in einer kleinen, runden Deckeldose. Die „Stäbchen" waren eigentlich schön gedrechselte, besonders lange, runde Zahnstocher. Ob die Spielregeln auf ein separates Blatt gedruckt waren, das sich aufgerollt im Doseninneren befand, oder ob sie auf der Dose aufgedruckt waren, weiß ich nicht mehr.

Irgendwie bezweifle ich, dass das allererste Spiel so feudal war. Ich nehme an, dass es in den Anfängen mehr von der Version unserer rudimentären Stöckchen hatte, wie wir sie hier anfertigen. Immerhin können Sie aus diesen echten Stöckchen Ihre eigene Spielversion zusammenstellen.

MATERIALLISTE

- *Taschenmesser*
- *Ein Sortiment gerader Stöckchen*
- *Farbige Permanentmarker*
- *(Gelb, Rot, Blau, Grün und Schwarz)*

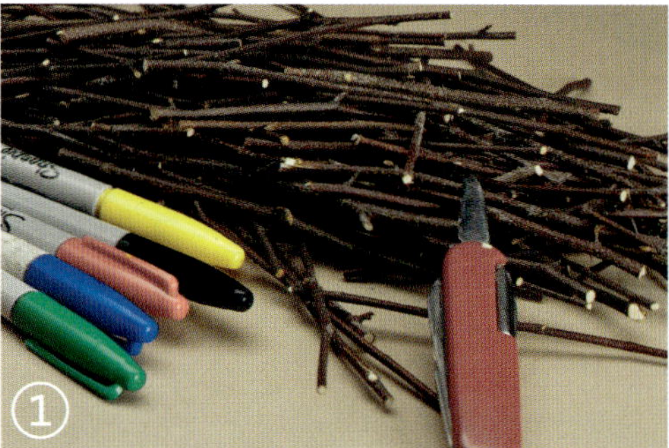

Legen Sie ein Bündel (mehr oder weniger gerade) Stöckchen und fünf Permanentmarker (Gelb, Rot, Blau, Grün und Schwarz) bereit und sorgen Sie dafür, dass Ihr Messer scharf ist.

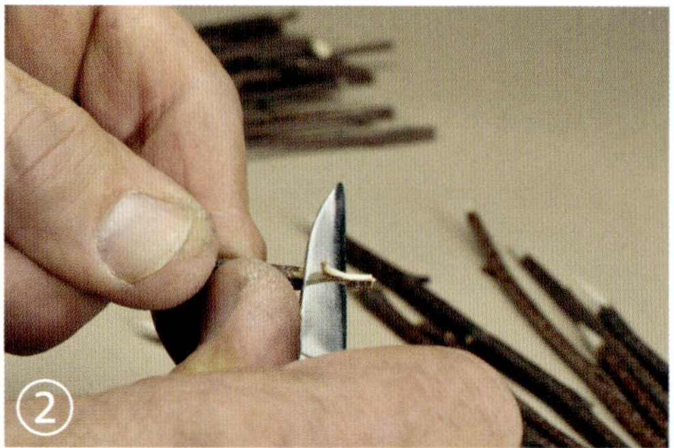

An jedem Stöckchen beide Enden anspitzen, und zwar recht lang und spitz.

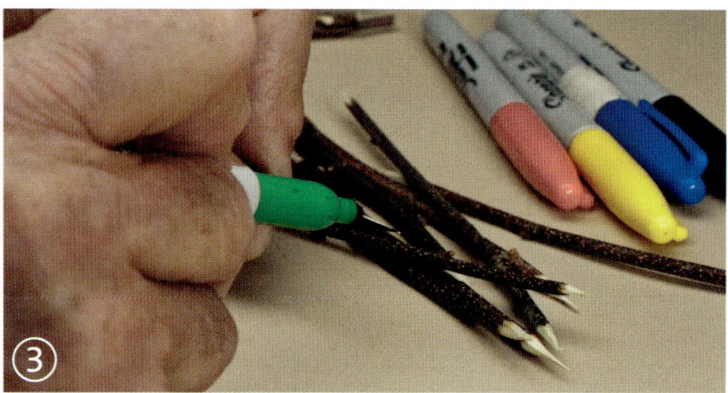

Die Spitzen kolorieren. Offiziell besteht ein Mikado-Spiel aus 30 Stäben: einem schwarzen (25 Punkte), sieben roten (je 10 Punkte), sieben blauen (je 5 Punkte), acht grünen (je 2 Punkte) und sieben gelben (je 1 Punkt).

Mikado

Farbe	Schwarz	Rot	Blau	Grün	Gelb
Punkte	25	10	5	2	1

Legen Sie vor dem Spielbeginn fest, wie viele Punkte erforderlich sind, um zu gewinnen. Ein Spieler hält die Stäbe gebündelt auf den Tisch und lässt sie übereinander fallen. Die Spieler müssen der Reihe nach Stäbe wegnehmen, ohne andere Stäbe zu bewegen. Wer erfolgreich einen Stab weggenommen hat, ist nochmals an der Reihe. Bewegt sich ein Stab, ist der nächste Spieler am Zug. Er kann entweder versuchen, einen Stab wegzunehmen, oder das Spiel neu beginnen, indem er das Bündel neu fallen lässt. Der Spieler, der im Besitz des schwarzen Stabs ist, darf ihn benutzen, um andere Stäbe wegzunehmen. Möglich ist das nur mit dem schwarzen Stab. Wurden alle Stäbe des Bündels in einem Durchgang weggenommen, wird das Bündel erneut geworfen und das Spiel fortgesetzt, bis der Spieler einen anderen Stab bewegt. Wer der Reihe nach einen roten, blauen und grünen Stab sammelt, erhält 34 Punkte.

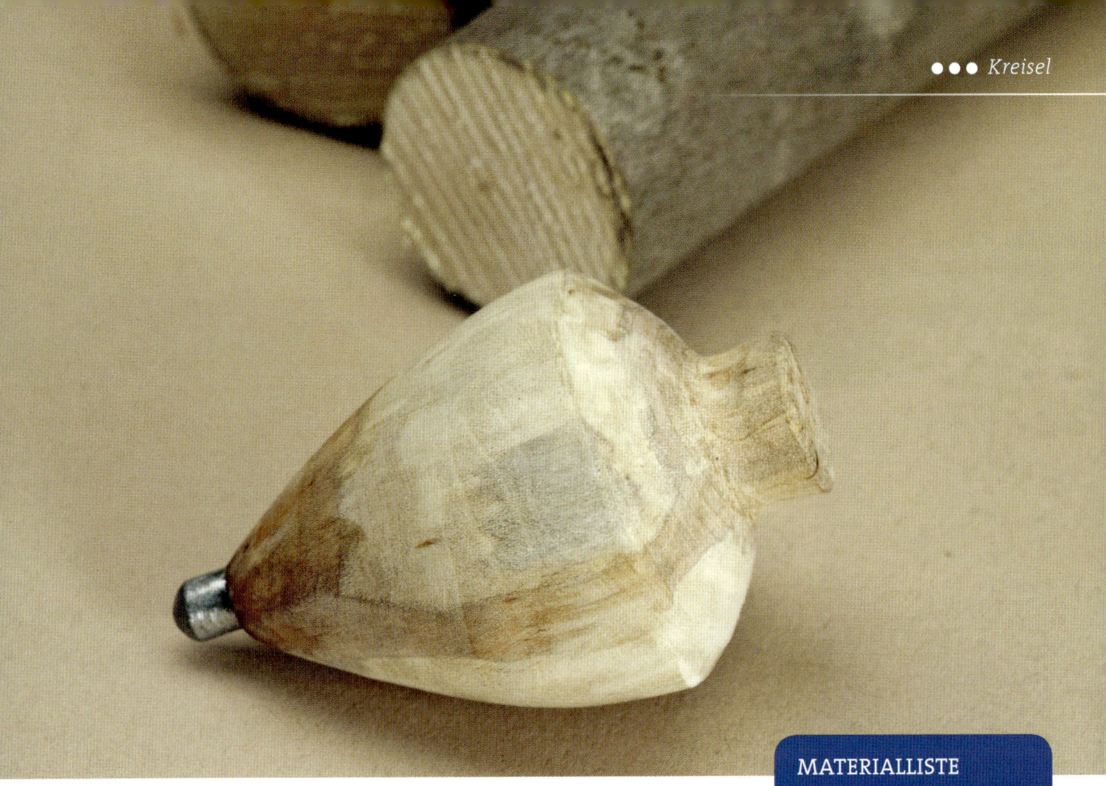

Kreisel

Als ich in Contamana in Peru lebte, hatte ich die größte Freude an den einfachsten Spielzeugen wie Kreiseln, Murmeln und Kronkorken. Kreisel aller Größen kamen in den verschiedensten Spielen zum Einsatz. Ich weiß zwar nicht, wo die Kreisel herkamen, nehme aber an, dass die meisten selbstgemacht waren – geschnitzt aus Laubholz der Region (wie Orange, Zitrone und Guave) und versehen mit einem Nagel als Spitze.

Ich bin heute 67, was bedeutet, dass Peru 56 bis 58 Jahre zurückliegt. Basierend auf meinen Erinnerungen an das Kreiselbasteln im peruanischen Regenwald wollte ich versuchen, einen Kreisel zu machen, wie es meine Kumpanen taten. Im Folgenden sehen Sie, was dabei herauskam – und es funktioniert tatsächlich, weshalb ich es Ihnen hier zeige. Als ich die Schnur um den Kreisel wand und ihn mehr oder weniger so wie früher zu Boden warf, drehte sich das Kerlchen tatsächlich! (Nach einigen Versuchen, muss ich zugeben.)

MATERIALLISTE

- *Taschenmesser*
- *Laubholzast*
- *Schleifpapier*
- *Handsäge oder Zugsäge*
- *Bohrmaschine und Bohrer*
- *Schraube*
- *Bügelsäge*
- *Feile*
- *Schleifgewebe*
- *Nass-Trocken-Schleifpapier (falls gewünscht)*

Übrigens: Wussten Sie, dass es in Wisconsin ein Kreisel- und Yo-Yo-Museum gibt?

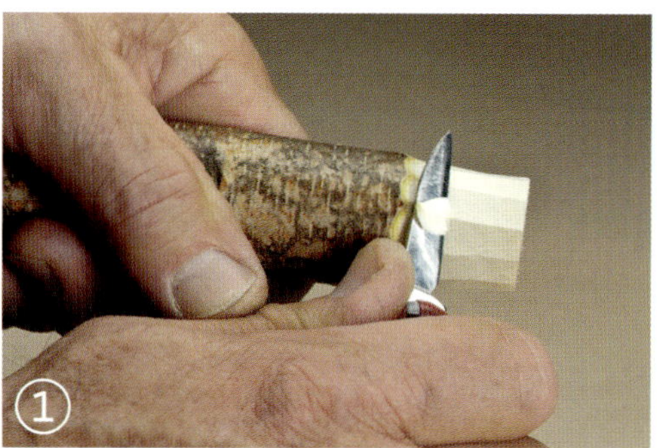

Ein Ende des Astes entrinden und die Form der Kreiselspitze herausarbeiten.

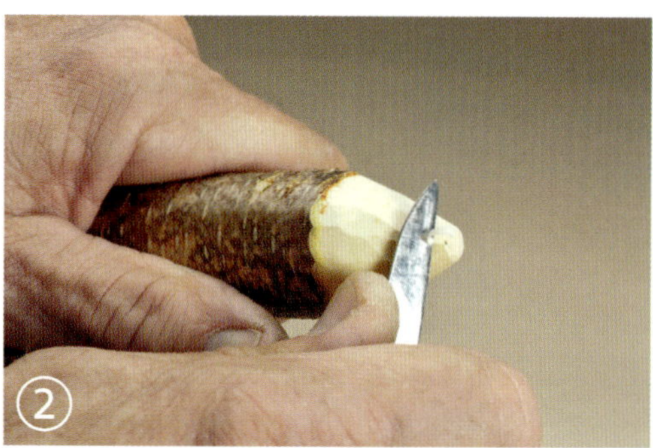

Die Spitze darf nicht zu spitz werden!

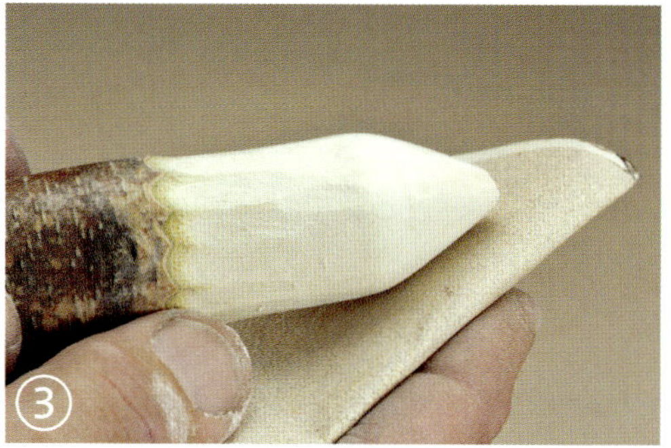

Unterhalb der Spitze zum Astende hin weitere Rinde entfernen und die Kreiselspitze glatt schleifen.

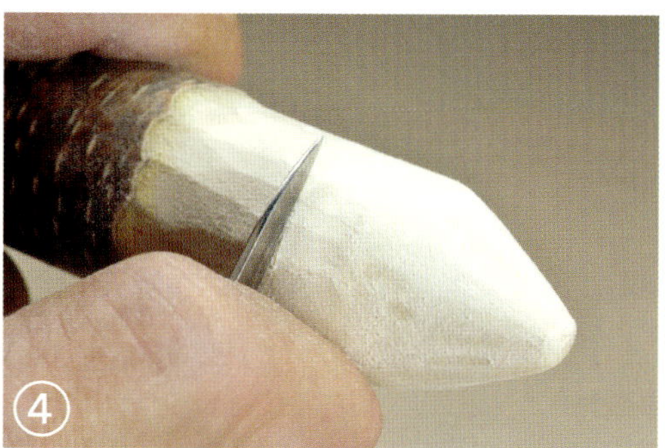

Das obere Ende des Kreisels anhand eines kleinen umlaufenden Einschnitts markieren.

Dreidel

Der Dreidel ist ein vierseitiges Spielzeug, das von jüdischen Kindern zu Chanukka (achttägiges Lichterfest) gedreht wird. Jede Seite des Dreidels ist mit einem Buchstaben beschriftet. Bei diesem traditionsreichen Freizeitspiel drehen die Kinder den Kreisel und raten, welcher Buchstabe zum Schluss nach oben zeigt. Der Gewinner erhält einen Preis, meist etwas Essbares oder eine Süßigkeit, wobei man bei diesem Spiel um jede Leckerei spielen kann.

Übrigens: Der größte Kreisel der Welt wurde in Malaysia gefunden und wiegt 6.804 g.

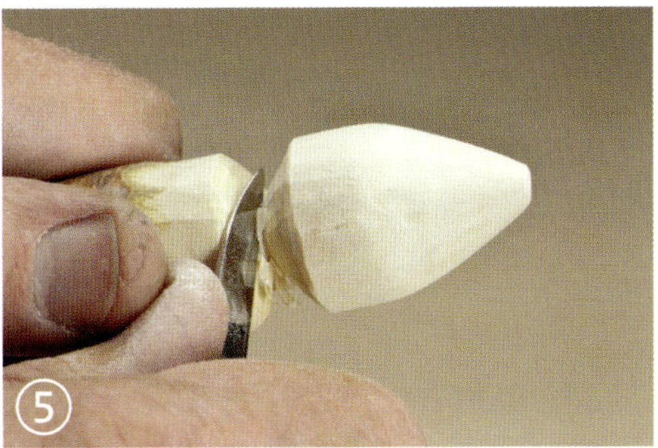

An dem umlaufenden Einschnitt die Kreiselspitze am oberen Ende sorgfältig einkerben. Zwischen der Spitze und dem übrigen Ast einen kleinen Abschnitt als Verbindung belassen.

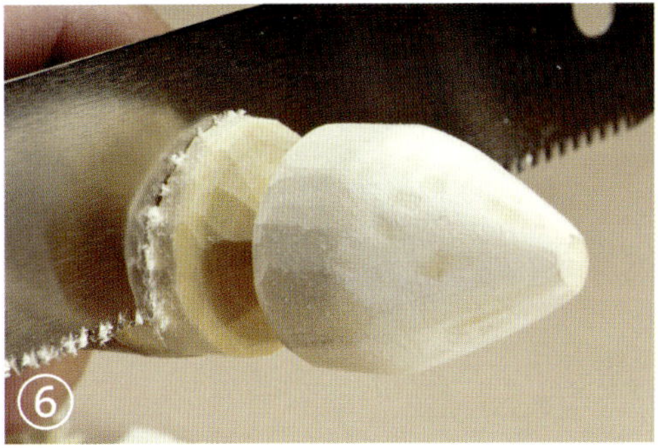

Den Kreisel vom Ast abschneiden. Dazu den Ast etwa 1 cm oberhalb der Einkerbung absägen.

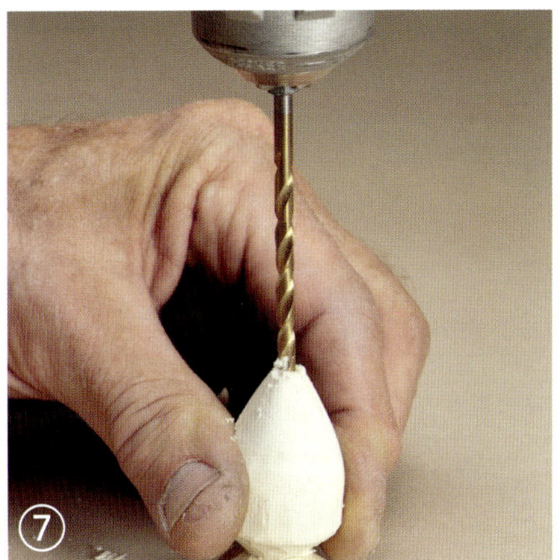

In die Kreiselspitze ein Loch bohren.

Erstklassige Camping-Eier

Zutaten:

12 Eier

450 g Schinken

½ Tasse gehackte Zwiebeln

½ Tasse gehackte Paprikaschoten

1 EL Paprika oder Cayennepfeffer

Reibekäse

Milch

Zubereitung:

Den Schinken in kleine Stücke schneiden und über dem Feuer in einer Pfanne rösten. Nach der Hälfte der Garzeit das kleingeschnittene Gemüse zum Schinken geben. Die Eier in einer Schale aufschlagen und Milch nach Geschmack hinzufügen. Eier und Paprika in die Pfanne geben und mit dem Schinken und Gemüse vermischen. Die Mischung unter häufigem Rühren backen lassen, bis die Eier gar sind. Mit Käse bestreuen und servieren.

Tipp:

Für eine griechische Variante ersetzen Sie die oben genannten Zutaten durch Spinat und Fetakäse.

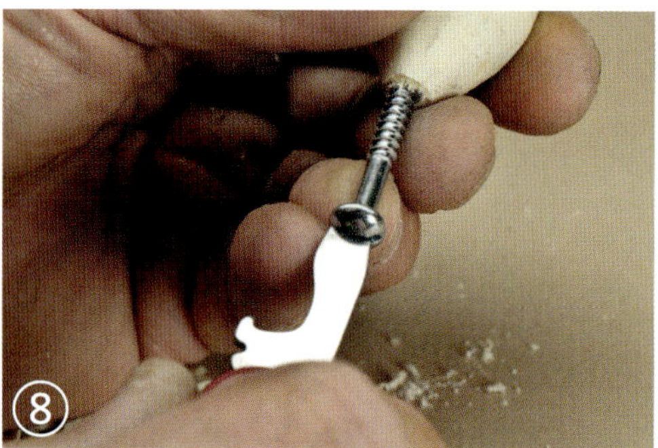

In das Bohrloch eine Schraube drehen. Wählen Sie eine Schraube, die zwar fest sitzt, den Kreisel aber nicht aufspleißt.

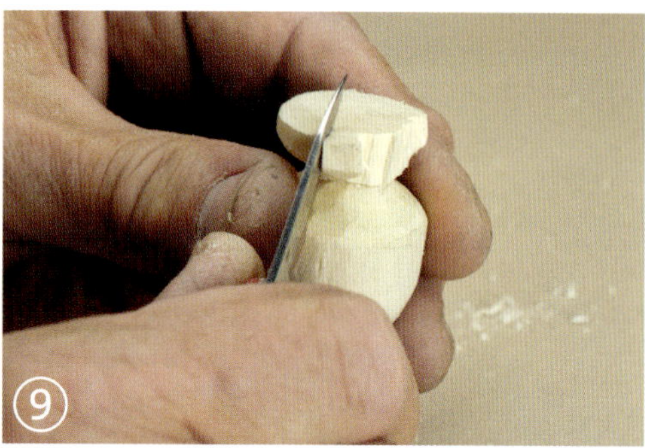

Den Kopf so zurechtschneiden, dass nur der wie ein Stiel aus dem Kreisel herausragende Kern verbleibt.

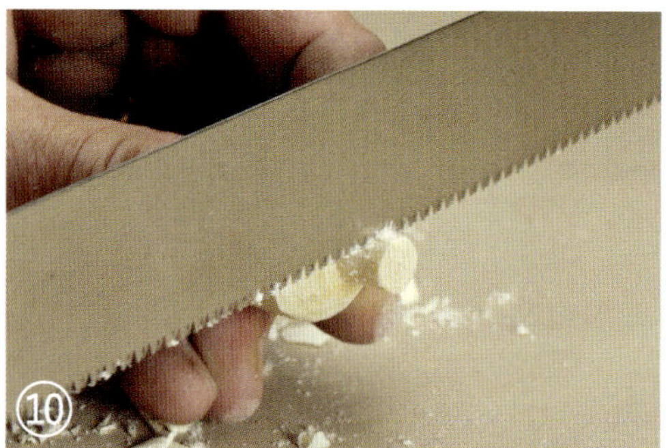

Den Stiel einkürzen.

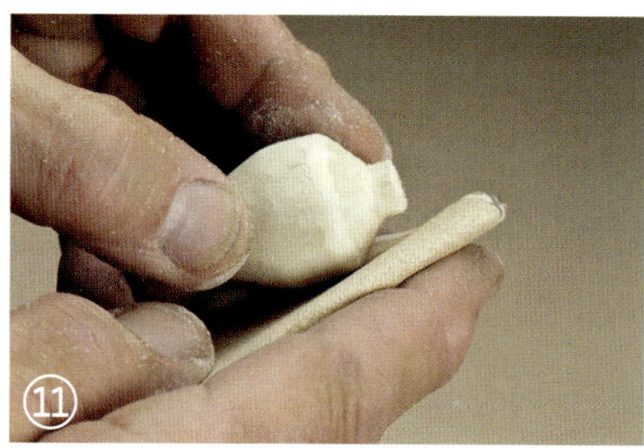

Den Kreisel schleifen.

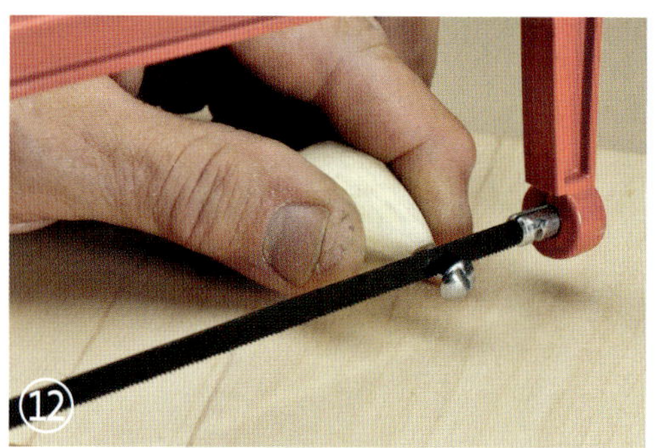

Den Schraubenkopf mit der Bügelsäge absägen.

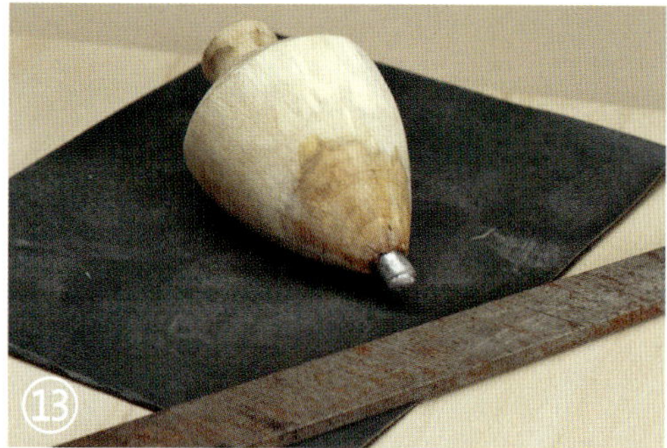

Mit einer Feile und etwas Schleifgewebe oder Nass-Trocken-Schleifpapier das Schraubenende verrunden. Nach diesem Schritt eine Schnur um den Kreiselkopf winden und den Kreisel zu Boden werfen, damit er sich dreht.

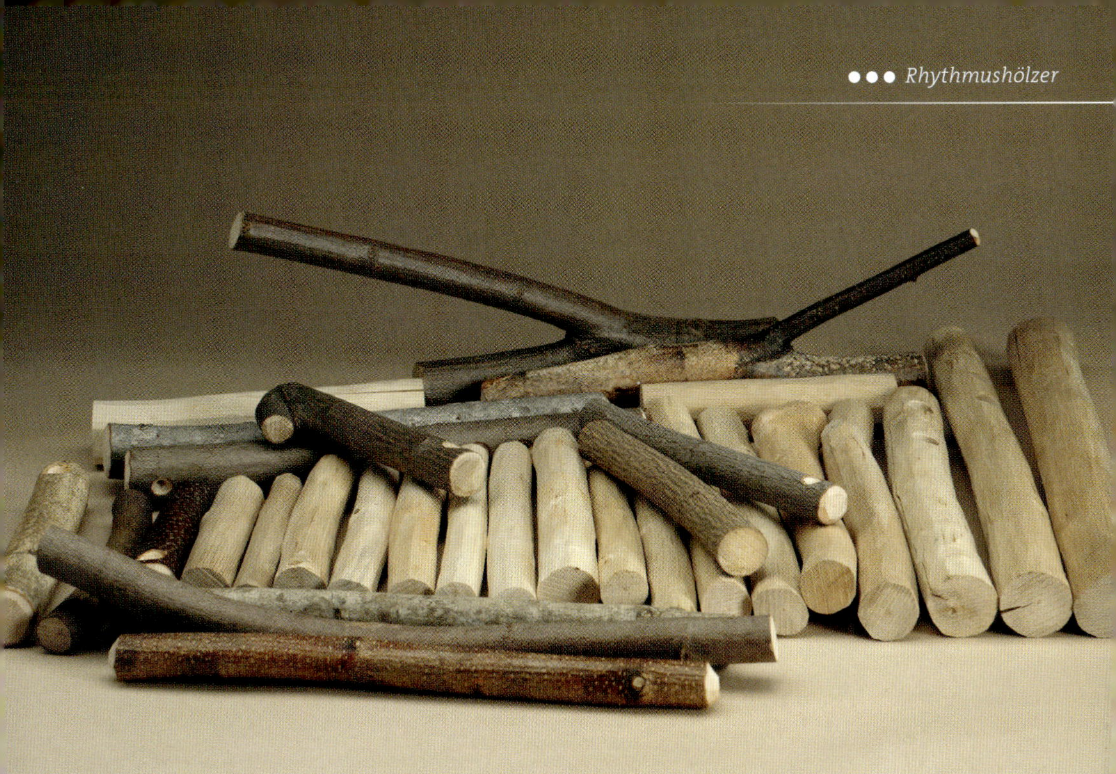

Rhythmushölzer

Bei der Arbeit mit Astmaterial und Holzresten aller Art (die meisten waren Hartholzreste) stellte ich fest, dass völlig trockene Holzstücke unterschiedlicher Dicke und Härte unterschiedlichste Töne hervorbringen, wenn sie aneinanderstoßen. Die einen erzeugen ein klares Klingeln, andere ein Klatschen und wieder andere einen dumpfen Klang. Die einen haben eine hohe Tonlage, die anderen eine tiefe. Wo Sie den Stock halten, macht einen deutlichen Unterschied aus. Bohrlöcher beeinflussen den Sound ebenso.

Für diese Klangstäbe habe ich verschiedenste Äste – unterschiedlicher Dicke, Länge, Form, Holzarten usw. – gesammelt, habe die Enden etwas verrundet, habe in einige Löcher gebohrt und die Stäbe in allen möglichen Kombinationen aneinandergeschlagen. Die Vielzahl der Klänge ist fantastisch!

MATERIALLISTE

- *Taschenmesser*
- *Eine Sammlung von Hart- und Weichholzästen*
- *Bohrmaschine und Bohrer*
- *Schleifpapier*

Übrigens: Geriffelte Holzstangen erzeugen einen ganz anderen Klang, wenn man mit einem Gegenstand darüber streicht.

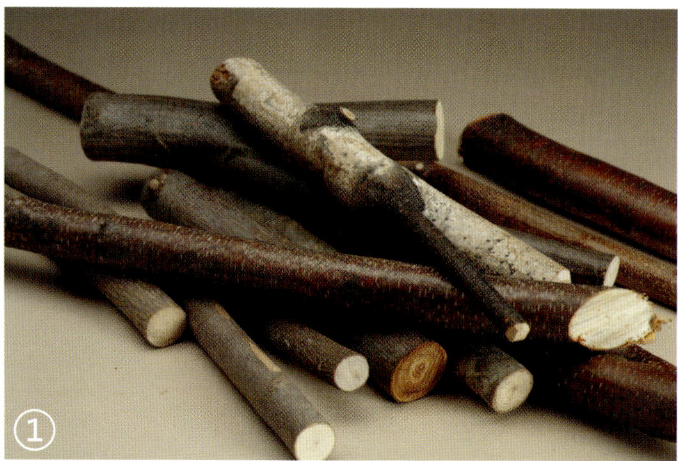

Sammeln Sie ein Bündel Äste. Sie können Astmaterial jeder Form und Größe verwenden, selbst Astgabeln. Ich denke, grundsätzlich klingt härteres Holz besser. Es produziert einen schärferen Klang. Natürlich kann der dumpfe Schlag eines weicheren Holzes einen interessanten Ton zu Ihrem Stöckchen-Orchester beitragen.

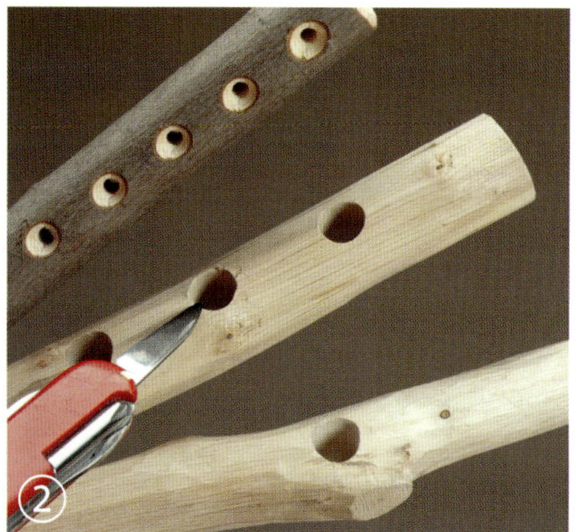

Der Rest hängt ganz von Ihnen ab. Bohren Sie unterschiedlich große Löcher in unterschiedliche Stöcke und experimentieren Sie mit den verschiedenen Klängen, die sie hervorbringen. Die Bohrlochränder mit Messer und Schleifpapier verrunden. Sie können die Äste entrinden und die Stöcke glatt schleifen oder die Rinde belassen.

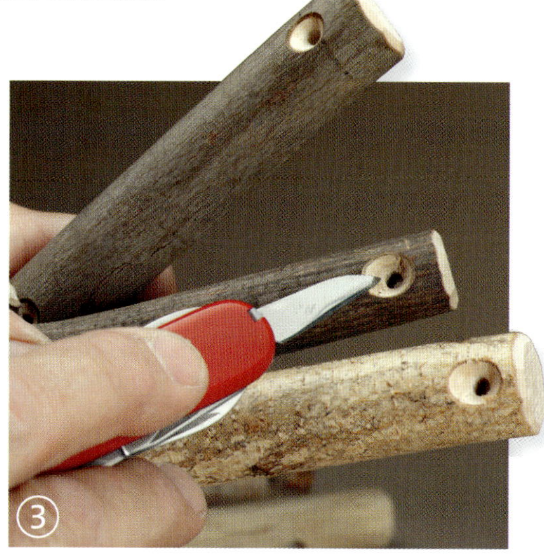

Klingen zwei Stöcke beim Aneinanderschlagen besonders gut, können Sie jeweils in ein Ende ein Loch bohren und sie mit Schnur zusammenbinden. Achten Sie darauf, dass die Schnur lang genug ist, um in jeder Hand einen Stock halten und sie zusammenschlagen zu können. Vielleicht zeigen Sie Ihre Kreation dem Musiklehrer der Schule an ihrem Heimatort?

Hinweis des Autors

So, nun haben Sie dreißig neue Projekte, die Sie freihandschnitzen, schnitzen oder in anderer Weise mit Ihrem Taschenmesser und einigen anderen Werkzeugen und Zubehör kreieren können. Obwohl mir erst kürzlich ein oder zwei neue Projekte in den Sinn kamen, habe ich das Gefühl, dass mein Ideen-Akku im Moment ziemlich leer ist. Doch wer weiß, vielleicht gibt es ja noch einmal eine Nacht mit verrückten Ideen. Oder irgendjemand da draußen bringt den Folgeband zu diesem Buch heraus! Setzen Sie sich einfach mit dem tollen Team von Fox Chapel Publishing oder (in Deutschland) *HolzWerken* in Verbindung.

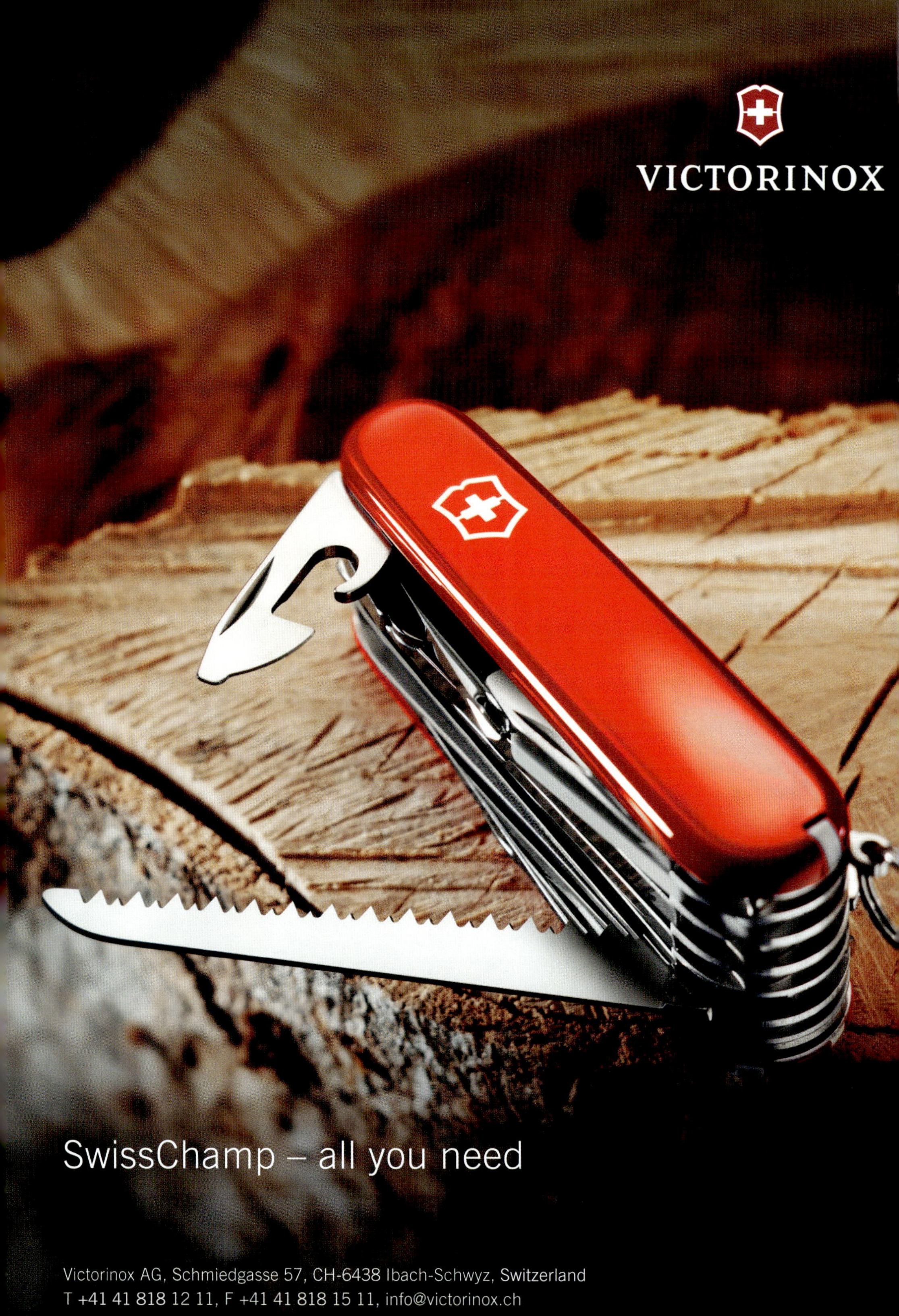
VICTORINOX
SwissChamp – all you need
Victorinox AG, Schmiedgasse 57, CH-6438 Ibach-Schwyz, Switzerland
T +41 41 818 12 11, F +41 41 818 15 11, info@victorinox.ch